UMA VERDADE INCÔMODA

SHEERA FRENKEL E CECILIA KANG

Uma verdade incômoda

Os bastidores do Facebook e sua batalha
pela hegemonia

Tradução
Cássio de Arantes Leite
Claudio Alves Marcondes
Odorico Leal

Copyright © 2021 by Sheera Frenkel e Cecilia Kang

Grafia atualizada segundo o Acordo Ortográfico da Língua Portuguesa de 1990, que entrou em vigor no Brasil em 2009.

Título original
An Ugly Truth: Inside Facebook's Battle for Domination

Capa
Nico Taylor/ Little, Brown Book Group

Foto de capa
Platon/ Trunk Archive

Foto de quarta capa
Ron Sachs/ ABACAPRES.COM/ Alamy Stock Photos/ Fotoarena

Preparação
Alexandre Boide

Índice remissivo
Luciano Marchiori

Revisão
Carmen T. S. Costa
Tatiana Custódio

Dados Internacionais de Catalogação na Publicação (CIP)
(Câmara Brasileira do Livro, SP, Brasil)

Frenkel, Sheera
Uma verdade incômoda : Os bastidores do Facebook e sua batalha pela hegemonia / Sheera Frenkel e Cecilia Kang ; tradução Cássio de Arantes Leite, Claudio Alves Marcondes, Odorico Leal — 1ª ed. — São Paulo : Companhia das Letras, 2021.

Título original: An Ugly Truth : Inside Facebook's Battle for Domination.
ISBN 978-65-5921-346-7

1. Facebook (Empresa) 2. Redes sociais on-line – Aspectos políticos 3. Redes sociais on-line –Aspectos sociais 4. Sandberg, Sheryl 5. Zuckerberg, Mark, 1984- I. Kang, Cecilia. II. Título.

21-70833	CDD-302.30285

Índice para catálogo sistemático:
1. Facebook : Redes sociais on-line   302.30285

Cibele Maria Dias – Bibliotecária – CRB-8/9427

[2021]
Todos os direitos desta edição reservados à
EDITORA SCHWARCZ S.A.
Rua Bandeira Paulista, 702, cj. 32
04532-002 — São Paulo — SP
Telefone: (11) 3707-3500
www.companhiadasletras.com.br
www.blogdacompanhia.com.br
Facebook.com/companhiadasletras
instagram.com/companhiadasletras
twitter.com/cialetras

Para Tigin, Leyla, Oltac, 엄마, 아빠
Para Tom, Ella, Eden, אמא,אבא

Sumário

Nota das autoras 9

Prólogo: Custe o que custar 15
1. Não cutuquem a onça com vara curta 21
2. "A próxima grande novidade" 36
3. Qual o nosso ramo de negócios? 59
4. "A caçadora de ratos" 93
5. O canário de garantia 121
6. Uma ideia muito bizarra 138
7. Primeiro a empresa, depois o país 145
8. #DeleteFacebook 181
9. Cuidado ao compartilhar 203
10. O líder em tempos de guerra 224
11. A coalizão dos voluntários 257
12. Ameaça existencial 274
13. A interferência do Salão Oval 285
14. Bom para o mundo 308
Epílogo: Pensando adiante 339

Agradecimentos 348
Notas 353
Índice remissivo 367

Nota das autoras

Este livro é o resultado de mais de mil horas de entrevistas com mais de quatrocentas pessoas, em sua maioria executivos, funcionários e ex-funcionários e seus respectivos familiares, amigos e colegas de classe, além de investidores e consultores do Facebook. Recorremos também a mais de cem legisladores e agentes reguladores — e seus assistentes —, bem como a acadêmicos e a defensores dos direitos do consumidor e da privacidade nos Estados Unidos, na Europa, no Oriente Médio, na América do Sul e na Ásia. Os entrevistados tiveram participação direta nos eventos aqui descritos — ou, em certos casos, foram informados por pessoas diretamente envolvidas. As menções a repórteres do *New York Times* em determinados episódios referem-se a nós e/ou a colegas nossos.

O livro baseia-se em e-mails, memorandos e documentos oficiais inéditos envolvendo executivos do alto escalão da empresa. Muitas das pessoas entrevistadas descreveram conversas com riqueza de detalhes, fornecendo anotações, cronogramas e outros documentos da época, os quais usamos para reconstruir e confirmar os eventos. Por conta dos litígios federais e estaduais em andamento contra o Facebook e dos acordos de confidencialidade nos contratos de trabalho — bem como por medo de represálias —, a maioria dos entrevistados se manifestou sob a condição de serem identificados apenas como fontes, e não pelo nome. Na maior parte dos casos, houve múltiplas confirmações da veracidade das cenas, tanto por testemunhas oculares como por pessoas oficialmente informadas sobre o episódio. Tendo isso em mente, os leitores não devem presumir que o indivíduo em evidência em determinada cena tenha fornecido essa ou aquela informação. Nos casos em que porta-vozes do Facebook negaram certos eventos ou descrições de seus líderes e episódios, diversas pessoas com conhecimento direto confirmaram nosso relato.

Aqueles que conversaram conosco, não raro arriscando suas carreiras, foram cruciais para a escrita deste livro. Sem esses depoimentos, a história do experimento social mais importante do nosso tempo não poderia ser contada na íntegra. Essas pessoas nos proporcionam um acesso singular aos mecanismos de uma empresa que propaga a missão de conectar o mundo segundo uma filosofia marcada pela liberdade de expressão, mas cuja cultura corporativa exige sigilo e lealdade absoluta.

Embora Zuckerberg e Sandberg, por meio de sua equipe de comunicação, a princípio tenham expressado o desejo de garantir que seus pontos de vista fossem retratados neste livro, ambos recusaram repetidos pedidos de entrevistas. Em três ocasiões, Sandberg nos convidou para conversas extraoficiais, em Menlo Park e em Nova York, com a promessa de que esses encontros resultariam em entrevistas mais longas, de caráter oficial. No entanto, quando tomou conhecimento da natureza crítica de alguns aspectos de nossa apuração, Sandberg cortou toda comunicação direta. Aparentemente, o relato sem idealizações da história do Facebook não estava de acordo com sua visão da empresa e de seu papel como a segunda pessoa mais importante na hierarquia da corporação.

Quanto a Zuckerberg, fomos informadas de que ele não tinha interesse em participar.

UMA VERDADE INCÔMODA

Prólogo

Custe o que custar

De acordo com um ex-executivo de alto escalão do Facebook, os maiores medos de Mark Zuckerberg eram três: que o site fosse hackeado, que seus funcionários fossem fisicamente agredidos e que agentes reguladores um dia desmantelassem sua rede social. No dia 9 de dezembro de 2020, às duas e meia da tarde, esse último medo tornou-se uma ameaça iminente. A Comissão Federal do Comércio (FTC, na sigla em inglês) e quase todos os estados do país abriram um processo contra a plataforma, acusada de prejudicar usuários e concorrentes. O objetivo era desmembrar a empresa. Alertas de notícias urgentes surgiram nas telas de dezenas de milhões de celulares. A CNN e a CNBC interromperam a programação regular para o anúncio. O *Wall Street Journal* e o *New York Times* publicaram manchetes em caixa-alta no topo de suas páginas iniciais.

Minutos depois, a procuradora-geral do estado de Nova York, Letitia James, cujo gabinete coordenava a coalizão bipartidária de 48 procuradores-gerais, concedeu uma entrevista coletiva na qual expôs o caso, a mais forte ofensiva do governo contra uma companhia desde o desmembramento da AT&T, em 1984.[1] O que ela descreveu implicava uma acusação que abrangia toda a história do Facebook e, em especial, de seus líderes: Mark Zuckerberg e Sheryl Sandberg.[2] "Contamos uma história que começa na criação do Facebook, na Universidade Harvard", disse James. Por anos a fio, o Facebook implementou uma estratégia implacável de "comprar ou enterrar" como forma de eliminar seus concorrentes. O resultado foi o estabelecimento de um poderoso monopólio que causou danos imensos, abusando da privacidade de seus usuários e gerando uma epidemia de conteúdos tóxicos e nocivos que atingiu 3 bilhões de pessoas. "Valendo-se de seu vasto tesouro de dados e dinheiro, o Facebook esmagava ou bloqueava o que percebia como potenciais ameaças", afirmou James. "Com isso, a empresa reduziu as opções para os consumidores, sufocou a inovação e rebaixou as proteções à privacidade de milhões de americanos."

Citado nominalmente mais de cem vezes nas denúncias, Mark Zuckerberg era retratado como o fundador subversivo de um projeto criado em um alojamento universitário cujo sucesso foi obtido por meio de intimidações e fraudes. "Se você invadisse o território do Facebook ou resistisse às pressões para vender, Zuckerberg ativava o 'modo destruição', submetendo sua empresa à 'ira de Mark'", escreveram os procuradores-gerais, citando e-mails de concorrentes e investidores. O presidente da empresa temia tanto ser derrotado pelos rivais que "procurava eliminar ou bloquear qualquer ameaça, em vez de superá-la pelo desempenho ou pela inovação". A denúncia alegava ainda que Zuckerberg espionava seus concorrentes e rompeu compromissos firmados com os fundadores do Instagram e do WhatsApp assim que as startups foram adquiridas.

Sempre ao lado de Zuckerberg estava Sheryl Sandberg, a ex-

-executiva do Google que converteu a tecnologia do Facebook em uma poderosa fonte de lucros, valendo-se de um modelo publicitário inovador e pernicioso que "monitorava" os usuários em busca de dados pessoais. A estratégia baseava-se em um ciclo perigoso: quanto mais tempo os usuários passavam no site, mais dados o Facebook colhia. A isca era o acesso gratuito ao serviço. Os consumidores, contudo, arcavam com custos altíssimos de outras maneiras. "Os usuários não pagam em dinheiro para usar o Facebook. Em vez disso, trocam seu tempo, sua atenção e seus dados pessoais para acessar os recursos da plataforma", afirmava a denúncia.

Era uma estratégia para crescer a qualquer preço, e Sandberg era a pessoa mais capacitada do setor para expandir aquele modelo. Extremamente organizada, analítica e dedicada — e com habilidades interpessoais acima da média —, ela era o contraponto perfeito para Zuckerberg, supervisionando todas as esferas que não lhe interessavam: o departamento de políticas e comunicação, o setor jurídico e as áreas de recursos humanos e previsão de receita. Lançando mão de anos de treinamento para falar em público e contando com marqueteiros políticos encarregados de realizar a curadoria de sua persona pública, a executiva representava a face palatável do Facebook para os investidores e para o público, desviando a atenção do problema central.

"É o modelo de negócios", afirmou um funcionário do governo em uma entrevista. O modelo de publicidade comportamental de Sandberg tratava dados humanos como recursos financeiros que poderiam ser negociados nos mercados como contratos futuros de milho ou toucinho. Seu trabalho tinha a natureza de "um contágio", acrescentou o funcionário, seguindo a argumentação da acadêmica e ativista Shoshana Zuboff, que, um ano antes, descrevera Sandberg como responsável pelo "papel de Maria Tifoide, levando o capitalismo de monitoramento do Google para o Facebook, ao ser contratada como braço direito de Mark Zuckerberg".[3]

Sem uma concorrência forte que forçasse os líderes da empresa a considerar o bem-estar de seus clientes, seguiu-se "uma proliferação de desinformação e conteúdo violento ou questionável nas propriedades do Facebook", alegaram os procuradores-gerais na denúncia. Mesmo quando informados sobre problemas relevantes, como a campanha de desinformação da Rússia e o escândalo de privacidade de dados envolvendo a Cambridge Analytica, os usuários não abandonaram o site, pois havia poucas alternativas, segundo os agentes reguladores. Como James resumiu: "Em vez de competir pelos méritos, o Facebook usou seu poder para eliminar a concorrência, de forma a tirar vantagem dos usuários e ganhar bilhões transformando dados pessoais em uma mina de ouro".

Quando a Comissão Federal de Comércio e os estados entraram com seus processos históricos contra o Facebook, estávamos quase concluindo nossa investigação sobre a empresa, baseada em quinze anos de apuração que nos proporcionaram uma visão singular dos mecanismos internos do Facebook. Várias versões dessa história foram contadas em livros e filmes. Mas, apesar de serem nomes conhecidos, Zuckerberg e Sandberg permanecem enigmáticos aos olhos do público, e por boas razões. Ambos protegem ferozmente a imagem pública que cultivaram — o visionário filantropo; a ícone feminista do mundo empresarial — e cerceiam o funcionamento interno da MPK, abreviatura que os funcionários usam para se referir à sede da empresa em Menlo Park, com seu fosso de fiéis escudeiros e sua cultura de sigilo absoluto.

Muitas pessoas consideram o Facebook uma companhia que perdeu o rumo — a clássica história do Frankenstein, o monstro que ganha vida própria e foge de seu criador. Nosso ponto de vista é diferente. Acreditamos que, a partir do momento em que Zuckerberg e Sandberg se conheceram, numa festa de Natal em dezembro de 2007, os dois perceberam que era possível transformar a empresa na potência global que é hoje.[4] Por meio dessa parceria, eles construíram de forma sistemática um modelo de negócios que é imbatível em termos de crescimento — com um faturamento de 85,9 bilhões de dólares em 2020 e um valor de mercado de 800 bilhões — e totalmente premeditado em sua concepção.[5]

Optamos por nos concentrar em um período de cinco anos — de uma eleição americana a outra —, durante o qual tanto a incapacidade da empresa de proteger seus usuários quanto suas vulnerabilidades como poderosa plataforma global vieram à tona. Todas as questões que estabeleceram as bases para o que o Facebook é hoje alcançaram seu apogeu nesse período.

Seria fácil reduzir a trajetória do Facebook à narrativa de um algoritmo que saiu do controle. A verdade é muito mais complexa.

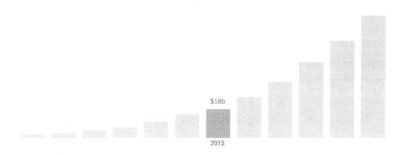

1. Não cutuquem a onça com vara curta

Era tarde da noite. Seus colegas em Menlo Park já tinham ido embora fazia algumas horas. A certa altura, o engenheiro de software do Facebook sentiu o impulso de voltar para seu notebook. Bebera algumas cervejas, o que, pensava ele, explicava em parte por que sua determinação começava a fraquejar. Sabia bem que, com apenas alguns toques no teclado, conseguiria acessar o perfil da mulher com quem saíra havia alguns dias. O encontro tinha sido bom, na opinião dele, mas ela parou de responder às suas mensagens 24 horas depois de se despedirem. Tudo o que ele queria era dar uma olhadinha no perfil dela para satisfazer a curiosidade e conferir se por acaso ela adoecera, se tinha saído de férias ou perdido o cachorro — qualquer coisa que explicasse seu desinteresse em um segundo encontro.

Por volta das dez da noite, ele se decidiu: puxou o notebook e, valendo-se do acesso que tinha ao fluxo de dados de todos os usuários, procurou seu alvo. Como dispunha de informações suficientemente detalhadas — nome e sobrenome, local de nascimento e universidade —, só precisou de alguns minutos para encontrá-la. Os sistemas internos do Facebook guardavam um conjunto precioso de informações: anos e anos de conversas privadas com amigos no Facebook Messenger, eventos aos quais ela compareceu, fotos postadas (até mesmo as excluídas) e postagens em que comentou ou clicou. Também seria possível conferir as categorias com as quais o Facebook a descrevia para anunciantes: segundo a plataforma, ela estava na casa dos trinta, situava-se politicamente à esquerda e levava um estilo de vida ativo. Tinha uma ampla gama de interesses, desde a paixão por cachorros até férias no Sudeste Asiático. Por meio do aplicativo do Facebook que ela instalara no telefone, ele pôde conferir sua localização em tempo real. Era mais informação do que o engenheiro obteria mesmo se os dois saíssem uma dezena de vezes. Agora, quase uma semana depois do primeiro encontro, ele tinha acesso a tudo.

A administração do Facebook enfatizava aos funcionários que qualquer pessoa que fosse flagrada abusando de seu acesso aos dados dos usuários para fins pessoais — como procurar a conta de um amigo ou de um parente, por exemplo — seria sumariamente demitida. Mas a direção da empresa também sabia que não havia nenhum tipo de proteção em vigor. O sistema foi projetado para ser aberto, transparente e acessível a todos os funcionários. Fazia parte da filosofia fundadora de Zuckerberg eliminar a burocracia que limitava os engenheiros e os impedia de realizar um trabalho rápido e independente. Essa regra foi implementada quando o Facebook tinha menos de cem funcionários. Anos depois, já com milhares de engenheiros atuando na empresa, a prática ainda não havia sido reformulada. Não restava nada além da boa vontade dos próprios funcionários para impedi-los de abusar do acesso às informações privadas dos usuários.

De janeiro de 2014 a agosto de 2015, o engenheiro que bisbilhotou a moça com quem havia saído uma vez foi apenas um dos 52 funcionários do Facebook demitidos por abusar do acesso aos dados de usuários. Homens pesquisando perfis de mulheres constituíam a grande maioria dos funcionários que tinham ultrapassado o limite de seus privilégios. A maior parte fez pouco mais que pesquisar algumas informações. Outros foram bem mais longe. Um engenheiro usou os dados para confrontar uma mulher que o acompanhara numa viagem de férias pela Europa; na ocasião, os dois brigaram, e o engenheiro a rastreou até seu novo hotel, depois que ela abandonou o quarto que estavam dividindo. Outro engenheiro acessou a página de uma mulher no Facebook antes mesmo do primeiro encontro. Como viu que ela visitava regularmente o Dolores Park, em San Francisco, um dia topou com ela por lá, curtindo o sol com as amigas.

Os engenheiros demitidos usaram notebook da empresa para acessar contas específicas, e essa atividade incomum disparou alertas nos sistemas do Facebook, notificando supervisores sobre as transgressões. Esses funcionários foram os descobertos. Não se sabe quantos outros nunca foram identificados.

O problema chegou aos ouvidos de Mark Zuckerberg pela primeira vez em setembro de 2015, três meses após a chegada de Alex Stamos, o novo diretor de segurança (cso, na sigla em inglês) do Facebook. Reunido com Stamos e seus principais executivos em sua sala de reuniões — o Aquário —, Zuckerberg se preparou para notícias possivelmente ruins: Stamos era conhecido por sua fala direta e seu alto padrão de exigência. Um dos primeiros objetivos que estabeleceu quando foi contratado naquele verão era conduzir uma avaliação geral dos mecanismos de segurança do Facebook. Seria a primeira empreitada desse tipo feita por alguém de fora da empresa.

Entre si, os executivos cochichavam que era impossível levar a cabo uma avaliação completa num período tão curto e que qualquer relatório que Stamos apresentasse apontaria problemas meramente superficiais, garantindo ao cso recém-contratado algumas vitórias fáceis no início de sua gestão. A vida de todos seria mais tranquila se Stamos adotasse a postura de otimismo ilimitado que permeava os altos escalões do Facebook. A empresa vivia sua melhor fase: a receita de anúncios no Instagram crescia, e um novo marco havia sido alcançado, com 1 bilhão de usuários se conectando à plataforma todos os dias.[1] Tudo o que eles precisavam fazer era relaxar e deixar que a máquina do Facebook continuasse a operar.

Em vez disso, Stamos chegou munido de uma apresentação que detalhava os problemas dos principais produtos, da força de trabalho e da estrutura geral do Facebook. A empresa dedicava a maior parte de seus esforços de segurança para proteger seu site, mas os aplicativos — incluindo Instagram e WhatsApp — eram abertamente ignorados, explicou ele. A promessa de criptografar os dados dos usuários não tinha sido cumprida pelo Facebook — ao contrário do Yahoo, o empregador anterior de Stamos, que se mobilizara para proteger essas informações desde que, dois anos antes, o ex-funcionário da Agência de Segurança Nacional (NSA, na sigla em inglês) Edward Snowden revelara que o governo provavelmente espionava os dados dos usuários, expostos sem proteção nas empresas do Vale do Silício.[2] A responsabilidade pela segurança do Facebook diluía-se por toda a empresa, e, de acordo com o relatório apresentado por Stamos, a companhia "não estava técnica ou culturalmente preparada para competir" com seus adversários naquele momento.

O pior de tudo, segundo Stamos, era que, apesar de haver demitido dezenas de funcionários nos últimos dezoito meses por abusar do acesso aos dados dos usuários, o Facebook não estava fazendo nada para resolver ou prevenir aquilo que sem dúvida constituía um problema sistêmico. Em um gráfico, Stamos destacou que, quase todos os meses, os engenheiros de software da empresa exploravam ferramentas projetadas para fornecer acesso fácil a dados necessários à elaboração de novos produtos para, em vez disso, violar a privacidade dos usuários da plataforma e se infiltrar em suas vidas. Se o público soubesse dessas transgressões, ficaria indignado: por mais de uma década, milhares de engenheiros do Facebook acessaram livremente dados privados dos usuários. Os casos destacados por Stamos eram apenas os que a empresa conhecia. Centenas de outros podiam ter escapado ao radar, ele alertou.

Zuckerberg ficou bastante surpreso com os números apresentados por Stamos e se mostrou incomodado por não ter sido informado daquilo antes. "Todos na chefia da área técnica sabiam sobre funcionários que haviam manipulado dados de forma inadequada. Mas ninguém nunca reunira todos esses incidentes num só lugar, e eles ficaram surpresos com a quantidade de engenheiros que tinham abusado de seus privilégios", lembrou Stamos.

Por que nunca se considerou reavaliar o sistema que dava aos engenheiros acesso aos dados dos usuários? — perguntou Zuckerberg. Ninguém na sala arriscou dizer que ele mesmo havia projetado e implementado aquele sistema. Ao longo dos anos, os funcionários tinham sugerido, sem sucesso, formas alternativas de estruturar a retenção de dados. "Em vários momentos da história do Facebook surgiram caminhos ou decisões que poderíamos ter tomado no sentido de limitar, ou até eliminar, os dados que estávamos coletando dos usuários", disse um funcionário de longa data que ingressou no Facebook em 2008 e trabalhou em várias equipes dentro da empresa. "Mas isso era contrário ao DNA de Mark. Mesmo antes de levarmos essas opções até ele, sabíamos que não escolheria aquele caminho."

Executivos do Facebook, incluindo os responsáveis pela área técnica, como Jay Parikh e Pedro Canahuati, gabavam-se do acesso irrestrito como incentivo para recrutar novos membros para suas equipes de engenheiros. O Facebook era o maior laboratório de testes do mundo, tendo como cobaias um quarto da população do planeta. Os executivos apontavam essa característica como parte da transparência radical do Facebook e da confiança que depositavam em seu time de programação. Algum usuário gostou dos balões de festa no lembrete para desejar feliz aniversário ao irmão ou será que o emoji de bolo obteve uma taxa de resposta mais alta? Em vez de passar por um processo demorado e burocrático para descobrir o que funcionava melhor, os engenheiros podiam simplesmente "abrir o capô" e conferir em tempo real. Canahuati, contudo, alertava seus funcionários para o fato de que o acesso àqueles dados era um privilégio do qual não podiam abusar. "Não tínhamos nenhuma tolerância com abusos, e é por isso que a empresa sempre demitiu todas as pessoas que acessavam dados de forma indevida", garantiu ele.

Stamos explicou a Zuckerberg e aos outros executivos que não bastava demitir os funcionários *depois* de terem abusado do acesso irrestrito. A responsabilidade do Facebook, ele defendeu, era garantir que essas violações de privacidade *nunca* acontecessem. Com isso em mente, pediu permissão para alterar o sistema em vigor na empresa, revogando o acesso da maioria dos engenheiros. Se alguém precisasse de informações sobre determinado usuário, teria de fazer uma solicitação formal pelos canais apropriados. Com o sistema em funcionamento na época, 16744 funcionários do Facebook tinham acesso aos dados privados de todos os usuários da plataforma. Stamos pretendia reduzir esse número para menos de 5 mil. Para as informações mais confidenciais, como localização através de GPS e senha, seu objetivo era limitar o acesso a menos de cem pessoas. "Embora todos soubessem da grande quantidade de dados disponíveis aos engenheiros, ninguém havia considerado quanto a empresa havia crescido e quantas pessoas agora tinham acesso a esses dados", explicou Stamos. "Ninguém estava prestando atenção naquilo."

Parikh, chefe de engenharia de software do Facebook, não entendia por que a empresa tinha de virar o sistema inteiro ao avesso. Era perfeitamente possível implementar proteções que limitassem a quantidade de informações acessadas por um programador ou que disparassem alertas quando funcionários parecessem investigar certos tipos de dados. Para ele, as mudanças sugeridas por Stamos atrasariam demais o trabalho de diversas equipes dedicadas à elaboração de novos produtos.

Canahuati, diretor de engenharia de produto, concordava. Ele disse a Stamos que considerava insustentável a proposta de exigir que os engenheiros apresentassem uma solicitação por escrito sempre que desejassem acessar esses dados. "Isso desaceleraria drasticamente o ritmo de trabalho de toda a empresa, até mesmo em outros esforços de proteção e segurança", explicou.

Mudar o sistema, no entanto, era uma prioridade, disse Zuckerberg. Ele pediu que Stamos e Canahuati encontrassem uma solução e atualizassem o grupo sobre o andamento da questão dentro de um ano. Só que, para as equipes de engenharia, isso representava uma grave reviravolta. Em particular, muitos dos executivos presentes protestaram, afirmando que Stamos acabara de persuadir o patrão a se comprometer com uma grande reforma estrutural levando em conta o pior cenário possível.

A ausência de uma executiva na reunião de setembro de 2015 foi especialmente sentida. Fazia apenas quatro meses que o marido de Sheryl Sandberg havia falecido. A segurança era responsabilidade de Sandberg, e, em teoria, Stamos estava sob sua alçada. Apesar disso, ela sequer foi consultada sobre as mudanças radicais que ele estava propondo.

Naquele dia, Stamos triunfou, mas fez vários inimigos poderosos.

No fim da noite de 8 de dezembro de 2015, Joel Kaplan estava no business center de um hotel em Nova Delhi quando recebeu um telefonema urgente da MPK. Um colega informou que ele estava sendo convocado para uma reunião de emergência. Horas antes, a equipe da campanha de Donald J. Trump postara no Facebook um vídeo de um discurso do candidato em Mount Pleasant, na Carolina do Sul. No vídeo, Trump prometia adotar uma atitude consideravelmente mais dura contra terroristas, além de associar terrorismo à imigração. O presidente Obama, segundo ele, tratava imigrantes ilegais melhor do que combatentes americanos feridos. O pré-candidato presidencial garantiu à multidão que faria diferente. "Donald J. Trump quer uma paralisação total da entrada de muçulmanos nos Estados Unidos até que os representantes do nosso país descubram o que diabos está acontecendo", anunciou ele.[3] O público explodiu em aplausos.

Trump punha suas posições controversas sobre raça e imigração no centro de sua campanha, e seu uso das redes sociais jogava ainda mais lenha na fogueira. No Facebook, o vídeo do discurso anti-islâmico rapidamente contabilizou mais de 100 mil curtidas e foi compartilhado 14 mil vezes.

Aquilo deixou a plataforma numa situação delicada. O Facebook não estava preparado para um político como Trump, que angariava uma multidão de seguidores, mas que também semeava discórdia entre muitos de seus usuários e funcionários. Em busca de conselhos, Zuckerberg e Sandberg procuraram seu vice-presidente de políticas públicas globais, que estava na Índia tentando socorrer o projeto de internet gratuita idealizado pelo seu chefe.

Kaplan entrou numa videoconferência com Sandberg, Elliot Schrage, chefe de diretrizes e políticas e de comunicações, Monika Bickert, chefe global de políticas relacionadas a conteúdo, e alguns outros executivos dos setores de diretrizes e políticas e de comunicações. Kaplan, em viagem havia dias, estava treze horas e meia à frente de seus colegas na sede. Ele assistiu ao vídeo e escutou as preocupações do grupo, que o informou de que Zuckerberg estava apreensivo com a postagem de Trump e acreditava que talvez houvesse motivos para removê-la do Facebook.

Quando Kaplan finalmente opinou, aconselhou os executivos a não agirem de forma precipitada. A decisão quanto à retórica anti-islâmica de Trump trazia complicações de ordem política. Todos aqueles anos de apoio público e financeiro aos democratas feriram a imagem do Facebook entre os republicanos, que desconfiavam cada vez mais da neutralidade política da plataforma. Kaplan não fazia parte do mundo de Trump, mas via sua campanha como uma ameaça real. O grande número de seguidores de Trump no Facebook e no Twitter apontava uma cisão no interior do Partido Republicano.

Remover uma postagem de um postulante à candidatura presidencial era uma decisão gigantesca e seria vista como censura por Trump e seus apoiadores, acrescentou Kaplan. O gesto seria interpretado como outro sinal de favorecimento liberal em relação à principal rival de Trump, Hillary Clinton. "Não cutuquem a onça com vara curta", alertou.[4]

Sandberg e Schrage não foram tão categóricos sobre o que fazer com a conta de Trump. Confiavam nos instintos políticos de Kaplan, e não tinham nem conexões com o círculo de Trump, nem experiência com aquele estilo de fazer política, marcado pelo embate. Contudo, alguns funcionários que participaram da videoconferência naquele dia ficaram horrorizados. Kaplan parecia colocar a política acima dos princípios. Estava tão obcecado com a ideia de estabilizar o navio que não percebia que eram os comentários de Trump que agitavam a maré, como descreveu um dos presentes.

Vários executivos do alto escalão concordaram com Kaplan, preocupados com as manchetes e com a reação que enfrentariam ao apagar os comentários feitos por um pré-candidato presidencial. Trump e seus seguidores já viam líderes como Sandberg e Zuckerberg como parte da elite liberal, guardiões das fronteiras da informação, ricos e poderosos, que podiam censurar vozes conservadoras com seus algoritmos secretos. O Facebook precisava parecer imparcial. Isso era imprescindível para proteger os negócios.

A conversa então passou a ser sobre como fundamentar a decisão. A postagem podia ser considerada uma violação das diretrizes da comunidade do Facebook. Muitos usuários já haviam denunciado a campanha de Trump por incitação ao ódio, e uma sequência de infrações era motivo suficiente para a remoção completa da conta. Schrage, Bickert e Kaplan, todos formados em direito pela Universidade Harvard, trabalharam para lançar mão de argumentos jurídicos que justificassem a decisão de preservar a postagem. Para isso, faziam as objeções mais minuciosas quanto ao que podia ser considerado discurso de ódio, chegando a analisar as construções gramaticais usadas por Trump.

"A certa altura, brincaram que, para definir discurso de ódio, o Facebook teria que apresentar uma versão próxima da forma como um juiz da Suprema Corte definiu certa vez a pornografia: 'Eu reconheço quando vejo'", lembrou um funcionário envolvido na conversa. "Seria possível traçar uma linha que determinasse o que Trump podia dizer sem ser banido? Não parecia sensato traçar essa linha."

Tecnicamente, o Facebook proibia discursos de ódio, mas a definição da empresa sobre o que constituía discurso de ódio estava em constante evolução. O que demandava intervenção variava de país para país, de acordo com as leis locais. Havia critérios universais em relação a pornografia infantil e conteúdos violentos, porém o discurso de ódio era específico não apenas a cada nação, mas também a cada cultura.

30

Nesses debates, os executivos chegaram à conclusão de que não haveria necessidade de defender a linguagem de Trump se propusessem uma solução alternativa. O grupo então concordou que discursos políticos poderiam ser protegidos por um critério associado ao "valor jornalístico": a ideia era que o discurso político merecia uma proteção extra, já que o público tinha o direito de formar suas opiniões sobre os candidatos tendo por base a íntegra de suas opiniões. Em outras palavras, os executivos do Facebook estavam criando a fundamentação para uma nova diretriz como uma resposta apressada a uma postagem de Donald Trump. "Era enrolação pura", lembrou um funcionário. "Estavam inventando tudo na hora."

Esse era um momento crítico para Joel Kaplan, em termos de provar seu valor. Embora não fosse muito popular com alguns dos presentes, o fato era que ele estava oferecendo conselhos cruciais relacionados a uma ameaça que crescia e vinha de Washington.

Quando Sandberg chegou ao Facebook, em 2008, a empresa vinha deixando os conservadores de lado. Tratava-se de um descuido problemático, porque, quanto à regulamentação sobre coleta de dados, os republicanos eram aliados do Facebook. Assim que se formou uma maioria republicana no Congresso, em 2010, Sandberg contratou Kaplan para equilibrar os quadros fortemente democratas de sua equipe de lobistas e para mudar a percepção em Washington de que a empresa favorecia o Partido Democrata.

Kaplan se apresentou com um excelente histórico conservador. Ex-chefe de gabinete adjunto do presidente George W. Bush, era também ex-oficial de artilharia da Marinha dos Estados Unidos, tinha se formado pela Faculdade de Direito de Harvard e trabalhado como secretário para Antonin Scalia, juiz da Suprema Corte. Antítese do típico "techie" liberal do Vale do Silício, era, aos 45 anos, algumas décadas mais velho do que muitos dos funcionários da MPK. (Ele e Sandberg se conheceram em 1987, quando

31

eram calouros em Harvard. Namoraram brevemente e permaneceram amigos após o término do relacionamento.)

Kaplan era um workaholic que, como Sandberg, valorizava a organização. Na Casa Branca, mantinha um mural triplo no escritório com listas de todas as questões mais sérias a serem enfrentadas pelo governo: o resgate das empresas do ramo automobilístico, a reforma da imigração e a crise financeira. Seu trabalho era gerenciar questões políticas complexas e evitar que problemas chegassem ao Salão Oval. Agora, no Facebook, ocupava uma função semelhante. Seu papel era proteger o modelo de negócios da empresa de qualquer interferência do governo, e, nesse sentido, era um excelente funcionário.

Em 2014, Sandberg promoveu Kaplan para o cargo de responsável pelas políticas globais da empresa, mas ainda atuando como lobista em Washington. Nos dois anos anteriores, o Facebook vinha se preparando para um possível governo republicano, que se seguiria ao mandato de Obama. Mas Trump os pegou de surpresa. Ele não era uma figura do establishment republicano. Quando o assunto era uma celebridade televisiva, o capital político de Kaplan não parecia muito útil.

Embora Trump desse novas dores de cabeça para o Facebook, ele era também um usuário poderoso e um anunciante de peso. Desde o início da campanha para as primárias do partido, seu genro, Jared Kushner, e seu administrador digital, Brad Parscale, dedicaram à plataforma de Zuckerberg a maior parte de sua verba para propaganda.[5] Concentraram-se no Facebook graças às ferramentas de direcionamento fácil e barato, que ampliavam o alcance dos anúncios da campanha. Parscale se valeu das ferramentas de microssegmentação do Facebook para alcançar determinados eleitores, combinando as listas de e-mail da própria campanha com as listas de usuários da rede social. Além disso, atuou junto com funcionários do Facebook alocados no comitê de campanha de Trump em Nova York para atacar os discursos diários de Hillary Clinton, direcionando anúncios negativos para públicos específicos.[6] Compraram milhares de mensagens de vídeo e anúncios que mais pareciam cartões-postais. Assim, alcançavam facilmente um público superior ao da televisão, tendo o Facebook como um parceiro mais do que disposto a colaborar. Não demorou até que Trump se tornasse uma figura onipresente na plataforma.[7]

A eleição presidencial de 2016 nos Estados Unidos eliminaria quaisquer dúvidas sobre a importância das mídias sociais nas campanhas políticas. No início de 2016, 44% dos americanos disseram que se informavam sobre os candidatos por meio do Facebook, do Twitter, do Instagram e do YouTube.[8]

Já fazia quase uma década que o Facebook realizava, nos fins de semana, reuniões informais para toda a empresa, conhecidas como Perguntas e Respostas — ou Q&A, na sigla em inglês. Seu formato, bastante tradicional no ramo, era simples: Zuckerberg falava rapidamente e, em seguida, respondia às perguntas mais votadas pelos funcionários entre aquelas que haviam sido enviadas nos dias anteriores. Depois, Zuckerberg respondia a questões espontâneas do público, sem curadoria prévia. Era um evento mais descontraído do que a reunião trimestral, que envolvia toda a empresa, num modelo chamado de *all-hands meeting*, com pauta mais rígida, uma programação predefinida e apresentações.

Algumas centenas de funcionários sentavam-se num auditório e outros milhares assistiam à transmissão ao vivo nos escritórios do Facebook ao redor do mundo. Na preparação para a reunião de Q&A depois do discurso em que Trump prometia o banimento de muçulmanos, havia muito descontentamento por parte dos funcionários em seus grupos internos — conhecidos como Tribos —, insistindo que a plataforma deveria ter removido a postagem com o discurso. Nos fóruns mais amplos onde ocorriam discussões mais profissionais — os grupos de trabalho —, pedia-se um histórico de como o Facebook havia tratado funcionários do governo ao longo do tempo. Muita gente estava com raiva porque seus chefes não haviam se posicionado contra o que eles consideravam ser um evidente discurso de ódio.

Na reunião, um funcionário se aproximou do microfone aberto ao público, e o silêncio se instaurou. Você acha que deve remover o vídeo da campanha de Trump pedindo o banimento dos muçulmanos?, era a pergunta. Aquilo, complementou o funcionário, parecia violar a regra do Facebook contra discursos de ódio.[9]

Zuckerberg estava acostumado a responder a perguntas difíceis naquele tipo de reunião. Já fora confrontado sobre negócios mal pensados, sobre a falta de diversidade nos quadros da empresa e sobre seus planos para superar a concorrência. Mas agora o funcionário à sua frente fazia uma pergunta sobre a qual seus principais executivos não conseguiam chegar a um acordo. Zuckerberg então se refugiou em um de seus discursos mais recorrentes. Era uma questão difícil, afirmou, mas ele acreditava firmemente na liberdade de expressão. Remover a postagem seria uma medida drástica demais.

Aquele era uma espécie de refrão libertário ao qual Zuckerberg voltava repetidas vezes: a sagrada proteção da liberdade de expressão, conforme estabelecido na Primeira Emenda da Declaração dos Direitos. Sua interpretação era que nenhuma fala deveria ser silenciada; o Facebook hospedaria uma cacofonia de vozes e ideias para ajudar a educar e informar seus usuários. Mas a garantia de liberdade de expressão, adotada em 1791, havia sido projetada especificamente para promover uma democracia saudável, garantindo a pluralidade de ideias sem restrições por parte do governo. O objetivo da Primeira Emenda era proteger a sociedade. Por outro lado, o direcionamento de anúncios que priorizava cliques e conteúdo controverso e a mineração de dados dos usuários eram a antítese dos ideais de uma sociedade saudável. Os perigos presentes nos algoritmos do Facebook estavam sendo "cooptados e distorcidos por políticos e analistas que gritavam contra a censura e acusavam a moderação de conteúdo de representar o fim da liberdade de expressão on-line", nas palavras de Renée DiResta, que pesquisa desinformação no Observatório da Internet de Stanford. "Não existe direito à amplificação algorítmica. Esse é o problema que precisa ser enfrentado."[10]

Era uma questão complicada, mas — pelo menos para alguns — a solução era simples. No blog do grupo de trabalho aberto a todos os funcionários, Monika Bickert explicou que a postagem de Trump não seria removida. As pessoas, disse ela, tirariam suas próprias conclusões.

2. "A próxima grande novidade"

É impossível entender como o Facebook atingiu esse ponto crítico sem olhar para trás e constatar quão longe a empresa chegou e a velocidade com que isso se deu. Quando Mark Zuckerberg viu pela primeira vez um site chamado "the Facebook", ele havia sido concebido, programado e batizado por outra pessoa. Era um projeto bem-intencionado, destinado a ajudar amigos a se conectarem uns com os outros. Era gratuito. E o primeiro instinto de Zuckerberg foi manipulá-lo.

Em setembro de 2001, Zuckerberg era um veterano de dezessete anos na Phillips Exeter Academy, um prestigioso colégio interno de New Hampshire que em mais de dois séculos de existência ajudara a formar futuros líderes políticos e grandes empreendedores. Filho de pai dentista, Zuckerberg tinha um pedigree diferente de muitos de seus colegas, que descendiam de ex-chefes de Estado e altos executivos. Mas o adolescente desengonçado logo encontrou seu lugar, destacando-se no programa de latim da escola e nas aulas de computação, estabelecendo-se como o geek de informática no campus. Com uma alimentação à base de Red Bull e Cheetos, liderava outros alunos em farras de programação noite afora, tentando invadir os sistemas da escola ou criando algoritmos para acelerar tarefas. Às vezes, organizava maratonas entre os jovens programadores; em geral, ele vencia.

Na época, o conselho estudantil estava planejando disponibilizar na internet o diretório de alunos da escola. *The Photo Address Book*, publicação em brochura que listava os nomes, números de telefone, endereços e retratos dos alunos, era uma das tradições da Exeter. *The Facebook*, como era conhecido, era praticamente o mesmo havia décadas.

A iniciativa partiu de Kristopher Tillery, que era membro do conselho estudantil e cursava o mesmo ano que Zuckerberg. Tillery se considerava um programador amador, mas era fascinado por empresas como Napster e Yahoo, que tinham se tornado popularíssimas entre seus colegas estudantes. Ele queria que a Exeter, instituição que datava de 1781, parecesse descolada e moderna. Para isso, pensou, nada melhor do que disponibilizar a base de dados do *Facebook* na internet.

Tillery não esperava que a iniciativa decolasse tão rápido. A facilidade de encontrar o perfil de qualquer colega com apenas alguns toques no teclado era uma novidade. Com isso, a arte das pegadinhas atingia outro patamar. Pizzas de anchovas eram enviadas às dezenas para os alojamentos. Alunos fingindo-se de funcionários da escola ligavam para os colegas para alertá-los sobre vazamentos no prédio ou para acusá-los de plagiar um trabalho.

Mas, em pouco tempo, os estudantes começaram a reclamar de um problema: a página de Mark Zuckerberg não funcionava. Sempre que os alunos tentavam abrir o perfil de Zuckerberg no site, seus navegadores travavam. A janela que eles usavam fechava, e vez ou outra os computadores precisavam ser reiniciados.

Quando Tillery investigou o caso, descobriu que Zuckerberg havia inserido uma linha de código em seu próprio perfil que provocava aquelas falhas. Não foi difícil consertar. *Claro, foi o Mark*, pensou Tillery. "Ele era muito competitivo e muito, muito, muito inteligente. Queria ver se poderia levar o que eu estava fazendo um pouco mais adiante. Vi aquilo como um teste, a forma que ele encontrou para mostrar para as pessoas que suas habilidades eram, enfim, superiores às minhas."

A história que conta a origem do Facebook — segundo a qual dois anos mais tarde Zuckerberg certa noite ficou bêbado em Harvard e criou um blog para avaliar suas colegas de classe — é mais do que conhecida. Mas o que se omite muitas vezes nessa mitologia é o fato de que, enquanto muitos alunos logo compraram a ideia de Zuckerberg, chamada de FaceMash, outros ficaram alarmados com aquela invasão de privacidade. Poucos dias após o lançamento do FaceMash, duas agremiações de estudantes de Harvard, Fuerza Latina, grupo cultural pan-latino, e a Associação de Mulheres Negras de Harvard, enviaram um e-mail a Zuckerberg expressando suas preocupações quanto ao site.[1]

Zuckerberg respondeu diretamente a ambos os grupos, explicando que a popularidade da iniciativa foi uma surpresa. "Entendi que certos elementos ainda não estavam prontos. Eu queria mais tempo para avaliar se isso era algo de fato pertinente para apresentar à comunidade de Harvard", escreveu em um e-mail que sabia que viria a público. E acrescentou: "Eu não queria que as coisas tivessem acontecido dessa forma, e peço desculpas por qualquer dano causado por minha negligência em considerar a rapidez com que o site se espalharia e suas consequências".

O departamento de serviços de informática de Harvard registrou uma denúncia, alegando que Zuckerberg havia violado direitos autorais; era possível que tivesse desrespeitado também políticas relacionadas às identidades dos estudantes. Na audiência, Zuckerberg repetiu a explicação que já havia dado aos grupos de alunos. O site tinha sido um experimento em programação.

Ele estava interessado nos algoritmos e na ciência da computação que fazia o site funcionar. Garantiu que nunca imaginou que o projeto viralizasse, e se desculpou caso alguma de suas colegas sentisse que sua privacidade havia sido violada. No que se tornaria um padrão bastante familiar, foi dispensado com apenas uma advertência e concordou em se encontrar regularmente com um orientador universitário.

Em seguida, voltou-se mais uma vez ao plano de criar uma rede social privada, exclusiva dos alunos. Vários de seus colegas estavam ruminando a mesma ideia, sobretudo Cameron e Tyler Winklevoss, que junto com Divya Narendra, igualmente bem relacionado, abordaram Zuckerberg e o convidaram a trabalhar nos algoritmos deles. Mas Zuckerberg havia voltado sua atenção para um estudante que já estava bem mais adiantado. No início daquele segundo semestre, um rapaz chamado Aaron Greenspan lançou uma rede social chamada The Face Book. Era um site simples, de aspecto profissional. A ideia de Greenspan era criar uma página que pudesse ser útil para professores ou olheiros de empresas. No entanto, as primeiras versões do Face Book foram alvo de críticas por permitir que os alunos postassem detalhes pessoais sobre colegas de classe, e a publicação *Harvard Crimson* alertou que o projeto poderia ser um risco à segurança.[2] O site logo estancou, como resultado da má repercussão.

Greenspan procurou Zuckerberg depois de ouvir seu nome pelo campus, e os dois desenvolveram uma amizade competitiva. Quando uma mensagem instantânea de Zuckerberg surgiu subitamente em sua tela em 8 de janeiro de 2004, Greenspan ficou surpreso: ele não tinha informado a Zuckerberg seu nome de usuário da AOL. No início daquela noite, os dois haviam se encontrado em um jantar um tanto constrangedor em Kirkland House, durante o qual Zuckerberg se esquivou das perguntas de Greenspan sobre que tipo de projetos estava interessado em pôr em prática. Mas, durante as conversas, Zuckerberg lançou a ideia de combinar sua rede social — ainda em desenvolvimento — com a criação do colega.[3] Greenspan rejeitou a sugestão de remodelar seu site e, por sua vez, perguntou se Zuckerberg não gostaria de incorporar o que ele estava projetando ao que Greenspan já havia lançado.

"Seria meio como a Delta incorporando a Song Airlines", escreveu Greenspan.

"A Song Airlines é da Delta", respondeu Zuckerberg.

Zuckerberg não ficou animado com a ideia de adaptar sua ambição ao que Greenspan havia construído. A certa altura, indagou-se em voz alta se os dois se tornariam concorrentes. Zuckerberg queria uma criação menos formal. Os usuários ficariam mais abertos a falar sobre hobbies ou músicas favoritas em salas de estar, não em escritórios. Se a rede social parecesse "funcional demais", ele explicou a Greenspan, os usuários não se abririam tanto. Zuckerberg queria projetar um lugar onde as pessoas "perdessem tempo".

Ele revelou que já andava pensando em como o uso dos dados pessoais poderia ser reaproveitado para outros fins. O site de Greenspan pedia aos usuários que compartilhassem informações específicas para um propósito específico: os números de telefone possibilitavam que os colegas se conectassem, e os endereços forneciam locais de encontro para grupos de estudo. "Em um site onde as pessoas fornecem informações pessoais para uma determinada coisa, é preciso muito trabalho e precaução para usar essas informações de outra maneira", escreveu Zuckerberg. Ele queria que os usuários compartilhassem dados de uma forma livre e flexível, expandindo e diversificando os tipos de informações que seria possível coletar.

Os dois chegaram a discutir a possibilidade de compartilhar um banco de dados comum, cadastrando automaticamente os estudantes nas duas versões do TheFacebook (como o nome era agora estilizado). As conversas entre os dois ficaram num vaivém, mas no fim Zuckerberg sentiu que seu projeto tinha características únicas e que sua preferência era pelo design mais casual.

Zuckerberg intuiu que o sucesso de seu site dependia da disposição de seus colegas estudantes em compartilhar detalhes íntimos sobre si mesmos. Era fascinado pelo comportamento humano; antes de ter filhos, sua mãe era psiquiatra, e ele próprio estava estudando psicologia. Seu foco era a facilidade com que os alunos compartilhavam informações pessoais. Cada foto de bebedeira, cada piada infame e cada relato eram conteúdos gratuitos. Esse conteúdo levaria mais pessoas a aderirem ao TheFacebook para ver o que estavam perdendo. O desafio era fazer do site algo que levasse os usuários a perder a noção do tempo: "Eu meio que quero ser a nova MTV", disse ele a amigos.[4] Quanto mais tempo os usuários gastavam no TheFacebook, mais revelavam sobre si mesmos, intencionalmente ou não. Os amigos cujas páginas eles visitavam, a frequência, as conexões que admitiam — cada movimentação acelerava a visão de Zuckerberg de uma vasta rede de interações sociais.

"Mark acumulava tantos dados quanto podia, porque acho que ele é muito parecido comigo. Ele via que, quanto mais dados você recolhia, mais precisa seria a construção de um modelo do mundo para poder entendê-lo", explicou Greenspan, que continuou a manter contato com Zuckerberg mesmo depois que o rival lançou o site concorrente. "Dados são extremamente poderosos, e Mark percebeu isso. O que Mark queria era poder."

O site de Zuckerberg garantia aos alunos que, sendo limitada a Harvard, a rede era privada por natureza. No entanto, os primeiros termos de serviço do Facebook não mencionavam como os dados pessoais dos usuários (que eles ainda não consideravam uma espécie de propriedade privada) poderiam ser usados. Nos anos seguintes, Zuckerberg pavonearia aos quatro cantos o poder de sua invenção de conectar pessoas — de conectar o mundo inteiro, na verdade. Mas naqueles primeiros dias seu foco era bem diferente. Em uma troca de mensagens,[5] deixou claro como ele tinha acesso aos dados que havia acumulado. Zuckerberg puxou a conversa para se vangloriar, dizendo ao amigo que, caso precisasse de informações sobre alguém de Harvard, bastava falar com ele:

ZUCK: eu tenho mais de 4000 e-mails, fotos, endereços, contatos
AMIGO: o quê?! e como você conseguiu isso?
ZUCK: as pessoas simplesmente postaram
ZUCK: não sei por quê
ZUCK: elas "confiam em mim"
ZUCK: idiotas pra caralho

Em janeiro de 2005, Zuckerberg entrou numa pequena sala no *Washington Post* para uma reunião de negócios com o presidente de um dos jornais mais antigos e prestigiados dos Estados Unidos. Zuckerberg estava prestes a comemorar o aniversário de um ano de sua rede social, TheFacebook. Mais de 1 milhão de pessoas usavam o site, o que colocava o jovem de vinte anos numa posição de grande destaque. Zuckerberg aceitava seu status de celebridade entre os "techies" que pensavam como ele, mas, ao se apresentar para aquele encontro, estava visivelmente nervoso.

Não estava familiarizado com os bastidores da política de Washington nem com o clubismo do mundo da mídia na Costa Leste. Seis meses antes, mudara-se para Palo Alto, Califórnia, com alguns amigos de Harvard.[6] O que começou como experimento de férias de verão — administrar o TheFacebook em uma casa de campo de cinco quartos com uma tirolesa armada sobre a piscina do quintal — se transformou em uma licença prolongada da faculdade, gasta em encontros com investidores e empresários que estavam à frente das companhias de tecnologia mais interessantes do mundo.

"Ele era como um astro de cinema nerd", observou um amigo que trabalhava para a startup e frequentava a casa de Palo Alto que Zuckerberg e seus colegas apelidaram de Casa Facebook. "Para os padrões do Vale do Silício, o Facebook ainda era pequeno, mas muitas pessoas já o viam como a próxima grande novidade."

As ideias que Zuckerberg vinha absorvendo durante seu primeiro ano em Harvard foram substituídas pelas filosofias de empreendedores como Peter Thiel, cofundador do PayPal, que investiu 500 mil dólares no TheFacebook em agosto de 2004, e Marc Andreessen, cofundador da Netscape. Dois dos homens mais poderosos do Vale do Silício, eles faziam mais do que investir em novas startups: no fundo, moldavam o éthos do que significava ser um prodígio do mundo da tecnologia. Essa ideologia se baseava numa versão do libertarianismo, que abraçava inovação e livre mercado e desprezava a interferência excessiva do governo e das regulamentações.[7] Em seu cerne estão a crença na autonomia individual, inspirada por filósofos e escritores como John Stuart Mill e Ayn Rand, e uma defesa do racionalismo e do ceticismo em relação à autoridade. Os objetivos principais eram o progresso e o lucro. Os negócios em ascensão no Vale do Silício estavam substituindo as velhas práticas — os hábitos ineficientes e prejudiciais que precisavam ser superados. (Mais tarde, em 2011, Thiel patrocinaria uma bolsa para estudantes universitários que desistissem da universidade e abrissem empresas.)[8]

A educação era informal. "Nunca vi Mark lendo um livro ou expressando qualquer interesse por livros", disse um amigo, que recordava muitas maratonas noturnas de video game em que vagas ideias sobre guerras e batalhas eram usadas como alegorias para o mundo dos negócios. "Ele estava absorvendo ideias que pairavam no ar naquela época, mas não tinha um grande interesse na origem delas. E definitivamente não tinha nenhum interesse mais amplo em filosofia, pensamento político ou economia. Se você perguntasse, ele diria que estava ocupado demais dominando o mundo e não tinha tempo para ler."

Zuckerberg tinha poucos contatos fora do mundo dos entusiastas de tecnologia e dos programadores. Mas, durante as férias, sua colega de classe Olivia Ma convenceu o pai, um vice-presidente do *Washington Post* encarregado de novos negócios, a conhecer o jovem programador cujo site estava dominando os campi universitários em todo o país. Impressionado, ele organizou uma reunião na sede do jornal, em Washington.

Zuckerberg apareceu na redação vestindo jeans e suéter, acompanhado por Sean Parker, criador do Napster, que meses antes havia se tornado o novo presidente do TheFacebook. O último a chegar à pequena sala de reuniões para onde foram conduzidos foi Donald Graham, diretor-executivo do *Post*, pertencente à terceira geração de líderes do jornal fundado por sua família.

Graham era uma presença constante nas colunas sociais de Nova York e de Washington, tendo crescido na companhia das famílias de John F. Kennedy e Lyndon B. Johnson e de magnatas como Warren Buffett. Sob sua direção, o *Post* ganhou quase duas dúzias de prêmios Pulitzer e outras honrarias do jornalismo, ampliando a reputação estabelecida pela cobertura inovadora no caso Watergate.[9] Graham, contudo, podia ver a ameaça iminente que a mídia digital representava. Os anunciantes estavam animados com a explosão de crescimento do uso da internet, e sites como Google e Yahoo vinham se apropriando de notícias e reportagens da CNN, do *Post* e de outras mídias para atrair o público para suas plataformas, surrupiando-o das páginas virtuais ainda incipientes dos próprios jornais.

Graham queria alcançar uma nova geração de leitores. Ao contrário de muitos de seus colegas da indústria musical e de Hollywood, ele não adotava uma postura hostil em relação às plataformas de tecnologia; em vez disso, buscava informações e possíveis parcerias. Já havia conversado com Jeff Bezos sobre a distribuição de livros da Amazon e agora estava curioso em relação àquele jovem programador, em licença de sua alma mater. "Eu não era alguém que entendia tanto assim de tecnologia, mas queria aprender", lembra Graham.

O garoto parecia muitíssimo estranho e tímido. Zuckerberg mal piscou os olhos enquanto explicava hesitantemente a Graham, quase quarenta anos mais velho, como o TheFacebook funcionava. Os alunos de Harvard criavam suas próprias páginas com informações básicas: nome, classe, alojamento, clubes universitários, cidade natal, cursos. Um aluno podia procurar outro e pedir para ser seu "amigo". Uma vez conectados, os dois conseguiam comentar nas páginas um do outro e postar mensagens. "Quem vai à Biblioteca Widener na quinta à noite? Quer estudar para a prova de química?" O site tinha alguns anúncios de empresas locais de Cambridge, mas só o suficiente para cobrir as contas da compra de mais equipamentos.[10]

"Bem, lá se vai o *Crimson*", disse Graham, referindo-se ao jornal estudantil de Harvard. "Todas as pizzarias em Cambridge vão parar de anunciar no *Crimson* por sua causa." Com tantos olhos gravitando para a rede social, e considerando o custo relativamente baixo dos anúncios, qualquer empresa de viagens, artigos esportivos ou computadores que desejasse alcançar estudantes universitários estaria fazendo uma burrice se não anunciasse no site, acrescentou.

Zuckerberg riu. Sim, disse ele. Mas na verdade não era faturamento que ele estava buscando, explicou — Graham mais tarde notaria que Zuckerberg não parecia saber a diferença entre lucro e faturamento —, eram pessoas: queria mais usuários. Ele disse a Graham que precisava correr para expandir sua invenção a todas as faculdades do país antes que outra pessoa o fizesse.

O foco da plataforma era crescer e ganhar engajamento. E, ao contrário do *Post*, Zuckerberg tinha um amplo espaço para construir esse público sem a pressão de ganhar dinheiro. Graham ficou impressionado com o potencial da empresa. E não a via como uma ameaça aos jornais tradicionais, mas como uma tecnologia que poderia ser uma boa parceira, auxiliando o *Post* a se estabelecer na nova vida on-line. Ele testemunhara a infinidade de problemas que os ramos da música e do entretenimento tinham enfrentado durante a transição para o universo digital. Com vinte minutos de conversa, ele disse a Zuckerberg que o TheFacebook era uma das melhores ideias de que tinha tomado conhecimento em muitos anos. Poucos dias após a reunião, ofereceu 6 milhões de dólares por uma participação de 10% na empresa.

Parker gostou da ideia de um investimento que partisse de uma empresa de mídia. Sentia que tinha sido passado para trás por investidores de capital de risco quando dirigia o Napster, então não confiava neles. Ao contrário de Zuckerberg, Parker parecia ser um vendedor habilidoso, embora sua preferência pelo envolvimento de uma empresa da mídia tradicional soasse um tanto irônica, dado seu histórico como cofundador do serviço de compartilhamento de música que foi objeto de vários processos de pirataria impetrados por gravadoras. No entanto, os três rapidamente esboçaram os contornos gerais de um contrato. Não havia nenhum termo de compromisso, apenas um acordo verbal.

Durante as semanas seguintes, os advogados do *Washington Post* e do TheFacebook negociaram um contrato oficial. A certa altura, o TheFacebook pediu mais dinheiro, exigindo também que Graham fizesse parte do conselho administrativo da empresa. Em março, Zuckerberg ligou para Graham. Estava com um "dilema moral", confessou. Tinha recebido uma oferta da Accel Partners, cujo valor mais que dobrava o que Graham havia posto na mesa. A Accel oferecera dinheiro aos montes, sem as apreensões —

ou os valores da velha guarda — do financiamento tradicional.[11] Não tinha intenção de pressionar jovens fundadores como Zuckerberg em questões relacionadas a lucratividade ou prestação de contas. As startups eram incentivadas a operar com prejuízos de milhões de dólares por mês, desde que atraíssem clientes e inovassem. A estratégia era simples: ser o primeiro no mercado, crescer desenfreadamente e descobrir como ganhar dinheiro depois. Graham gostou da franqueza de Zuckerberg a respeito do seu dilema. Disse ao jovem que aceitasse a oferta que fazia mais sentido para o negócio. O conselho estava em sintonia com os instintos competitivos de Zuckerberg. "Assim que você conhecia Mark, era a primeira coisa que percebia nele", disse um amigo de longa data que frequentava a Casa Facebook. "Ele não era uma pessoa que gostava de perder."

No primeiro semestre de 2005, o Facebook havia se tornado uma das empresas mais comentadas no Vale do Silício. Não apenas porque o número de usuários que a plataforma angariava continuava a crescer dia após dia; mas porque era também a mina de ouro dos dados pessoais. Os usuários forneciam informações a seu respeito voluntariamente desde o momento em que criavam uma conta: cidades natais, números de telefone, as escolas que frequentaram e os empregos que tiveram, músicas e livros favoritos. Nenhuma outra empresa de tecnologia estava coletando dados com tal profundidade e amplitude. No final de 2004, 1 milhão de estudantes universitários já tinham aderido à plataforma.[12] E mais: eles acessavam o TheFacebook mais de quatro vezes por dia, e em cada campus que o site começava a operar a maioria dos alunos se inscrevia.

Os investidores viam Zuckerberg como o próximo gênio fundador, seguindo os passos de Gates, Jobs e Bezos. "Era uma ideia que permeava o Vale na época — essa sensação de que não se devia questionar o fundador, que o fundador era como o rei", observou Kara Swisher, jornalista que assistiu à ascensão de Zuckerberg e acompanhava de perto os homens que atuavam como seus mentores. "Minha impressão sobre Zuckerberg era que ele era um peso leve em termos intelectuais, facilmente influenciado por Andreessen ou Peter Thiel; como queria ser visto como alguém inteligente por eles, adotava as mudanças que sugeriam e a mentalidade libertária que propagavam." Além do mais, acrescentou Swisher, Zuckerberg tinha um impulso competitivo incansável e fazia tudo o que fosse necessário para garantir que sua empresa fosse bem-sucedida.

Ele já havia demonstrado esse instinto afiado ao garantir o controle do Facebook logo no primeiro ano de operação. Em Harvard, Zuckerberg distribuiu cargos generosamente e recrutou seus amigos para a nova empresa; um de seus colegas, Eduardo Saverin, assumiu o título de cofundador em troca de uma modesta quantia que investiu para ajudar o TheFacebook a decolar. Em julho de 2004, entretanto, Zuckerberg incorporou uma nova empresa, que na prática comprou a LLC fundada junto com Saverin. O acordo permitiu que Zuckerberg redistribuísse as ações de uma forma que lhe garantisse a maioria, reduzindo a participação de Saverin de cerca de 30% para menos de 10%. Saverin protestou contra a decisão e, mais tarde, entrou com um processo em busca de indenização. Nessa época, o conselho administrativo — que incluía dois investidores iniciais, Jim Breyer, da Accel, e Peter Thiel — servia sobretudo como uma consultoria, dando a Zuckerberg ampla liberdade de ação nas decisões.[13]

Em setembro de 2005, a plataforma, que havia descartado o artigo definido de seu nome, tornando-se apenas Facebook, começou a agregar alunos do ensino médio, além de dar continuidade à expansão pelas universidades. De sua pequena sede em cima de um restaurante chinês na rua central de Palo Alto, Zuckerberg instigava os funcionários a cumprirem turnos cada vez mais longos para atender à demanda. No final do ano, quando a plataforma atingiu mais de 5,5 milhões de usuários, ele começou a encerrar as reuniões semanais erguendo o punho ao ar e gritando: "Dominação total!".

As ofertas de investimento e aquisição não paravam de chegar.[14] Viacom, MySpace, Friendster — todos fizeram seus lances na esteira das propostas do *Washington Post* e da Accel. O negócio proposto pelo Yahoo, que em junho de 2006 ofereceu 1 bilhão de dólares, foi o mais difícil de rejeitar. Poucas startups pequenas como o Facebook — e ainda sem apresentar lucros — haviam recebido uma proposta daquela magnitude antes. Vários funcionários imploraram que Zuckerberg aceitasse o acordo. Seu conselho administrativo e outros consultores disseram que ele poderia sair do Facebook com metade daquela quantia — e estatura para fazer o que bem quisesse.

A proposta do Yahoo forçou Zuckerberg a refletir sobre sua visão de longo prazo. Em julho, ele disse a Thiel e Breyer que não sabia o que faria com aquele dinheiro e que era provável que acabasse criando outra versão do Facebook.[15] Além disso, percebeu que a plataforma poderia ser exponencialmente maior. "Foi a primeira vez que precisamos de fato olhar para o futuro", disse ele. Ele e o cofundador Dustin Moskovitz concluíram que poderiam "conectar muito mais do que 10 milhões de estudantes".[16]

Quando rejeitou o acordo com o Yahoo, toda a equipe administrativa de Zuckerberg pediu demissão, em protesto. Ele diria mais tarde que esse foi seu pior momento como líder corporativo. O episódio marcou também uma encruzilhada para a empresa. "A parte dolorosa não foi recusar a oferta. Foi o fato de que, depois disso, grande parte da nossa equipe se foi, porque não acreditava no que estávamos fazendo."

Apesar disso, a mudança só reforçou a reputação de Zuckerberg. Sua audácia trouxe confiança renovada à empresa. Ele começou a roubar funcionários da Microsoft, do Yahoo e do Google. "As pessoas queriam trabalhar no Facebook. A empresa tinha essa aura de que seria um grande acontecimento", observou um funcionário que estava entre as primeiras cinquenta contratações. "Você sabia que ter o Facebook no currículo ia pegar bem."

Apesar do perfil de empresa em expansão, a cultura corporativa permanecia improvisada. Todos se aglomeravam em torno das mesmas pequenas escrivaninhas, quase sempre repletas de copos descartáveis de café e embalagens de chocolate das pessoas que haviam trabalhado nos turnos anteriores. As reuniões eram interrompidas abruptamente se os engenheiros não apresentassem protótipos concluídos de suas ideias, apesar de não haver supervisores para avaliar ou oferecer orientação. Também eram comuns os chamados *hackathons* noturnos, nos quais os desenvolvedores, movidos a cerveja e bebidas energéticas, programavam novos recursos.

Zuckerberg gostava das sessões de programação, mas passava a maior parte do seu tempo trabalhando em uma ideia que acreditava que colocaria o Facebook à frente de seus concorrentes — a ideia que lhe deu a confiança necessária para recusar o Yahoo: uma página central de atualizações personalizada.[17] Até aquele ponto, se os usuários quisessem ver as atualizações de seus amigos, tinham de clicar na página individual de cada um. O Facebook era como um diretório simples, sem conexão entre perfis ou oportunidades de comunicação fácil. O novo recurso, chamado feed de notícias, extrairia seu conteúdo de postagens, fotos e atualizações de status que os usuários já haviam inserido em seus perfis e os reorganizaria em um página unificada — em suma, um fluxo de informações continuamente atualizado.

Apesar do nome, Zuckerberg imaginava o feed de notícias

como algo que ia além da definição tradicional de um noticiário. Enquanto os editores de um jornal determinavam a hierarquia dos artigos veiculados na capa de um jornal ou na página inicial de um site, Zuckerberg imaginava uma hierarquia personalizada de "interesses", que ditaria o que cada usuário via em sua versão individual do feed.[18] Em primeiro lugar, os usuários gostariam de ver conteúdos sobre si mesmos, portanto, qualquer postagem, foto ou menção a alguém tinha de aparecer na parte superior de seu respectivo feed. Em seguida, viria o conteúdo sobre amigos, em ordem decrescente daqueles com quem o usuário mais interagia. Por fim, o conteúdo de páginas e grupos.

Por mais simples que o feed de notícias parecesse em seus cadernos de anotações, Zuckerberg sabia que criá-lo seria um desafio. Ele precisava de alguém para ajudá-lo a desenvolver um algoritmo que ordenasse o que os usuários desejavam ver. Para isso, recorreu a Ruchi Sanghvi, uma de suas primeiras funcionárias e engenheiras, para ancorar o trabalho técnico. Capitaneando o projeto estava um grupo de supervisores que Zuckerberg contratara recentemente, com destaque para Chris Cox.

Cox havia sido descoberto em um programa de pós-graduação em Stanford, onde estudava processamento de linguagem natural, campo da linguística que pesquisa como a inteligência artificial pode auxiliar computadores a processar e analisar a maneira como as pessoas falam. De cabelo raspado e sempre bronzeado, parecia um surfista, mas soava como um legítimo expert em tecnologia. Cox era reconhecido como um dos melhores estudantes de Stanford, e sua saída para uma pequena startup que competia com o MySpace e o Friendster, muito maiores e mais bem financiados, deixou seus professores e colegas intrigados. Ele aceitou o emprego no Facebook sem conhecer Zuckerberg, mas a química aconteceu logo quando foram apresentados. Cox tinha carisma e talento para tranquilizar seu chefe e parecia saber intuitivamente o que Zucker-berg pensaria sobre um produto ou uma ideia de design.

Chris Cox estava na situação ideal para traduzir a visão que Zuckerberg tinha do feed de notícias para outros funcionários: o criador do Facebook queria que as pessoas permanecessem co-nectadas por horas do dia rolando o feed. Também queria que elas continuassem navegando no site; o objetivo era manter os usuários ativos na plataforma pelo máximo de tempo possível — uma métrica conhecida como "sessões". Do ponto de vista do desenvolvimento, o sistema do feed de notícias foi de longe o ar-tifício mais intenso e complicado que o Facebook já havia ima-ginado. Demorou quase um ano para ser programado, mas seu impacto foi imensurável: o feed não apenas mudaria o curso da história da plataforma, mas inspiraria dezenas de outras empresas de tecnologia ao redor do mundo a reimaginar o que as pessoas queriam ver na internet.

Logo depois da uma da manhã, no horário-padrão do Pacífi-co, do dia 5 de setembro de 2006, os funcionários se amontoaram num canto do escritório para assistir à estreia do feed de notícias. Com exceção dos funcionários do Facebook e de um punhado de investidores que Zuckerberg havia informado, ninguém sabia dos planos da empresa. Era uma grande transformação. Alguns conselheiros imploraram que Zuckerberg organizasse um lança-mento gradual. Ele os ignorou.

No horário programado, as pessoas que acessaram o Face-book nos Estados Unidos receberam subitamente um aviso in-formando que o site estava introduzindo uma nova ferramenta. Havia apenas um botão onde clicar e nele se lia: "Incrível". Assim que o botão era clicado, o antigo Facebook desaparecia para sem-pre. Poucos usuários se preocuparam em ler a postagem do blog de Sanghvi, que apresentava os novos recursos em um tom alegre e brincalhão. Em vez disso, mergulharam de cabeça na criação de Zuckerberg. Pelo menos um usuário não ficou impressionado: "Esse tal feed de notícias é uma merda", dizia uma postagem. Zuckerberg e seus engenheiros riram e deram de ombros. As pessoas levariam um tempinho até se acostumarem com o novo design. Decidiram encerrar os trabalhos e ir para casa.

Mas na manhã seguinte foram surpreendidos por um grupo de usuários revoltados, protestando do lado de fora dos escritórios do Facebook, na Emerson Street, além de protestos virtuais em um grupo na própria plataforma chamado Estudantes contra o Feed de Notícias do Facebook.[19] O grupo ficou furioso porque atualizações de relacionamento estavam sendo repentinamente publicadas no que parecia ser um quadro de mensagens públicas. Por que o Facebook precisava divulgar que um relacionamento havia mudado de "Apenas amigos" para "É complicado"?, perguntavam. Outros ficaram consternados ao ver suas fotos das férias de verão expostas para o mundo. Embora o recurso se valesse de informações que eles próprios haviam tornado públicas no site, os usuários se viam agora cara a cara com tudo o que o Facebook sabia a seu respeito. O choque foi atordoante.

Em 48 horas, 7% dos usuários do Facebook se juntaram ao grupo que se opunha ao feed de notícias, lançado por um jovem da Universidade Northwestern. Os investidores da empresa entraram em pânico, e vários ligaram para Zuckerberg para pedir o cancelamento do novo recurso. As possíveis consequências em termos de relações públicas pareciam dar argumentos para essa sugestão: defensores da privacidade se juntaram contra o Facebook, condenando o novo design como invasivo. À medida que mais e mais estudantes se juntavam aos manifestantes mais obstinados às portas do escritório em Palo Alto, Zuckerberg foi forçado a contratar o primeiro segurança do Facebook.

No entanto, Zuckerberg encontrou consolo nos números. Os dados do Facebook indicavam que ele estava certo: os usuários estavam passando mais tempo no site. Na verdade, o próprio grupo Estudantes contra o Feed de Notícias provava que a ferramenta era um sucesso — os usuários entravam no grupo aos montes, justamente porque deparavam com ele bem no topo de seu feed pessoal. Quanto mais usuários aderiam, mais os algoritmos do Facebook o jogavam para o topo do feed. Foi a primeira experiência do Facebook com o poder que a nova ferramenta tinha de criar uma nova tendência e produzir uma experiência viral para seus usuários.

"Nós fomos conferir, e as pessoas estavam usando muito, muito mesmo", lembrou Cox. "Havia muito engajamento, e só crescia."[20] A experiência confirmou sua intuição: a resposta pública inicial era a típica reação automática que acompanhava a introdução de todas as novas tecnologias ao longo da história. "Quando você volta e analisa o caso do primeiro rádio, ou a primeira vez que falamos pelo telefone, por exemplo, todo mundo dizia que instalar linhas telefônicas residenciais era invadir nossa privacidade, pois agora as pessoas telefonariam e saberiam quando não havia ninguém em casa, então iriam assaltá-la", comparou ele. "Claro, isso pode ter acontecido algumas vezes, mas, no geral, telefones podem ser ótimos."

Ainda assim, Zuckerberg sabia que precisava fazer alguma coisa para apaziguar os ânimos. No fim de um dia em que não parou de receber ligações de amigos e investidores, decidiu pedir desculpas. Pouco antes das onze da noite do dia 5 de setembro, quase 24 horas depois do lançamento do feed de notícias, o CEO postou um pedido de desculpas no Facebook intitulado "Calma. Respirem. Estamos ouvindo vocês". A nota de 348 palavras dava o tom de como Zuckerberg lidaria com as crises no futuro. "Estamos ouvindo todas as suas sugestões sobre como melhorar o produto; é algo totalmente novo e ainda está em evolução", escreveu, antes de observar que nada havia mudado nas configurações de privacidade dos usuários. (Talvez fosse verdade, mas o fato é que algumas semanas depois os engenheiros do Facebook lançariam ferramentas que permitiriam aos usuários restringir o acesso a certas informações.) O Facebook não estava forçando os usuários a compartilhar nada que eles não desejassem. Caso não estivessem satisfeitos com o que tinham postado, bem... Não deveriam ter postado. No fim das contas, a nota parecia menos um pedido de desculpas do que uma advertência de um pai irritado: Esta comida é boa para vocês, comam, e um dia vocês vão me agradecer.

Por mais de cem anos, o *New York Times* publicara seu jornal sob o lema "Todas as notícias que merecem ser impressas". O lema do Facebook era bastante diferente: Todas as notícias sobre os seus amigos que você nunca soube que queria.

Não demorou para que a empresa deparasse com o problema da falta de um editor ou de princípios bem definidos. Os jornais valiam-se de anos de experiência com decisões editoriais e conhecimento institucional para determinar o que publicariam. A tarefa de decidir o que o Facebook permitiria que se publicasse em sua plataforma cabia a um grupo de funcionários que, de maneira bastante genérica e informal, haviam assumido funções de moderadores de conteúdo. As primeiras ideias que esboçaram se resumiam basicamente ao seguinte: "Se alguma coisa revirar seu estômago, tire da plataforma". Essa diretriz era repassada em e-mails ou em conselhos compartilhados no refeitório da empresa. Havia listas de exemplos de itens que o Facebook havia removido, mas sem qualquer explicação ou contexto por trás dessas decisões. Era, na melhor das hipóteses, ad hoc.

O mesmo problema se estendia à publicidade. Os anúncios em si eram pouco inspiradores — pequenas imagens quadriculadas espalhadas pelo site —, e a equipe diminuta que os supervisionava geralmente aceitava a maioria dos envios. Quando o diretor de monetização Tim Kendall foi contratado, pouco antes do lançamento do feed de notícias, não havia diretrizes definidas ditando o que era considerado aceitável para os anúncios publicitários, nem um processo de avaliação em vigor para Kendall e a equipe de anúncios que se reportava a ele. As pessoas estavam, na prática, tomando essas decisões no calor do momento. "Todas as decisões envolvendo políticas de conteúdo eram completamente orgânicas, feitas em resposta a problemas específicos", relatou um ex-funcionário.

Em meados de 2006, Kendall enfrentou seu primeiro dilema. Grupos políticos do Oriente Médio estavam tentando comprar anúncios dirigidos a estudantes universitários com o objetivo de incitar animosidades em relação a um determinado lado do conflito entre israelenses e palestinos. Os anúncios eram controversos, incluindo imagens chocantes de crianças mortas. A equipe concordou que não convinha veicular aquele material, mas não tinha certeza de como justificar sua recusa aos solicitantes. Kendall rapidamente elaborou algumas linhas, afirmando que a empresa não aceitaria anúncios que incitassem ódio ou violência. Para isso, não buscou a aprovação de seus chefes, e Zuckerberg sequer opinou.

Tudo era muito informal; não havia respaldo jurídico daquela única folha que registrava as diretrizes. Políticas de conteúdo não estavam entre as prioridades da empresa. "Não entendíamos o que tínhamos em mãos na época. Éramos cem pessoas na empresa, com 5 milhões de usuários, e a questão da liberdade de expressão não estava no nosso radar", lembrou outro funcionário. "Mark estava concentrado em crescimento, experiência e produto. Nosso pensamento era: como um site de amenidades para universitários poderia ter de resolver algum problema sério?"

O foco do CEO estava em outro lugar. Por todos os Estados Unidos, a internet de alta velocidade vinha se expandindo. Banda larga e acesso 24 horas por dia, sete dias por semana, criavam condições férteis para inovações no Vale do Silício, entre as quais novas redes sociais, que ofereciam fluxos de informação em constante mudança. O Twitter, lançado em julho de 2006, caminhava para atingir 1 milhão de usuários.[21] Era usado por todos, desde o adolescente mais desimportante até o homem que viria a se tornar o "líder do mundo livre".

Para permanecer na dianteira, o Facebook precisava se tornar maior. Muito maior. O objetivo de Zuckerberg passou a ser conectar todos os usuários de internet do mundo. Mas, para se aproximar minimamente dessa meta, havia um problema intimidador: como monetizar a plataforma. Em seu quarto ano de funcionamento, o Facebook precisava apresentar um plano para transformar toda aquela atenção em dólares. Era necessário incrementar sua relevância na área de anúncios. Os investidores estavam dispostos a tolerar custos crescentes e prejuízos — mas só até certo ponto. As despesas aumentavam conforme Zuckerberg contratava mais funcionários, alugava mais escritórios e investia em servidores e equipamentos para acompanhar o crescimento no número de usuários.

Como Don Graham percebeu, Zuckerberg era um empresário com pouco entusiasmo pelos negócios. Um ano após a criação do Facebook, ele aparece avaliando suas primeiras experiências como CEO em um documentário sobre a geração dos *millennials*, produzido por Ray Hafner e Derek Franzese. Na cena, reflete em voz alta sobre a ideia de encontrar alguém para lidar com todas as partes referentes à administração de uma empresa que considerava cansativas.

"O papel do CEO muda com o tamanho da empresa", diz Zuckerberg, então com 21 anos. Está sentado em um sofá no escritório de Palo Alto, descalço e vestindo camiseta e shorts de ginástica. "Em uma startup muito pequena, o CEO geralmente é como o fundador ou o idealizador. Já se você é uma empresa grande, o CEO está apenas administrando tudo e talvez traçando alguma estratégia, não necessariamente sendo o cara com as grandes ideias. Então, tipo, tem uma transição em direção a isso... E é aquela coisa: eu quero continuar fazendo isso? Ou quero contratar alguém que faça por mim, de forma que eu possa me concentrar nas ideias interessantes? Isso é mais divertido", diz ele, aos risos.[22]

3. Qual o nosso ramo de negócios?

No segundo semestre de 1989, mais de uma década antes de Mark Zuckerberg chegar a Cambridge, Massachusetts, o professor Lawrence Summers se apresentou para seu curso de "Economia do setor público", em Harvard, e deu uma boa olhada na sala. Era uma disciplina desafiadora, que investigava questões sobre o mercado de trabalho e o impacto da seguridade social e da saúde pública em mercados econômicos mais amplos. O professor, então com 34 anos, estrela em ascensão no mundo da economia, sabia identificar com facilidade os puxa-sacos entre os cem alunos na sala de aula. Sentavam-se nas primeiras fileiras, prontos para levantar as mãos à primeira oportunidade. Summers se irritava com esse tipo de estudante. Mas, em geral, eram eles que apresentavam os melhores desempenhos.

Então, meses depois, Summers se surpreendeu quando viu que a nota máxima nos exames de meio semestre pertencia a uma aluna que mal chamara sua atenção. Teve de se esforçar para associar o nome a uma pessoa. "Sheryl Sandberg? Quem é?", perguntou a um professor assistente.

Ah, a aluna do terceiro ano de cabelo escuro e encaracolado e suéteres largos, recordou-se. Ela se sentava na extrema direita da sala com um grupo de amigos. Não falava muito, mas parecia fazer anotações extensas. "Não estava entre os estudantes que sempre estendiam as mãos avidamente, loucos para serem chamados", lembrou ele.

Como sempre fazia, Summers convidou os alunos com as melhores notas para almoçar no Harvard Faculty Club, localizado nos limites do Harvard Yard, no coração histórico do campus. Durante o almoço, Sandberg brilhou, munida de boas perguntas. Summers gostou: a aluna tinha feito a lição de casa. Mas também ficou impressionado com a diferença entre ela e a maioria daqueles que costumavam se destacar em suas aulas.

"Há um tipo de graduando que circula por Harvard que costumo chamar de 'presidente enrustido'", explicou Summers. "Ele acha que algum dia será presidente dos Estados Unidos e se julga o máximo. Sheryl não tinha esses delírios de grandeza."

Na época, Summers começava a se destacar nacionalmente por seus conhecimentos sobre a interseção entre governo e economia; concluíra seu doutorado em economia em Harvard aos 27 anos e se tornara um dos professores mais jovens na história recente da universidade. Não era fácil impressioná-lo, mas Sandberg chamou sua atenção. Ela lhe pediu que apoiasse o grupo Mulheres na Economia e no Governo, que fundara junto com algumas colegas de classe. O objetivo do clube era aumentar o número de professoras e alunas na área. Sandberg divulgava dados sobre a porcentagem de mulheres formadas em economia, que continuava na casa de um dígito. Summers aceitou o convite. Ela claramente havia planejado bem o grupo, e ele tinha apreço por suas boas maneiras e seu comportamento respeitoso.

"Existem alunos que me chamam de Larry antes de eu dizer que podem me chamar de Larry. E existem alunos para quem eu já disse que podem me chamar de Larry e preciso insistir para me chamarem de Larry e não de professor Summers", contou ele. "Sheryl era desse tipo."

Summers deixou a universidade durante o último ano de Sandberg para se tornar o economista-chefe do Banco Mundial, mas a recrutou como assistente de pesquisa em Washington assim que ela se formou, no primeiro semestre de 1991 (ele havia continuado como orientador de sua tese, mas se sentia "um pouco culpado" pelo tempo limitado que podia oferecer a ela desde que se mudara para Washington).

Quando Sandberg disse aos pais que planejava voltar para sua alma mater no segundo semestre de 1993 para estudar administração, eles receberam a notícia com ceticismo. Sempre presumiram que ela migraria para o setor público ou para uma organização sem fins lucrativos — e, até pouco tempo, ela também. Sua família estava cheia de médicos e diretores de organizações do tipo. Seu pai era oftalmologista e, ao lado de sua mãe, liderava no sul da Flórida uma filial do Movimento pelos Judeus Soviéticos, esforço nacional para aumentar a conscientização sobre a perseguição aos judeus na União Soviética. Os irmãos mais novos de Sheryl seguiram o caminho profissional do pai: seu irmão se tornou um renomado neurocirurgião pediátrico e sua irmã, pediatra. A perspectiva do Banco Mundial fazia sentido para eles. A faculdade de direito parecia o passo mais lógico.

Mas um colega mais velho do Banco Mundial, Lant Pritchett, que se referia a Sandberg como "Mozart das relações humanas", incentivou-a a estudar o mundo dos negócios. "O que você deveria fazer é liderar pessoas que vão para a faculdade de direito", falou ele. Um bom tempo depois, o pai de Sandberg disse a Pritchett que ele estava certo.

Nos anos seguintes, Sandberg deu alguns passos em falso. Em junho de 1994, no meio de seu programa de MBA, casou-se com

Brian Kraff, formado pela Columbia Business School e fundador de uma startup em Washington. O casamento acabou depois de um ano.[1] Aos amigos Sandberg contava que se casara muito jovem e que a química dos dois não era boa. Kraff parecia contente em estabelecer uma vida confortável em Washington; as ambições dela eram maiores.

Com o MBA em mãos, foi para Los Angeles trabalhar na McKinsey & Company, mas logo descobriu que não tinha interesse em consultoria de gestão. Depois de um ano, no final de 1996, voltou para Summers em Washington, no Departamento do Tesouro. Lá, teve um golpe de sorte. Um fluxo intenso de CEOs passava pelas portas do Tesouro à procura de Summers, e um deles era Eric Schmidt, executivo que estava prestes a assumir as rédeas do Google.

Sandberg se sentia atraída pelo dinamismo do Vale do Silício. Empresas como o eBay tornavam possível que milhões de pessoas se transformassem em empreendedores. Yahoo e Google prometiam expandir o conhecimento no mundo todo, levando ferramentas de busca e comunicação gratuitas, como o e-mail e os chats, para a Ásia, a Europa e a América Latina. Depois de começar como startup numa garagem de Seattle em 1995, a Amazon agora agitava o setor de varejo dos Estados Unidos com um faturamento de 2,7 bilhões de dólares no ano 2000.

Sandberg estava particularmente interessada no profundo impacto da tecnologia na vida das pessoas e no potencial das empresas de alavancarem movimentos sociais. "O desejo de Sheryl é causar impacto com I maiúsculo", explicou um amigo. "Sim, dinheiro é importante, só que o mais importante é a ideia de fazer algo grande e de impacto."

Sandberg viajara com Summers para se encontrar com Schmidt, então CEO da gigante de software empresarial Novell. Ao contrário dos executivos de Wall Street e da Fortune 500, que contratavam limusines com motorista e usavam ternos caros feitos sob medida, Schmidt foi buscá-los no aeroporto de San Francisco no próprio carro, vestindo calça jeans. Eles comeram em uma pizzaria local com o fundador do Yahoo, Jerry Yang, que acabara de virar bilionário. Sandberg estava acostumada com os métodos da velha guarda empresarial e política, mas agora se deparava com homens sem interesse em protocolos enfadonhos, compartilhando tanto as ideias na cabeça quanto a comida nos pratos com a maior naturalidade do mundo.[2]

Aquela noite ficou marcada em sua memória. Em 2001, quando Schmidt se tornou CEO do Google, ofereceu a ela um emprego como gerente de uma unidade operacional. Era um título vago, e não havia unidades operacionais na época. Sandberg revelou a Schmidt sua relutância em entrar na empresa sem uma função clara. "Sheryl, não seja idiota", disse Schmidt. "Se lhe oferecerem uma vaga em um foguete espacial, suba, não pergunte onde você vai se sentar."[3] A empresa era a startup mais promissora da época, seu nome já era usado como verbo para pesquisar qualquer coisa on-line, e estava destinada a ter uma das maiores IPOs (sigla para *initial public offering*, ou oferta pública inicial) do mercado. Mas Sandberg foi seduzida principalmente pela visão de seus fundadores, dois ex-alunos de doutorado em Stanford, cujo objetivo era tornar todas as informações do mundo universalmente acessíveis e úteis. Quando fundaram o mecanismo de pesquisa em 1998, Larry Page e Sergey Brin adotaram um lema não oficial: "Não seja mau".

Esse senso de idealismo encontrou eco em Sandberg. O trabalho parecia importante. E havia também motivos pessoais para retornar à Costa Oeste. Sua irmã, Michelle, morava em San Francisco, e Sandberg tinha muitos amigos em Los Angeles. Um deles virou seu namorado: Dave Goldberg, que havia fundado em 2002 uma startup de tecnologia musical. Seis meses depois, ficaram noivos. Quando vendeu sua empresa, a Launch, para o Yahoo, em junho de 2003, Goldberg a princípio permaneceu em LA, mas se juntou a Sandberg na Bay Area um ano depois. "Tiramos no cara e coroa onde moraríamos, e eu perdi", disse ele.[4] Em 2004, casaram-se no deserto em Carefree, Arizona.

Sandberg foi muito bem-sucedida no Google, e creditada como responsável por conduzir a nascente receita publicitária da plataforma ao patamar de uma operação de 16,6 bilhões de dólares.[5] Foi citada em veículos como *New York Times*, *The New Yorker* e *Newsweek*, participando de conferências como o All Things D, do *Wall Street Journal*, com Kara Swisher e Walt Mossberg. Os fundadores das startups ganhavam as manchetes, mas quem entendia do assunto reconhecia que eram pessoas como Sandberg que trabalhavam nos bastidores para transformar startups em estágio inicial em empresas dignas da Fortune 100.

Zuckerberg e Sandberg se conheceram em dezembro de 2007, em uma festa de Natal organizada por Dan Rosensweig, ex-executivo do Yahoo, em sua casa em Woodside. Zuckerberg não era de jogar conversa fora, mas estava interessado em falar com Sandberg.

Enquanto os convidados circulavam, os dois discutiam negócios. Ele explicou que seu objetivo era transformar todas as pessoas no país que tinham acesso à internet em usuários do Facebook. Aquilo talvez soasse como fantasia aos ouvidos de outras pessoas, mas Sandberg ficou intrigada e sugeriu algumas ideias sobre o que seria necessário para construir um negócio que acompanhasse esse tipo de crescimento. "Eram sugestões realmente inteligentes. Substanciais", lembrou Zuckerberg.[6]

Que seus caminhos se cruzassem era inevitável, dadas as muitas conexões entre os dois. Rosensweig era um dos vários amigos que Zuckerberg e Sandberg tinham em comum. Goldberg havia trabalhado com Rosensweig no Yahoo; Rosensweig participara com Zuckerberg da negociação fracassada com o Yahoo. Roger McNamee foi um dos primeiros investidores no Facebook, e seu sócio em sua firma de investimentos, Elevation Partners, era Marc Bodnick, casado com a irmã de Sandberg, Michelle.[7]

Naquela festa, Zuckerberg e Sandberg acabaram conversando por mais de uma hora, sempre no mesmo lugar, perto da porta de entrada. Ela ficou intrigada com o rapaz que recusara a oferta de compra de 1 bilhão de dólares do Yahoo e com a coragem que o levou a seguir em frente, apesar dos protestos dos seus próprios funcionários. Além disso, considerava irresistível aquela ambição de aumentar exponencialmente os 50 milhões de usuários do Facebook. Como diria mais tarde a Dan Rose, um ex--vice-presidente do Facebook, Sandberg sentia que fora "colocada neste planeta para fazer as organizações crescerem". Os primeiros executivos do Facebook, incluindo Sean Parker, não sabiam como administrar ou expandir um negócio de alcance global.

Depois da festa de Natal, Zuckerberg e Sandberg se encontraram no restaurante favorito dela, Flea Street, e em uma série de jantares intermináveis na casa dela em Atherton. À medida que as discussões ficavam mais sérias, eles começaram a ocultar as reuniões, para evitar especulações sobre a saída de Sandberg do Google. Os dois não podiam se encontrar no apartamento de Zuckerberg, um estúdio em Palo Alto com apenas um futon no chão, uma pequena mesa e duas cadeiras. (Em 2007, os fundadores do Google, Brin e Page, e o executivo-chefe Eric Schmidt discutiram uma parceria com Zuckerberg no minúsculo apartamento. Zuckerberg e Page se sentaram à mesa, Brin se acomodou no futon e Schmidt ficou sentado no chão.)

Durante as conversas, Zuckerberg expôs sua visão para o que chamava de "web social", argumentando que o Facebook era uma tecnologia de comunicação inteiramente nova, na qual o entretenimento seria gerado de forma gratuita por seus usuários. Sandberg, por sua vez, mostrou a Zuckerberg como havia ajudado a expandir a receita publicitária do Google, transformando as pesquisas feitas na plataforma em dados monetizáveis e contribuindo para o espetacular fluxo de caixa da empresa. Ela explicou como o Facebook aumentaria seu número de funcionários, angariando mais dinheiro para investimentos em centros de processamento de dados e alavancando o faturamento em um ritmo administrável para acompanhar a explosão de novos usuários.

As conversas entre os dois eram longuíssimas, e Sandberg, que tinha um bebê recém-nascido e outra filha aprendendo a andar, precisava expulsar Zuckerberg para poder dormir um pouco. Em certos aspectos, eles eram verdadeiros opostos. Sandberg era mestre em gestão e em delegar tarefas. No Google, sua agenda era programada minuto a minuto. As reuniões raramente eram longas e muitas vezes terminavam com ações específicas a serem cumpridas. Aos 38 anos, era quinze anos mais velha do que Zuckerberg, ia para a cama às nove e meia e acordava todas as manhãs às seis, começando o dia com um treino aeróbico pesado. Zuckerberg ainda namorava Priscilla, sua companheira de Harvard, que havia acabado de se formar e trabalhava em uma escola particular em San Jose, a trinta minutos de Palo Alto. Mas seu foco era o trabalho. Era notívago, ficava programando até bem depois da meia-noite e mal acordava a tempo de se arrastar para a empresa no final da manhã. Dan Rose se lembra de ser chamado para reuniões às onze da noite, horário que marcava a metade de um dia de trabalho de Zuckerberg. Sandberg era hiperorganizada e fazia extensas anotações numa agenda espiral como as que usava desde a faculdade. Ele andava apenas com seu notebook e chegava atrasado às reuniões, isso quando não faltava, caso estivesse entretido com uma conversa ou uma sessão de programação mais interessante.

Zuckerberg reconheceu que Sandberg se destacava em todos os aspectos da gestão de uma empresa pelos quais ele não se interessava. Além disso, tinha contatos de alto nível nas maiores agências de publicidade e com os principais executivos das empresas da Fortune 500. Por fim, traria para o Facebook um benefício do qual ele sabia que iria precisar: experiência em Washington.

Zuckerberg não se interessava por política e não acompanhava o noticiário. No ano anterior, quando acompanhou Donald Graham por alguns dias no *Post*, um repórter tentou lhe entregar um livro sobre política. Zuckerberg disse a Graham: "Nunca vou ter tempo de ler isso".

"Eu brinquei com ele: há pouquíssimas coisas sobre as quais existe unanimidade, e uma delas é o fato de que ler livros é uma boa maneira de aprender. Não há divergência nesse ponto", disse Graham. "Mark acabou concordando comigo e, como sempre, aprendeu bem depressa e se tornou um grande leitor."

Ainda assim, no período que antecedeu suas conversas com Sandberg, Zuckerberg se viu às voltas com uma polêmica que gerou novas preocupações sobre potenciais regulamentações às atividades de sua empresa. Funcionários do governo começavam a questionar se plataformas gratuitas como o Facebook prejudicavam seus usuários por meio da coleta de dados. Em dezembro de 2007, a Comissão Federal de Comércio determinou uma série de princípios autorregulatórios para a publicidade comportamental, com o intuito de proteger a privacidade dos usuários.[8] Zuckerberg precisava de ajuda para transitar em Washington. "Mark entendeu que alguns dos maiores desafios que o Facebook enfrentaria no futuro girariam em torno de questões de privacidade e regulamentação", explicou Rose. "[Sandberg] obviamente tinha muita experiência por lá, e isso era muito importante para Mark."

Para Sandberg, a mudança para o Facebook, empresa liderada por um rapaz esquisito de 23 anos que largara a faculdade, não era assim tão contraintuitiva. Ela era vice-presidente do Google, mas seria difícil ir muito além disso: havia vários outros vice-presidentes, e todos competiam por promoções. Eric Schmidt, por sua vez, não estava procurando por um braço direito. Segundo ex-colegas do Google, homens que nem sequer apresentavam um desempenho tão bom quanto o dela eram celebrados e recebiam cargos mais altos. "Apesar de liderar uma operação maior, mais lucrativa e que crescia com mais velocidade do que as de seus colegas, ela não tinha o título de presidente; eles, sim", lembrou Kim Scott, líder do setor de vendas publicitárias. "Era ridículo."

Sandberg estava em busca de uma nova empreitada. Havia sido sondada para vários empregos, incluindo uma posição como executiva sênior no *Washington Post*. Don Graham a conhecera quando ela trabalhava para Summers e, em janeiro de 2001, tentou recrutá-la durante um almoço com sua mãe, Katharine, mas ela preferiu seguir para o Google. Seis anos depois, Graham fez uma nova tentativa: estava preocupado com o declínio dos jornais impressos e mais uma vez ofereceu a ela o cargo de executiva sênior, com a oportunidade de transformar uma marca clássica da velha mídia numa potência no mundo da internet. Ela recusou de novo.

Apesar de ter sido rejeitado por Zuckerberg e Sandberg, Don Graham permaneceu próximo aos dois, e ambos continuaram a buscar seus conselhos. Quando o sondaram separadamente, Graham os encorajou a unirem forças. No final de janeiro de 2008, menos de um mês depois de se conhecerem, Zuckerberg acompanhou Sandberg e outros executivos no jatinho corporativo do Google ao Fórum Econômico Mundial em Davos. Durante vários dias nos Alpes suíços, os dois continuaram a debater e a delinear um caminho para o Facebook.[9] Em 4 de março, o Facebook enviou um comunicado à imprensa nomeando Sandberg diretora operacional (COO) da empresa.

A manchete que o *Wall Street Journal* publicou sobre a contratação — "CEO do Facebook busca ajuda com o crescimento do site" — explicitava o desafio de Sandberg. Ela se tornava a responsável pelas operações, pelo crescimento das receitas e pela expansão global da empresa. Além disso, se encarregava da área de vendas, do desenvolvimento de negócios, das questões relacionadas a políticas públicas e do setor de comunicação. "O sr. Zuckerberg e a sra. Sandberg enfrentarão uma pressão crescente para encontrar o melhor modelo de negócios", dizia a matéria. "O tráfego do Facebook segue aumentando, mas analistas vêm se perguntando se esse crescimento algum dia se traduzirá em um faturamento comparável ao do Google."[10]

Na época da nomeação de Sandberg, os quatrocentos funcionários da empresa ocupavam vários conjuntos de escritórios ao redor da University Avenue, uma rua de butiques e restaurantes em Palo Alto a uma curta distância do campus repleto de zimbros e palmeiras da Universidade Stanford. O CEO da Apple, Steve Jobs, morava ali perto e às vezes era visto passando com seu tradicional moletom preto de gola alta e calça jeans.

A cultura corporativa não havia mudado muito desde a criação da empresa. Garrafas de Gatorade e Snapple pela metade lotavam as estações de trabalho, junto das pilhas de livros de programação. As novas conquistas eram invariavelmente celebradas com bebidas alcoólicas em copos de plástico vermelhos. Não faltavam startups que ofereciam mais mimos e comodidades. Mas aqueles funcionários haviam escolhido o Facebook em grande parte por conta do próprio Zuckerberg. Ele era como eles, um "cara do produto", alguém que sabia como fazer as coisas. Era um ambiente intensamente competitivo. (No escritório da Emerson Street, um dos engenheiros, por brincadeira, marcava numa lousa o número de vezes em que precisou ir ao banheiro, mas resistiu — um termômetro de seu foco e compromisso.) Outros apostavam até que horas da noite conseguiriam seguir trabalhando na programação de projetos de enorme complexidade.

Uma figura que ajudava a imprimir o tom da empresa à época era Andrew Bosworth, engenheiro formado pela Universidade Harvard, que Zuckerberg contratou em 2006 para ajudar a chefiar o setor técnico e que foi um dos criadores do feed de notícias. Bosworth, conhecido por todos como Boz, tinha uma presença intimidadora, totalmente careca e com estatura de jogador de futebol americano. Era professor assistente de ciências da computação em Harvard quando conheceu Zuckerberg em um curso de inteligência artificial; quando Zuckerberg não voltou para o terceiro ano da faculdade, os dois mantiveram contato. Boz era brincalhão e cheio de energia, sem nenhum filtro. Pressionava os engenheiros e adotava a imagem de durão. Tinha um bordão jocoso, que os colegas se acostumaram a ouvir: "Vou dar um soco na sua cara". Esse bordão estampava uma camiseta que ele usava de vez em quando. Alguns funcionários reclamaram e, no final de 2007, em uma postagem no Facebook, ele anunciou que a aposentaria: "Aproveitei meu momento ao sol como parte nominal da cultura ainda em formação do Facebook", escreveu. "Infelizmente, chegou ao meu conhecimento que, por ser um homem barulhento, de um metro e noventa e 110 quilos, geralmente barbudo, uma reputação intimidadora não me favorece."[11]

Era um ambiente difícil para as poucas mulheres que trabalhavam no Facebook. Katherine Losse, a funcionária número 51, que se tornaria redatora dos discursos de Zuckerberg, relataria mais tarde ter ouvido dentro da empresa alguns comentários humilhantes sobre as mulheres feitos com a maior naturalidade. Um dia, um colega disse a uma das funcionárias: "Quero cravar meus dentes na sua bunda". Na reunião em que o incidente veio à tona, Zuckerberg tentou relevar o episódio, perguntando: "E o que isso quer dizer?". Mais tarde, quando Losse se dirigiu diretamente a Zuckerberg, ficou impressionada com sua indiferença. "Ele me ouviu, o que apreciei, mas não pareceu captar o cerne da questão

— ou seja, que as mulheres, em virtude da baixa posição hierárquica e do número reduzido, estavam em uma situação vulnerável na empresa."[12]

No primeiro dia de trabalho de Sandberg, Zuckerberg convocou uma reunião com todos os funcionários e apresentou a COO como a pessoa que o ajudaria a "expandir" o Facebook. Sandberg fez um breve discurso explicando seu papel.

"Quem é Boz?", a executiva perguntou aos presentes. Ela sabia que Boz havia feito uma postagem expressando sua preocupação com o rápido crescimento da empresa. Ele temia que o Facebook perdesse de vista a cultura hacker e o apetite pela novidade.

Claramente surpreso, Boz ergueu a mão, constrangido. Sandberg agradeceu. A postagem dele foi de grande ajuda para que ela decidisse ingressar na empresa, contou. Sua responsabilidade era fazer a empresa crescer, mas preservando o que a tornava especial. "Algum dia teremos mil pessoas, depois teremos 10 mil, e então 40 mil", disse ela. "E nós vamos melhorar, não piorar. É por isso que estou aqui. Para nos tornar maiores e melhores, não piores."

Foi um bom discurso. O ambiente, repleto de programadores, em sua maioria homens, ficou animado. Ela vinha para conduzir o negócio com segurança, não para mudar sua direção. As coisas estavam andando rápido demais, e Sandberg estava lá para garantir que a empresa se tornasse um verdadeiro sucesso, não só outra startup com quinze minutos de fama.

Zuckerberg, por sua vez, não foi tão eloquente. De acordo com Losse, mencionou à equipe que Sandberg tinha "uma pele ótima" e que eles ficariam "caidinhos" por ela.[13]

Sandberg era como uma alienígena para a equipe jovem e inexperiente: quando Zuckerberg e a maioria ali ainda usavam fraldas, ela já era uma estudante de ensino médio em North Miami Beach, com cabelos volumosos, ombreiras grandes e sombra azul nos olhos. E, pelo menos ao que parecia, o Facebook era um destino curioso para sua carreira. Durante grande parte de sua vida adulta, ela lutou pela igualdade de gênero. Sua monografia da faculdade analisava como as mulheres em relacionamentos abusivos tinham mais probabilidade de sofrer com problemas financeiros domésticos. Como jovem associada na McKinsey, confrontou um cliente que a importunava para que saísse com seu filho. E, no Google, criou a Women@Google, uma série de conferências que trouxe Jane Fonda, Gloria Steinem e outras mulheres de destaque ao campus da empresa em Mountain View.

Logo quando entrou, Sandberg comentou que o Facebook tinha a cara dos primeiros dias do Google. Não disse nada sobre a cultura masculinizada, mas funcionárias como Naomi Gleit, uma das primeiras mulheres contratadas pela empresa, disseram ficar aliviadas ao ver uma executiva no comando. Nos primeiros dias, Sandberg foi a quase todas as mesas para se apresentar e fez questão de dedicar uma parte de seu tempo às funcionárias.

Mas nem todas elas puderam contar com a boa vontade de Sandberg. "Ficou bastante claro, a partir do segundo mês mais ou menos, quem ela estava mais interessada em ajudar: as que se pareciam com ela e vinham trabalhar com suas mochilas de ginástica ou de ioga depois de fazer escova no cabelo", disse outra das primeiras funcionárias contratadas. "Não eram as engenheiras desleixadas que lutavam diariamente nas trincheiras, entre equipes dominadas por homens."

Passado um mês em seu novo emprego, Sandberg reuniu meia dúzia de membros da equipe de publicidade para um jantar de trabalho em uma das salas de reuniões do escritório em Palo Alto. Estiveram presentes Kendall e Rose, que administrava uma parceria entre o Facebook e a Microsoft para exibição de anúncios; Chamath Palihapitiya, chefe de crescimento; Kang-Xing Jin, engenheiro de software que Zuckerberg conheceu em Harvard; e Matt Cohler, chefe de gerenciamento de produto.[14]

Zuckerberg havia tirado férias prolongadas — algo raríssimo. O site havia se tornado global — lançado em espanhol, já contabilizava 2,8 milhões de usuários na América Latina e na Espanha —, mas ele próprio mal tinha experiência de vida para além de suas bolhas de Dobbs Ferry, Exeter, Harvard e Vale do Silício. Steve Jobs, que se tornara uma espécie de mentor, acompanhando Zuckerberg em longas caminhadas pelas colinas atrás da Universidade Stanford, o incentivou a conhecer o mundo. Zuckerberg partiu em uma viagem de um mês, com escalas na Alemanha, na Turquia, no Japão e na Índia, onde visitou um ashram indicado por Jobs.

O timing da viagem era perfeito, dando a Sandberg uma oportunidade de moldar a reinvenção do setor responsável pelo faturamento da empresa. "Qual o nosso ramo de negócios?", ela perguntou à meia dúzia de executivos, rabiscando furiosamente numa lousa branca. Um modelo voltado para assinaturas ou publicidade? Eles queriam ganhar dinheiro vendendo dados mediante pagamentos ou se tornar uma operação comercial?

Não havia necessidade de muita reflexão. É claro que o Facebook seria gratuito, disseram os executivos, então o melhor caminho para ganhar dinheiro era por meio de anúncios.

Sandberg concordou. Para fazer isso direito, continuou, seria preciso identificar o que o Facebook realmente tinha a oferecer. A diferença entre o Google e o Facebook, ela explicou, era o tipo de dados que as duas empresas coletavam. Usando uma metáfora conhecida que a turma dos MBAS e da Madison Avenue gostava de usar, a executiva descreveu o processo de alcançar clientes via publicidade como um funil. O Google, explicou ela, estava na parte inferior do funil — o gargalo estreito em que os consumidores estão prestes a sacar seus cartões de crédito —, usando os dados das pesquisas para ajudar usuários já dispostos a comprar a concluírem o negócio. Para o Google, não importava quem era a pessoa, o que interessava eram as palavras-chave inseridas na barra de pesquisa, a partir das quais se produziriam os anúncios direcionados. A reunião era uma aula introdutória sobre aspectos elementares da publicidade, mas ela queria que todos estivessem em sintonia.

Além de abrir novos mundos de informação e conexão para seus usuários, a internet também proporcionava um mundo novo e promissor para os anunciantes, ela continuou. A questão era: qual a melhor forma de capturar esse público? O "mercado imobiliário" visual — os espaços disponíveis para os anúncios — era totalmente diferente do impresso, assim como a capacidade de atenção de quem o visualizava.

Em 1994, um engenheiro da Netscape inventou o cookie, uma sequência de código inserida pelo navegador para rastrear a navegação dos usuários pela internet. Esses dados eram então vendidos aos anunciantes.[15] O cookie abriu a possibilidade de um rastreamento mais profundo, conhecido como "publicidade comportamental", imprimindo uma nova ênfase à importância da coleta de dados. Por mais de uma década, no entanto, a publicidade na internet foi dominada por anúncios estáticos, pouco inventivos, do tamanho de selos postais, além de banners e pop-ups irritantes. Os anunciantes não viam muito retorno, apesar da capacidade de rastrear usuários.

Muitas das pessoas presentes na sala de reuniões naquele dia vinham trabalhando nos estágios iniciais dos anúncios direcionados do Facebook, que começaram logo após a plataforma decolar. Mas os anúncios em si não iam além dos banners e eventuais links patrocinados, e os estudos apontavam que os usuários ignoravam aquele tipo de publicidade. Na verdade, grande parte da operação envolvendo publicidade havia sido terceirizada para a Microsoft, que, em 2006, fechou um acordo com o Facebook para vender e inserir banners publicitários na rede social.[16] Sandberg havia supervisionado a criação do leilão interno de anúncios do Google conhecido como AdWords, bem como do AdSense, usado para veicular anúncios animados ou de texto na internet.[17] A maior inovação era o uso de dados de pesquisas no Google para exibir propagandas diretamente relacionadas à consulta do usuário. Quando alguém digita "voos baratos para o Havaí", no mesmo instante ocorre nos bastidores um leilão entre as agências, que dão seus lances para exibir nos resultados de pesquisa seus próprios anúncios de hotéis econômicos, roupas de banho e aulas de surfe em Honolulu. Era a maneira mais pura, poderosa e direta de vender produtos para alguém que já estava com vontade de realizar uma compra.

O AdWords e o AdSense transformaram o Google em um gigante da publicidade. Agora se esperava que Sandberg aplicasse sua experiência para impulsionar a receita de anúncios do Facebook, que não vinha acompanhando o crescimento vertiginoso do número de usuários. Os executivos reunidos com Sandberg naquele dia estavam lá para diagnosticar o que não funcionava e para delinear uma proposta exclusiva do Facebook para os anunciantes.

Passadas mais algumas reuniões, o grupo determinou que o Facebook se concentraria na maior e mais tradicional forma de publicidade: o reconhecimento de marca. O Facebook, apontou Sandberg, tinha uma vantagem peculiar sobre a televisão, os jornais e sites como Yahoo e MSN, que haviam dominado a publicidade nos anos anteriores. A rede social tinha muito mais do que informações detalhadas do perfil de cada usuário; dispunha também de informações sobre as *atividades* de todos. A grande força do Facebook era o engajamento incomparável de seus usuários. A plataforma os conhecia e tinha todos os respectivos dados em um só lugar, dispensando até mesmo os cookies.

Uma mãe de quarenta anos que residia em determinado bairro rico, repleta de amigos também ricos que compartilhavam fotos de suas férias em estações de esqui, e que havia visitado a página do Facebook de um resort em Park City, Utah, era provavelmente o alvo perfeito para as botas com forro de pele de 150 dólares da UGG. Em vez de exibir banners horríveis, o Facebook poderia convidar as marcas a criar e capitalizar em cima das atividades dos usuários, projetando campanhas que atraíssem as pessoas para interagir por meio de enquetes, questionários e das páginas das próprias marcas. Os usuários poderiam comentar e compartilhar com amigos, gerando ainda mais dados para o Facebook e seus clientes. Do ponto de vista de Sandberg, se o Google atendia à demanda, o Facebook a criaria. Os usuários da rede social não estavam lá para fazer compras, mas os anunciantes poderiam usar o conhecimento da plataforma sobre eles para convertê-los em compradores. O que ela propunha na prática era um novo nível de rastreamento. O plano para executar sua visão, por sua vez, era igualmente ousado, envolvendo a contratação de mais funcionários e engenheiros para desenvolver novos produtos publicitários. Exigia também que o Facebook participasse de mostras publicitárias e cortejasse as marcas de maior renome.

Quando voltou das férias, Zuckerberg aprovou o novo modelo. O Facebook administraria suas próprias operações publicitárias e, no fim, dependeria menos da Microsoft, concentrando-se em publicidade direcionada e novas ferramentas de propaganda, como jogos e promoções, para colocar as marcas bem diante dos olhos dos usuários. Mas Zuckerberg não tinha muito interesse nos detalhes — uma atitude que Sandberg considerava revoltante. Ela havia imaginado, pelo interesse que ele demonstrara durante seus jantares, que Zuckerberg se comprometeria com o fortalecimento da área comercial e que apoiaria ativamente seu papel. Com o passar das semanas, porém, ficou claro que ela teria que suar para garantir a atenção do chefe. Quando sugeria que reservassem um tempo para tratar de assuntos relacionados a publicidade, ou quando pedia mais funcionários ou um orçamento mais robusto, ele a ignorava. Tudo indicava que os lucros ficavam muito abaixo da tecnologia na lista de prioridades. Era algo que todos os funcionários antigos de Zuckerberg sabiam. "A prioridade dele será sempre elaborar um produto que encante as pessoas, com o qual se sintam bem e que atenda a uma necessidade específica", explicou Mike Hoeflinger, que era o responsável pelo marketing empresarial em 2008.

Quando foi contratada, Sandberg fez questão de ter reuniões duas vezes por semana com Zuckerberg para falar sobre os próximos passos, bem como os problemas que a empresa enfrentava. Agendava as reuniões para segunda e sexta-feira, de modo que os dois começassem e terminassem a semana juntos. Apesar disso, não desfrutava tão naturalmente da atenção de Zuckerberg dentro e fora do escritório como Boz e Cox, seus amigos e iguais. Tinha de se desdobrar para obter os recursos e a atenção que desejava a fim de expandir os negócios publicitários mais depressa. Uma bifurcação, uma barreira entre as equipes de tecnologia e das outras áreas logo se desenvolveu. As pessoas que Sandberg trouxe do Google e que recrutou de sua rede de contatos profissionais da época em que trabalhara no Tesouro tornaram-se conhecidas como "Os Amigos de Sheryl Sandberg" ou FOSS (sigla em inglês para "Friends of Sheryl Sandberg"). A partir de então, a maioria dos funcionários de hierarquia mais elevada se viu oficialmente dividida em dois campos: "a turma da Sheryl" e "a turma do Mark".[18]

Havia também tensões territoriais. Alguns funcionários relataram que Sandberg dava palpites não solicitados sobre produtos e questões de engenharia. As ferramentas de publicidade exigiam que desenvolvedores as criassem, mas Zuckerberg relutava em desalojar os programadores da criação de novos recursos do site para cedê-los à área de Sandberg. Havia desconfiança e aborrecimento mútuos. Os engenheiros desprezavam o "pessoal do marketing", e para os gerentes comerciais era uma luta conseguir entrar em reuniões com as equipes de Zuckerberg. "Sempre fico pasmo com a imagem pública dos dois como parceiros incríveis", observou um funcionário do departamento comercial. "Nas reuniões que tive com Mark e Sheryl, ele claramente desdenhava do que ela dizia."

No Google, Sandberg de início estivera numa posição parecida: poucos recursos e mínima atenção da parte dos fundadores, que torciam o nariz para a ideia de ganhar dinheiro. Implacável, passou a cortejar as maiores marcas, incluindo Ford, Coca-Cola e Starbucks. Nas apresentações, enfatizava que, ao contrário dos usuários de outras plataformas, incluindo o Twitter, que crescia rapidamente, os usuários do Facebook eram obrigados a fornecer sua identidade real. Sandberg perguntava: vocês não gostariam de fazer parte dessas conversas? O Facebook era a maior plataforma de publicidade boca a boca do mundo, dizia ela. Com as campanhas certas, os próprios usuários convenceriam seus amigos a comprar esse ou aquele produto. Além disso, os anunciantes podiam monitorar os usuários que faziam comentários sobre eles e que seguiam suas páginas.[19]

Mesmo com a reputação de Sandberg, não era fácil convencer as grandes marcas. Os chefes das principais agências de publicidade duvidavam que pessoas que acessavam a plataforma para comentar fotos de comida divulgariam de bom grado os serviços de internet da Verizon. E, embora sua ideia sobre *criar a demanda* até fizesse sentido para os anunciantes, eles não se convenceram de que o Facebook poderia influenciar os corações e as mentes dos consumidores de modo mais eficaz do que um anúncio de televisão estrategicamente inserido no horário nobre. Suas habilidades de direcionamento podiam ser atraentes, mas a rede social ainda usava banners que não pareciam oferecer nada de novo. Sandberg se mostrou bastante sensível às respostas dos céticos. Em um jantar, o presidente-executivo da Sony, Michael Lynton, expressou suas dúvidas sobre as vantagens da campanha publicitária em uma plataforma que nem sequer era medida pela indústria especializada. Sandberg respondeu estabelecendo uma parceria com a Nielsen, a agência de medição de audiência midiática, para averiguar a atenção dedicada aos anúncios no Facebook. "Ao contrário da maior parte dos executivos, em vez de apenas assentir, ela e o Facebook agiam de forma incrivelmente rápida", disse Lynton.[20]

Ela estava fazendo progressos, mas Zuckerberg não ajudava. Sheryl precisava da participação dele nessas apresentações comerciais. Precisava também de uma equipe maior e de mais engenheiros para projetar novas ferramentas publicitárias. Em vez disso, ele concentrava todo o talento da área técnica na elaboração de novas funcionalidades para os usuários. Por fim, ela levou suas reclamações a Don Graham, que, em fins de 2008, foi nomeado para o conselho administrativo do Facebook, que se expandira para incluir também Marc Andreessen. Ela pediu a Graham que interviesse em seu nome, pressionando Zuckerberg por mais recursos.

Sendo o único membro do conselho a atuar em uma empresa que também dependia de publicidade, Graham entendia a frustração de Sandberg. Mas era difícil convencer Zuckerberg a levar suas preocupações a sério. Graham, por outro lado, estava ciente dos limites da sua função; em última análise, a empresa era de Zuckerberg. "Sua prioridade de crescimento estava muito distante de coisas como publicidade, faturamento e lucros", lembra Graham. "Meu trabalho passou a ser ligar para ele todas as vezes que Sheryl falava comigo e tentar convencê-lo da importância da publicidade — não para mudar suas prioridades, mas para ajudar a mobilizá-lo um pouco nesse sentido."

Muito antes de Sandberg chegar ao Facebook com a ideia de intensificar a mineração de dados, Jeff Chester já acompanhava o crescimento da empresa com atenção. Em novembro de 2007, Chester, ativista pelos direitos de privacidade, encontrava-se sentado em seu minúsculo escritório em Washington acompanhando ao vivo pelo notebook uma transmissão de Zuckerberg em seu blog. O fundador do Facebook, dirigindo-se a executivos do mercado publicitário na cidade de Nova York, anunciava a mais recente inovação da empresa: um programa revolucionário chamado Beacon.[21]

Chester se endireitou na cadeira. O Beacon, continuou Zuckerberg, era uma iniciativa publicitária que recolhia informações sobre as compras de um usuário do Facebook em outros sites — ingressos de cinema na Fandango, uma reserva de hotel no Tripadvisor, um sofá na Overstock — e as publicava no feed de notícias de seus amigos. As empresas estabeleciam parcerias com o Beacon, ansiosas por fazer parte de um programa que fornecia dados sobre os usuários do Facebook e ainda promovia seus produtos e serviços por meio de recomendações, mesmo que involuntárias. Uma compra que se efetuava, uma notícia que se lia ou uma receita culinária acessada apareceriam automaticamente nos feeds dos usuários. Em publicidade, o ideal era o endosso na base do boca a boca, e o Facebook agora oferecia uma maneira de alcançar isso em larga escala: seus usuários atuariam como verdadeiros "evangelizadores" das marcas. O Beacon diluía as fronteiras entre o que era propaganda e o que eram comentários "orgânicos" do usuário. "Nada influencia mais uma pessoa do que a recomendação de um amigo de confiança", disse Zuckerberg. O Facebook já havia assinado com mais de quarenta parceiros — incluindo CBS, *New York Times* e The Knot —, que pagavam à plataforma pelo privilégio de apresentar suas marcas aos usuários.

Chester saltou da cadeira e ligou para a esposa, Kathryn Montgomery, professora de estudos de mídia na Universidade American. "É inacreditável!", gritou ele. "Você tem que ouvir o que esse cara do Facebook está dizendo!" Da perspectiva de Chester, o plano do Facebook era a extensão lógica do que a publicidade sempre fez: sequestrar as mentes dos consumidores para persuadi-los na boca do caixa. Chester, por sua vez, lutava desde a década de 1990 contra o que considerava estratégias de manipulação, peitando emissoras de televisão e anunciantes devido à inserção de produtos em programas e à divulgação de junk food em atrações infantis. Com o advento da internet, ele adaptou seu discernimento ao mundo desregulado da publicidade on-line, fundando um grupo de direitos de privacidade chamado Centro para a Democracia Digital. Em 1998, com a ajuda de Montgomery, batalhou por uma lei que protegia as crianças na internet, conhecida como Lei de Proteção à Privacidade Infantil On-line.

O fato de o Centro pela Democracia Digital ser composto de um único funcionário em tempo integral — Chester — e de estar localizado em Dupont Circle, longe do centro político nas proximidades do Capitólio, não o desanimava. O nativo do Brooklyn adorava o papel de forasteiro e, com suas calças amarrotadas, os óculos sem aro e o cabelo desgrenhado, vestia o personagem — um estranho no universo de ternos e gravatas elegantes dos lobistas de Washington. Todos os dias, Chester vasculhava cerca de dez publicações comerciais da indústria de tecnologia e publicidade, procurando descobrir práticas comerciais questionáveis, que então compilava em e-mails individuais para jornalistas. Suas frases curtas quase sempre se mostravam irresistíveis. Poucos dias antes do anúncio de Zuckerberg, Chester foi citado no *New York Times*, descrevendo a prática da publicidade comportamental como um "aspirador de dados digitais sob efeito de anabolizantes".

Na sua opinião, o anúncio do Beacon representava um novo fundo do poço. Zuckerberg não pediu permissão aos titulares das contas do Facebook para usá-los como representantes de vendas; o Beacon os alistava automaticamente. Com isso, o Facebook ampliava sua rede de dados, extraindo percepções sobre seus usuários de maneiras que ultrapassavam os limites éticos. Chester tratou de convocar os grupos de proteção à privacidade, enviou uma declaração à imprensa e acionou seus contatos na mídia.

"Foi um alerta. O Beacon era o embrião de todos os problemas que estavam por vir", relembrou Chester. "Sem pedir permissão, o Facebook monetizava todas as pessoas que usavam a rede social e transformava indivíduos em anunciantes."

No dia seguinte, os usuários do Facebook ficaram chocados ao verem suas vidas privadas sendo expostas. De repente, aquela reserva de voo para a Flórida na Travelocity, o aluguel de certo filme vergonhoso na noite anterior ou um lance no eBay apareceram no feed de notícias de amigos, parentes e colegas de trabalho. Uma mulher descobriu que seu noivo havia comprado um anel de diamante para ela.

A revolta foi imediata. Em 20 de novembro, uma organização de defesa pública chamada MoveOn.org lançou um abaixo-assinado pedindo que o Facebook encerrasse o serviço, e a iniciativa acumulou 50 mil adesões em poucos dias.[22] À medida que a polêmica ganhava corpo, a Coca-Cola e a Overstock desligaram-se do programa, explicando a repórteres que haviam sido levadas a crer que o Beacon exigiria que o recurso fosse ativamente habilitado pelo usuário. Quando o Facebook argumentou que era possível desativá-lo, os usuários provaram o contrário. Um pesquisador de segurança da Computer Associates relatou que, depois de desabilitar o Beacon, observou padrões de tráfego de rede revelando que as receitas que ele havia salvado no Epicurious ainda haviam sido rastreadas pelo Facebook.[23]

Para Chester, a fúria do público contra o Beacon era mal direcionada. Claro, era constrangedor e invasivo ter suas compras expostas a conhecidos e familiares. Mas isso só criava uma distração da verdadeira ameaça: o fato de que as pessoas estavam sendo rastreadas e monitoradas por uma entidade inteiramente nova. Todos se atentavam para possíveis movimentações do governo, mas o perigo não era o que o público ou a polícia sabiam sobre você. Era o que empresas e anunciantes sabiam. Era o que o Facebook sabia.

Poucas semanas depois de sua passagem por Nova York, Zuckerberg se desculpou pela nova ferramenta e anunciou que mudaria a configuração para torná-la apenas uma opção acionável em vez de um recurso-padrão que precisava ser desativado pelos próprios usuários. Em uma postagem no blog, garantiu aos usuários que o Facebook pararia de compartilhar suas compras sem permissão e reconheceu que o lançamento foi mal-sucedido. "Não encontramos um equilíbrio", disse ele.[24]

A polêmica e o fraco pedido de desculpas de Zuckerberg ignoravam completamente os verdadeiros abusos de privacidade. Como Chester e Montgomery notaram, os dados pessoais tinham de ser mantidos longe da vista dos anunciantes — e o Facebook não fez nada para mudar isso. "O Facebook dizia que você podia escolher com quem compartilhar informações na plataforma", explicou Montgomery, "mas, por trás da plataforma, onde não vemos o que de fato se passa e como eles ganham dinheiro, não existe escolha nenhuma sobre o que compartilham sobre você com os anunciantes."

Com a contratação de Sandberg, a empresa deu início a novos experimentos em publicidade. Ela atraiu grandes marcas, como Adidas e Papa John's Pizza, para criar fanpages e conteúdos interativos, estimulando os usuários a se engajarem diretamente com os anunciantes. Sandberg supervisionava também o desenvolvimento dos anúncios direcionados com base em geolocalização e idiomas.[25]

Em pouco tempo, Sandberg se destacou como a porta-voz mais eficaz da empresa, cumprindo uma das funções-chave que o CEO tinha em mente para a número dois na hierarquia corporativa. Ela concebeu uma interpretação inteiramente nova da forma como o Facebook lidava com os dados privados e reposicionou a empresa como líder nesse segmento, apontando que a plataforma oferecia a seus usuários controles minuciosos sobre quem podia ver determinado conteúdo (o público geral, amigos, indivíduos selecionados). O Facebook não "compartilha" dados com os anunciantes, afirmou ela, ponto de discussão ao qual a empresa recorreria repetidas vezes, embora alguns críticos argumentassem que se tratava de uma distinção inútil. Era verdade que o Facebook não entregava fisicamente ou vendia dados diretamente aos anunciantes. Mas os anunciantes miravam usuários de acordo com idade, renda, emprego, educação e outros dados demográficos. Como apontou Siva Vaidhyanathan, professor de estudos de mídia da Universidade da Virginia, eram claras as evidências de que os lucros da empresa vinham do uso dos dados dos usuários. "O Facebook tem sido ambíguo e irresponsável com nossos dados há anos."

Sandberg tratou de garantir que a empresa colocava o poder nas mãos de seus usuários, para que se expressassem sem medo. "Na nossa perspectiva, o que fizemos foi usar o poder da verdadeira confiança, o controle real do usuário sobre a própria privacidade, e tornamos possível que as pessoas fossem autênticas on-line", disse ela em uma conferência de tecnologia em novembro de 2008. "E acreditamos que é isso que explica o nosso crescimento."[26]

As declarações entravam em contradição direta com o que os especialistas em defesa da privacidade atestavam. Os lucros da empresa, afinal, dependiam do desconhecimento do público. Como disse Shoshana Zuboff, professora da Harvard Business School, o sucesso do Facebook "depende de operações que se dão por meio de um espelho de duas faces, elaboradas para garantir nossa ignorância, envoltas em uma névoa de desorientação, eufemismo e falsidade".[27]

Outros executivos de tecnologia do Vale do Silício pareciam muito felizes em perpetuar essa ignorância. ("Se você fez algo que não quer que ninguém saiba, talvez, para começo de conversa, não devesse ter feito isso", comentou o ex-chefe de Sandberg, Eric Schmidt, em uma entrevista de 2009 na CNBC, seguindo a linha do refrão policialesco para enfatizar a responsabilidade do usuário.)[28] E de fato o Facebook estava prestes a turbinar sua operação de coleta de dados. Em fevereiro de 2009, veio a público o veículo definitivo para que as pessoas se expressassem de forma rápida e livre: o botão "Curtir". O recurso, que viria a definir não apenas o Facebook, mas quase todas as interações na internet, foi projetado por uma das gerentes de produto da empresa, Leah Pearlman. Ela começou a trabalhar no conceito com Boz e outros altos executivos do Facebook em 2007, mas o projeto empacou devido a divergências entre os funcionários, que debatiam como o botão se chamaria, se deveria haver um botão de "Não Curti" e se um botão de reação rápida diminuiria os minutos de engajamento.

O Facebook tinha criado uma cultura em que os desenvolvedores eram incentivados a apresentar seus produtos o mais rápido possível. "*Fuck it, ship it*" ("Foda-se, manda bala") era uma expressão popular, usada em toda a empresa. Mas, nesse caso, o projeto avançou a passo de tartaruga. No final de 2008, Zuckerberg deu sua bênção. Monitoramentos internos o convenceram do valor do recurso: em pequenos testes, as pessoas haviam usado mais o Facebook quando o botão estava disponível. Quanto ao nome, ele próprio decretou: "*the Like button*".

Foi um sucesso imediato. Enquanto os usuários navegavam pelo feed de notícias, o botão lhes oferecia uma forma de enviar uma manifestação rápida e positiva aos amigos. Se você curtia um item no feed de notícias, o Facebook mostrava um conteúdo semelhante, e de repente era possível seguir um fluxo infinito e hilário de vídeos de gatinhos e memes engraçados. Em um processo paralelo, em suas postagens pessoais, os usuários começaram a competir por curtidas, compartilhando cada vez mais de si mesmos para acumular "joinhas" digitais. Ao contrário do Beacon, que o Facebook cancelou no mesmo ano, o botão Curtir encontrou pouca resistência. Sem saber, Pearlman acabou projetando uma nova moeda de troca para a internet, pela qual políticos, marcas e amigos competiam em busca de validação.

O sucesso do botão foi tão grande que, quase um ano após seu lançamento, o Facebook decidiu disponibilizar o recurso fora de seu site. Qualquer página agora poderia adicionar o botão curtir do Facebook: bastava inserir uma pequena linha de código. Com isso, todos ganhavam: as empresas obtinham informações sobre quais usuários do Facebook visitavam seus sites, e o Facebook recebia informações sobre o que seus usuários andavam fazendo fora da rede social.

Para os usuários, o botão era útil: pelas curtidas, o Facebook podia exibir páginas e grupos aos quais eles tinham maior probabilidade de aderir. O Facebook também podia ver o que seus amigos andavam curtindo internet afora e sugerir a mesma coisa para usuários que, segundo a estimativa da plataforma, compartilhavam interesses.

Já no interior do Facebook, o botão curtir foi mais do que útil. O recurso implicava uma capacidade e uma escala totalmente novas de coleta de informações sobre as preferências dos usuários.

No final de 2009, o Facebook contava com 350 milhões de usuários. Mas a empresa tinha concorrência: seu rival Twitter ganhava popularidade e hype. Com 58 milhões de usuários, era muito menor que o Facebook, mas Zuckerberg estava preocupado com uma vantagem importante do site: o Twitter era público.

Isso significava que um usuário do Twitter poderia pesquisar qualquer outro usuário e seguir sua conta. As atualizações de status ficavam disponíveis para qualquer pessoa no site. Já o Facebook era organizado em torno de redes fechadas. Os usuários decidiam se queriam aceitar pedidos de amizade e podiam ocultar a maioria dos dados de seu perfil para evitar uma simples pesquisa na internet. O Facebook era um local de encontro para discussões a portas fechadas entre amigos. O Twitter era uma praça pública barulhenta e cada vez mais lotada.[29] Katy Perry e o Dalai-Lama aderiram à plataforma, ganhando milhões de seguidores instantaneamente.

O Facebook queria capturar um pouco dessa empolgação, e Zuckerberg, obcecado pelo novo rival, ordenou que sua equipe apresentasse uma resposta à altura. Em dezembro de 2009, ele anunciou um lance ousado: alguns detalhes dos usuários que antes eram definidos como "privados" passaram a "públicos".[30] No mesmo dia, quando os usuários se conectaram ao Facebook, foram recebidos por um pop-up pedindo que mantivessem a configuração "Todos" — a opção mais pública. Mas a solicitação era confusa, e muitos usuários consentiram com um clique, sem entender bem as implicações. Informações pessoais anteriormente ocultas (fotos, endereços de e-mail e muito mais) agora podiam ser pesquisadas na internet. Os usuários começaram a receber pedidos de amizade de estranhos. As novas configurações eram complexas e sem transparência, e retornar para modos mais privados era bastante complicado. A mudança também gerou polêmica dentro do Facebook. Antes do lançamento, um funcionário da equipe de diretrizes e políticas da empresa se encontrou com Zuckerberg e disse a ele que o recurso era um desastre. Os consumidores não gostam de ser pegos desprevenidos e, caso se sintam enganados pela mudança, o Facebook atrairá atenção indesejada em Washington, alertou o funcionário. Mas Zuckerberg estava decidido.

Como era esperado, a mudança nas configurações de privacidade desencadeou uma enxurrada de críticas. O Facebook alegou que as mudanças tinham como objetivo simplificar seu confuso sistema de configurações de privacidade, quando na verdade estava abrindo a rede com a intenção de se tornar um centro de atividades na internet. Como escreveu o site TechCrunch: "Em resumo, esta é a resposta do Facebook ao Twitter. [...] Isso significa que o Facebook pode exibir [perfis públicos] na busca em tempo real e pode também distribuí-los para outros lugares, como Google e Bing".[31]

Naquela mesma semana, em Washington, os agentes reguladores que compareceram à reunião anual da Associação Internacional de Profissionais de Privacidade (IAAP, na sigla em inglês) pressionaram o lobista do Facebook, Tim Sparapani, a respeito das mudanças. Sparapani defendeu a ação como se fosse boa para a privacidade, elogiando a possibilidade de os usuários fazerem suas escolhas de acordo com um menu detalhado de opções.[32] Mas as autoridades estavam atentas à cobertura da imprensa. Algumas reportagens citavam Jeff Chester, que classificava a exposição pública dos perfis dos usuários como ilegal, pois parecia violar as leis de fraude e de proteção ao consumidor. A definição de privacidade do Facebook é "interesseira e limitada", afirmou Chester. "Eles não divulgam que os dados do consumidor estão sendo usados para marketing e direcionamento muito sofisticados."[33]

Zuckerberg não parecia compreender por que os usuários reagiam com tamanha indignação. Ao contrário dos CEOs de tecnologia de gerações anteriores, como Bill Gates, Larry Page e Sergey Brin, que zelosamente protegiam sua privacidade, ele projetava uma postura despreocupada em relação ao compartilhamento de informações on-line. Nas configurações públicas de sua própria página no Facebook, postava fotos com Priscilla e happy hours com amigos e colegas. A mensagem implícita parecia ser a de que ele não tinha nada a esconder, logo não via problema em coletar mais dados e expor informações dos usuários; parecia um preço pequeno a pagar por uma conexão gratuita com o mundo. (Em janeiro de 2010, chegou a declarar, em um discurso no prêmio Crunchies, do site TechCrunch, que o compartilhamento on-line estava se tornando uma "norma social".)[34]

Zuckerberg era incapaz de perceber, talvez, que sua experiência de vida — sua criação segura e estável, seu pedigree da Ivy League, sua capacidade de atrair investidores — não era comum. Tal como a falta de empatia que demonstrava pelas funcionárias, ele não atentava aos vieses sistêmicos do mundo: não via como, se você fosse negro, poderia atrair anúncios de empréstimos predatórios; ou, se fosse pobre, poderia atrair anúncios de junk food e refrigerantes.

Mas ele certamente entendia os riscos pessoais de compartilhar demais. Enquanto pregava abertura ao público, protegia seu perfil, fazendo uma curadoria de quais amigos teriam acesso total às suas fotos e postagens. Sua vida off-line, por sua vez, era ainda mais protegida. (Em 2013, compraria as casas ao redor de sua residência em Palo Alto e as demoliria para expandir seu terreno.)

Pouco antes, no início daquele ano, quando o jornalista Jose Antonio Vargas entrevistou Zuckerberg para uma matéria na *New Yorker*, ele questionou o guru da tecnologia em relação ao seu conceito de privacidade. Sentado num banco do lado de fora da pequena casa alugada que Zuckerberg dividia com Priscilla, Vargas contou que era gay, mas que jamais saíra do armário para seus parentes nas Filipinas. O segredo, se exposto, poderia acarretar grandes riscos. Mas Zuckerberg não parecia entender o problema; ficou sem palavras, olhando para Vargas com uma expressão vaga, uma pausa "tão prenhe" de significado, recordou Vargas, que "deu à luz". Na visão de mundo de Zuckerberg, a autenticidade dos indivíduos era a proposta mais valiosa — para usuários e anunciantes. Sua reação traía também sua experiência de vida protegida e limitada. "Se sua vida é moldada por Westchester, Exeter e Harvard, e se depois disso você se muda para o Vale do Silício — se é esse seu entendimento do mundo, então é um mundo muito específico", acrescentou Vargas.

A postura indiferente do Facebook em relação aos dados também irritava funcionários do governo em Washington. Em dezembro de 2009, assessores do senador Chuck Schumer, de Nova York, foram a Sparapani, lobista do Facebook, reclamar sobre a mudança nas configurações de privacidade, que eles mesmos estavam tendo dificuldades para redefinir como "privadas" em suas próprias contas. A ligação do escritório de Schumer assustou a empresa e estimulou a visita de Sparapani e Elliot Schrage. Schrage fora contratado por Sandberg, um assessor da confiança dela nos tempos de Google que atuava oficialmente como chefe de diretrizes e políticas e de comunicação do Facebook e, por baixo dos panos, como *consigliere* de Sandberg. Sparapani, por sua vez, primeiro lobista registrado da empresa, fora surrupiado da União Americana pelas Liberdades Civis (ACLU, na sigla em inglês) por precaução contra a tempestade que se aproximava, relacionada justamente ao uso dos dados privados.

No gabinete de Schumer, o belicoso Schrage foi quem mais falou. Impacientava-se com as perguntas dos assessores do senador, que reclamavam que a empresa parecia ter intencionalmente dificultado a ação de tornar as informações privadas. Schrage retrucou dizendo que as novas configurações não eram problemáticas, repetindo o discurso de Sandberg de que o Facebook tinha políticas de privacidade mais robustas do que as de qualquer empresa de internet. Essa postura arrogante irritou os assessores de Schumer. A atitude beligerante e defensiva dos visitantes frustrou a equipe do senador. Schrage deu o tom do tratamento que a plataforma dispensaria ao governo: o Facebook não parecia ouvir suas preocupações — nem pretendia ouvi-las, como lembraram alguns funcionários.

Na esteira do encontro com Schumer e das reclamações dos consumidores, o Facebook reativou algumas das opções de privacidade, de modo que a maioria dos dados, exceto nomes e fotos de perfil, não fosse mais divulgada sem permissão. Mas o estrago já estava feito. Os agentes reguladores começaram a atentar para as questões de privacidade. Jonathan Leibowitz, nomeado pelo presidente Obama para comandar a Comissão Federal de Comércio no início do ano, provou-se uma escolha presciente. Leibowitz, assessor veterano no Congresso e ex-lobista da Motion Picture Association of America, fez uma crítica dura à incipiente indústria de publicidade comportamental da internet, declarando-se "preocupado" com "a coleta e o uso irrestrito dos dados confidenciais de consumidores" por parte de algumas empresas, em especial informações sobre crianças e adolescentes. "A possibilidade de que essas empresas estejam vendendo dados comportamentais privados", observou ele, "não era apenas algo que os consumidores não esperavam; era também potencialmente ilegal."

Em 17 de dezembro de 2009, o Centro pela Democracia Digital e nove outros grupos de defesa da privacidade entraram com uma queixa na Comissão, alegando que a mudança do Facebook em suas configurações de privacidade era ilegalmente enganosa.[35] A queixa mencionava a obrigação da agência de proteger os consumidores de práticas comerciais enganosas e desleais.

Em janeiro de 2010, a Comissão Federal de Comércio respondeu à queixa do Centro pela Democracia Digital, descrevendo-a como de "particular interesse", pois levantava "uma série de preocupações sobre as práticas de compartilhamento de informações do Facebook". Uma comunicação como aquela não era comum; a Comissão raramente sinalizava seu interesse em um caso particular. E, pela primeira vez, o Facebook se tornava objeto de uma grande investigação federal.

A investigação resultaria em um acordo que sujeitava a plataforma a auditorias de privacidade por duas décadas. No entanto, nos anos seguintes, o governo permitiria que o Facebook crescesse, não se contrapondo às fusões com o Instagram e com o WhatsApp, em 2012 e 2014, e se mostrando leniente em termos de fiscalização. Foi só quando o Facebook entrou em seu período de crise, em 2016, que as ramificações das ações da Comissão Federal de Comércio entrariam em cena de novo.

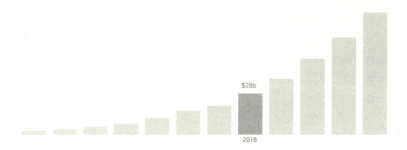

4. "A caçadora de ratos"

Ela era conhecida como "a caçadora de ratos". No início de 2016, o moral dos funcionários do Facebook andava baixo. Sites que postavam fake news e teorias da conspiração com viés político apareciam regularmente entre as dez páginas mais vistas na plataforma. Os funcionários queixavam-se aos supervisores, afirmando que a empresa vinha disseminando informações prejudiciais. Nos muitos fóruns das Tribos, os engenheiros se perguntavam se seus algoritmos, ao favorecer conteúdos sensacionalistas, faziam com que a plataforma parecesse uma ferramenta da campanha presidencial de Donald J. Trump.

Por quase seis meses, funcionários compartilharam suas queixas com repórteres, repassando memorandos internos, discursos e e-mails. Os executivos ficaram furiosos; Boz, em particular, bradou que o Facebook era uma família baseada na confiança e que um pequeno grupo de outsiders estava corrompendo e corroendo seus valores. Depois que uma notícia intitulada "Mark Zuckerberg pede a funcionários racistas do Facebook que parem de rasurar slogans do Black Lives Matter" foi ao ar, em fevereiro daquele ano, no site de tecnologia Gizmodo,[1] os executivos seniores recorreram a Sonya Ahuja, ex-engenheira de software responsável por uma unidade de investigações internas que rastreava tudo, desde relatos de assédio e discriminação até os possíveis responsáveis pelos vazamentos.

O departamento de Ahuja desfrutava de uma visão panorâmica das atividades diárias dos funcionários do Facebook, com acesso a todas as comunicações. Cada movimento do mouse e cada toque numa tecla eram registrados e podiam ser examinados por ela e sua equipe. Esse tipo de vigilância era inerente aos sistemas do Facebook desde o início: Zuckerberg era imensamente controlador em relação a conversas internas, projetos e mudanças organizacionais do Facebook. Quando um produto era anunciado antes do momento determinado ou quando discussões ocorridas dentro da empresa eram noticiadas na imprensa, a equipe de segurança entrava em ação para erradicar o traidor. A equipe de segurança do Facebook também testava os funcionários, deixando "ratoeiras" pela empresa, contendo o que pareciam ser informações secretas, para conferir se algum funcionário as repassaria. Embora tivesse se tornado comum nas companhias do Vale do Silício impor termos de confidencialidade a seus funcionários, impedindo-os de falar sobre questões de trabalho com qualquer pessoa de fora da empresa, o Facebook exigia que muitos colaboradores assinassem um termo de confidencialidade adicional. Eles sequer podiam mencionar as coisas sobre as quais não podiam falar. Mesmo pelos padrões estabelecidos por Google, Twitter e outras empresas de mídia social do Vale do Silício, o Facebook se destacava por adotar uma postura excepcionalmente severa com os funcionários.

Michael Nuñez, de 28 anos, o jornalista do Gizmodo, não tinha uma relação de longa data com o Facebook e nunca vivera na área da baía de San Francisco. Mas tinha um contato na empresa.

Na manhã de 25 de fevereiro, estava sentado em sua mesa na redação do Gizmodo em Manhattan quando recebeu uma mensagem pelo Gchat, um recurso do Google. Era seu ex-colega de apartamento Ben Fearnow. Os dois se falavam todos os dias. Fearnow, que havia pouco se tornara funcionário do Facebook na sede de Nova York, gostava de provocar o amigo. Fearnow fazia parte de um pequeno grupo de ex-estudantes de jornalismo e repórteres que o Facebook contratara para tentar afiar seu tino em relação a notícias, mas, como freelancer, ele não fazia parte da cultura da empresa na MPK, nem recebia os benefícios de um funcionário de tempo integral. "Imagino que você já tenha visto isso", escreveu na mensagem para Nuñez, encaminhando o que parecia ser uma postagem escrita por Zuckerberg.

Era um memorando para todos os funcionários, divulgado no grupo geral de trabalho.[2] Na postagem, Zuckerberg abordava o escândalo na sede da empresa em Menlo Park sobre funcionários que vinham riscando ou rasurando slogans do Black Lives Matter que outros colegas de trabalho haviam escrito nas paredes de seus escritórios. "'Vidas negras importam' não significa que outras vidas não importem", escreveu Zuckerberg, lembrando que a empresa tinha a política livre sobre o que os funcionários podiam rabiscar nas paredes do escritório ou exibir em forma de pôsteres. Mas "riscar uma coisa implica silenciar uma fala, ou que a fala de uma pessoa é mais importante do que a de outra".

Inicialmente, Nuñez ficou em dúvida quanto ao que fazer com o memorando. Seria digno de nota o fato de que o Facebook andava experimentando as mesmas tensões raciais que pipocavam por todos os Estados Unidos? Em uma conversa com alguns editores, eles concluíram que esse tipo de acesso à cultura interna do Facebook atrairia o interesse dos leitores.

A reportagem, publicada em 25 de fevereiro, às 12h42, não pegou bem para Zuckerberg.[3] Suas palavras estavam sendo usadas contra seus próprios funcionários, retratando-os como elitistas privilegiados, indiferentes ao movimento Black Lives Matter. Coube a Ahuja, a caçadora de ratos, desmascarar o responsável pelo vazamento.

A equipe de Ahuja pesquisou os registros de e-mail e de telefone dos funcionários da empresa para conferir quem poderia ter entrado em contato com Nuñez. O grupo podia acessar facilmente as mensagens escritas no Facebook, mas poucos funcionários seriam ingênuos a ponto de enviar mensagens a alguém da imprensa a partir de suas próprias páginas na plataforma. Talvez tivessem usado o WhatsApp, em que as mensagens eram criptografadas de ponta a ponta, de modo que a equipe de investigação não podia averiguar o conteúdo em si, mas seria possível recuperar certos dados, como os números que trocaram as mensagens e a data da conversa.

A equipe também dispunha de outros recursos. Por meio das permissões de localização em aplicativos de celular, Ahuja e sua equipe tinham um registro bastante preciso dos lugares para onde os funcionários do Facebook viajavam. Poderiam verificar, por exemplo, se o telefone de um funcionário esteve próximo ao de um repórter de uma agência de notícias que divulgara recentemente um furo sobre a empresa. Também tinham os meios técnicos para rastrear qualquer coisa que um funcionário digitasse ou sobre a qual passasse o cursor do mouse no notebook de trabalho. A partir disso, criavam um mapa detalhado revelando exatamente quais documentos internos ou memorandos os funcionários andaram lendo. Se algo parecesse incomum — se um funcionário de um departamento gastasse tempo demais lendo memorandos de outro, por exemplo —, era possível suspeitar de alguma irregularidade.

Assim que Ahuja definia um suspeito, o funcionário era chamado para o que diziam ser uma reunião geral referente a uma investigação. Ahuja estaria à espera para interrogá-lo. Nessas ocasiões, ela costumava citar para os funcionários as ações que eles podiam ter desvalorizado no mercado ou os termos de confidencialidade que talvez tivessem violado ao vazar aquelas informações. "Ela era muito impessoal, atinha-se aos fatos. Levava o trabalho a sério e, se você violasse as regras do Facebook e vazasse algo sobre a empresa, não tinha piedade", contou um ex-funcionário que deixou o Facebook após admitir que vazara material para um jornalista.

Em 4 de março, oito dias após a publicação da história de Nuñez sobre o Black Lives Matter, Fearnow acordou com uma série de mensagens em seu celular, pedindo que comparecesse ao escritório para uma reunião. Era seu dia de folga, mas ele se ofereceu para participar de uma chamada virtual pelo notebook.

Em pouco tempo, Fearnow se viu numa conferência com Ahuja. Ela foi direto ao ponto: era ele a fonte dos vazamentos para o Gizmodo? Inicialmente, ele negou a acusação, mas Ahuja começou a ler em voz alta uma série de mensagens direcionadas a Nuñez que ela afirmava ter sido trocadas no Facebook Messenger. Fearnow ficou confuso; ele sabia que não tinha sido descuidado a ponto de usar o próprio sistema de mensagens do Facebook para falar com o amigo.

"Peguei meu telefone, conferi o Gchat e percebi que ela estava lendo a conversa que tive com Nuñez no Gmail", lembrou Fearnow. "Eu não tinha ideia de que eles eram capazes de ver isso. Eu pretendia negar a acusação, mas, naquele momento, compreendi que estava ferrado."

Fearnow perguntou como ela acessara seu Gchat. Ahuja respondeu que não podia "nem confirmar nem negar" onde havia visto as mensagens, resposta que o fez rir, já que ele estava olhando para as mesmas mensagens no Gchat enquanto os dois conversavam. Então entendeu que estava sendo demitido e não teve outra oportunidade de questioná-la.

Fearnow não foi a única pessoa para quem Ahuja ligou naquela manhã. Ele e Nuñez tinham dividido o apartamento com outro colega: Ryan Villarreal, do Brooklyn. Villarreal também fora trabalhar no Facebook, mas não sabia sobre os vazamentos ou sobre o envolvimento de Fearnow. No entanto, viu quando Nuñez postou a matéria do Gizmodo no Facebook e curtiu a publicação, perguntando-se quem teria sido a fonte.

Horas depois de Fearnow ser demitido, Ahuja enviou um e-mail a Villarreal para marcar uma reunião. Ela mostrou o perfil do Facebook de Nuñez e perguntou por que Villareal tinha curtido a notícia sobre o memorando de Zuckerberg a respeito do Black Lives Matter. Ele se atrapalhou ao responder e acabou afirmando que nem se lembrava de ter curtido aquela postagem. Em todo caso, foi informado de que também já não atuaria como freelancer para a empresa.

Nuñez sentiu-se mal pelos amigos. Mas, àquela altura, dezenas de funcionários do Facebook estavam entrando em contato com ele. Alguns queriam apenas confirmar as reportagens já publicadas; outros diziam que ele só tinha visto a "ponta do iceberg".

A insatisfação dos funcionários em relação a Zuckerberg aumentava à medida que as ambições presidenciais de Trump passavam de mera fantasia a possibilidade real. Em 3 de março, um funcionário decidiu que era hora de levar o assunto diretamente ao CEO e postou uma pergunta para a próxima reunião geral: "Qual é a responsabilidade do Facebook para ajudar a impedir uma presidência de Trump em 2017?". No meio da manhã do dia seguinte, a pergunta já havia recebido votos suficientes para entrar na pequena lista de perguntas dirigidas a Zuckerberg.

A equipe de comunicação corporativa do Facebook entrou em pânico. Se a pergunta se tornasse pública, o Facebook faria jus à reputação de empresa composta de democratas liberais. A plataforma soaria tendenciosa, como se atuasse contra Trump. Qualquer resposta dada pelo ceo seria altamente controversa e acabaria nos jornais. Membros da equipe de relações públicas tentaram influenciar o rumo da reunião votando em outras perguntas. Mas, por volta do meio-dia, a pergunta seguia no topo da lista. Era preciso preparar Zuckerberg.

Ele foi orientado a não responder. Em vez disso, deveria se concentrar no compromisso do Facebook com a liberdade de expressão e no papel que a empresa desempenhava em uma sociedade democrática. Era preciso definir a estratégia do Facebook em torno da eleição e a forma como a empresa se comprometia a trabalhar com qualquer candidato presidencial. E, o mais importante, era preciso evitar qualquer resposta que implicasse que a plataforma preferia um candidato a outro. Era o que fazia sentido para os negócios. O Facebook não era uma editora, e seus funcionários não tomavam decisões sobre o que publicar ou não. Era uma empresa de tecnologia que simplesmente hospedava as ideias que seus usuários postavam. Esse argumento, ao qual todas as empresas de mídia social recorriam, protegia o Facebook de processos por difamação e de outras responsabilidades legais, mantendo a empresa fora das disputas da política partidária.

Naquela tarde, ele redirecionou sua resposta, mais uma vez, para a crença na liberdade de expressão. Mas a notícia vazou mesmo assim. Em 15 de abril de 2016, o Gizmodo publicou uma matéria de Nuñez intitulada "Funcionários do Facebook perguntaram a Mark Zuckerberg se deveriam tentar impedir a presidência de Donald Trump". A reportagem incluía um screenshot da pergunta na página do grupo de trabalho e se atentava para o poder que o Facebook tinha como guardião do fluxo de informações. "Com o Facebook, não sabemos o que não estamos vendo. Não sabemos qual é o viés ou como isso pode estar afetando a forma como enxergamos o mundo", escreveu Nuñez.

A reportagem foi amplamente compartilhada por conservadores e virou assunto na Fox News e nos blogs de direita, que acusavam o Facebook de censurar Trump e seus apoiadores. O mais alarmante para Zuckerberg, porém, era que um relato de uma reunião privada havia vazado. Isso nunca tinha acontecido antes. Nos onze anos de operação do Facebook, as discussões internas — especialmente as *all-hands meetings* de Zuckerberg — eram consideradas sacrossantas.

Nuñez já estava de olho em seu próximo furo, revelando o funcionamento interno de uma nova funcionalidade misteriosa que o Facebook lançara para competir com outras redes sociais. Quando buscavam notícias, as pessoas mostravam-se mais propensas a recorrer a sites como Twitter ou YouTube. Ambos ofereciam a qualquer pessoa a capacidade de criar e visualizar conteúdos, e ambos eram bem populares entre jornalistas. Cada vez mais, os assuntos e vídeos mais comentados nesses sites pareciam impulsionar o fluxo diário de notícias. Quanto mais esses conteúdos figuravam nos compartilhamentos e comentários do dia, mais reportagens os citavam, levando ainda mais gente a pesquisar e visualizar os mesmos assuntos. Isso criava um ciclo sem fim.

Zuckerberg estava preocupado. Ele queria que as pessoas recorressem ao Facebook para tudo, inclusive notícias. "Quando algo grande acontecia no mundo, a pesquisa nos mostrava que as pessoas eram mais propensas a acessar o Google ou o Twitter. Mas nós também queríamos atuar na esfera das notícias", lembrou um executivo da plataforma.

Alguns executivos consideravam que a resposta estava em um recurso chamado Trending Topics. Era a primeira coisa que os usuários do Facebook nos Estados Unidos viam no canto superior direito da página quando se conectavam à plataforma. Debaixo de um título quase imperceptível em letras pretas onde se lia

"Trending", setas azuis onduladas destacavam os três principais assuntos que os usuários estavam compartilhando naquele dia. Os programadores que criaram o recurso afirmavam que aqueles tópicos eram um reflexo do que seus algoritmos apontavam como as questões mais populares do dia.

Mas havia certa confusão quanto à métrica que o Facebook usava para determinar os Trending Topics. A plataforma alegava que o sistema era governado por um algoritmo, mas todas as pessoas contratadas para trabalhar na seção pareciam ter formação em jornalismo. Por vezes, os assuntos em destaque pareciam esotéricos ou convenientes demais. Embora fosse maravilhoso que, no Dia da Terra, os usuários discutissem água potável e reciclagem, alguns funcionários do Facebook se questionavam se esses tópicos representavam tendências orgânicas ou se eram manipulados pelo Facebook.

Durante meses, Nuñez procurou os funcionários contratados pelo Facebook para operar a seção de Trending Topics. Além de seus dois ex-colegas de apartamento, Fearnow e Villarreal, ele conhecia mais um punhado de recém-formados contratados para se juntar à equipe. Usando o Google Docs, criou uma lista com todos os funcionários da equipe dos Trending Topics, dividindo-os entre aqueles que estavam fechados com o Facebook e os que poderiam se tornar fontes. Dos que concordaram em falar, ele ouviu uma história extraordinariamente parecida. "Eles disseram que achavam preocupante ter de tomar essas decisões sobre o que as pessoas viam ou não no Trending", disse Nuñez. "O Facebook dava a entender que era uma caixa-preta, como se houvesse um sistema regendo tudo, mas, na verdade, funcionários tomavam essas decisões cruciais sem nenhuma supervisão."

Em 3 de maio de 2016, Nuñez publicou a primeira análise detalhada da equipe dos Trending Topics. A reportagem oferecia informações sobre o que Nuñez descrevia como "condições de trabalho extenuantes, tratamento humilhante e uma cultura secreta e autoritária" e revelava como um pequeno grupo de funcionários temporários de Nova York, recrutados por sua "experiência jornalística", apesar de muitos deles mal terem saído da faculdade, receberam o papel de "curadores", mas eram instruídos a não descrever seus serviços como "editoriais".

O sistema foi configurado para fornecer à equipe dos Trending Topics uma lista de assuntos que os usuários estavam discutindo em tempo real. Mas, quando os curadores se logavam para cumprir seus turnos de oito horas, descobriam que muito do que vinha à tona tinha a ver com o último vestido que uma Kardashian estava usando ou com esse ou aquele concorrente do reality show *The Bachelor*. Não era o tipo de debate que o Facebook imaginava em sua plataforma.

Os curadores eram instruídos a usar o bom senso na seleção do que seria impulsionado. Depois de criar um marcador e uma descrição para cada tópico, era preciso atribuir um valor que tornaria mais ou menos provável sua aparição na página de um usuário. Também cabia a eles relegar à "lista negra" certos temas que apareciam com muita frequência ou que eram considerados irrelevantes, como *The Bachelor* e as Kardashian. Esses funcionários eram orientados também a remover tópicos duplicados ou que não refletiam o ciclo noticioso do momento.

Como relataram a Nuñez, de início havia pouca supervisão. "As pessoas encarregadas dessas decisões eram em grande parte jovens e recém-formadas. Parecia uma responsabilidade muito grande", observou um ex-membro do setor de Trending Topics. Muitos na equipe ficavam desconfortáveis com o poder que detinham de decidir o que centenas de milhões de usuários do Facebook viam. Depois que a reportagem inicial de Nuñez viralizou, esses funcionários se tornaram ainda mais introspectivos em relação ao trabalho que faziam. Várias semanas depois da publicação da matéria, um membro da equipe entrou em contato com Nuñez por meio de um e-mail anônimo. Depois de trocar mensagens provando que de fato trabalhava no Facebook, a fonte concordou em falar com o repórter por telefone. Durante um fim de semana, os dois se comunicaram sem parar; a fonte explicou como o sistema funcionava e como os curadores podiam facilmente manipular os tópicos que estavam em alta no Facebook.

"Um exemplo foi Paul Ryan. Eles [os engenheiros do Facebook] disseram claramente que Paul Ryan estava aparecendo demais nos tópicos", disse Nuñez, referindo-se ao ex-presidente da Câmara dos Representantes do Congresso dos Estados Unidos. "Então, eles ajustavam a ferramenta até que Paul Ryan parasse de aparecer." A fonte que se apresentou para falar com Nuñez se identificava como politicamente conservadora. Acreditava que o público tinha o direito de saber que as decisões eram tomadas por um pequeno grupo de indivíduos no Facebook. A matéria publicada na sequência dessas conversas, numa manhã de segunda-feira, no dia 9 de maio de 2016, não decepcionou. Intitulada "Ex-funcionários do Facebook relatam: com frequência suprimimos notícias conservadoras",[4] a reportagem bombástica parecia confirmar suspeitas sustentadas havia muito tempo por conservadores e divulgadas por analistas políticos de extrema direita, como Glenn Beck e o chefe da campanha de Trump, Steve Bannon. Em suma, o texto trazia a denúncia que o Facebook e outros guardiões de informações na internet estavam "calcando a mão na balança".

A reportagem teve uma recepção polêmica; houve quem questionasse as intenções por trás da publicação. E, no Facebook, os membros da equipe dos Trending Topics ficaram furiosos com a forma como o texto retratava seu trabalho. Embora fosse verdade que alguns se sentiam desconfortáveis com o poder do qual haviam sido imbuídos, eles não estavam promovendo uma pauta liberal ou conservadora. Sua missão era garantir que a seção dos

Trending Topics não parecesse excessivamente repetitiva, e agora viam suas decisões sendo tachadas como políticas.

A decisão no início daquele ano de deixar a conta de Trump intacta evitou um conflito com os conservadores. Mas agora o Facebook se via na berlinda. "É mais do que perturbador saber que esse poder está sendo usado para silenciar pontos de vista e notícias que não se encaixam na agenda política de outras pessoas", declarou o Comitê Nacional Republicano por meio de um comunicado oficial.[5]

Na MPK, Sandberg e Zuckerberg orientaram sua equipe de segurança a descobrir quem mais estava vazando informações para Nuñez, mas a rotatividade da equipe no Trending Topics era alta, e os funcionários, em sua maioria, eram temporários, com pouca lealdade à marca Facebook. Zuckerberg voltou-se para seus engenheiros e pediu que revisassem a forma como os Trending Topics funcionavam. Havia uma maneira de garantir, em última análise, que apenas os algoritmos decidissem quais tópicos os usuários do Facebook viam?

Sandberg, por sua vez, se concentrou na crise de relações públicas. Algo precisava ser feito para apaziguar a direita, mas ela não era a mensageira ideal, por conta dos seus laços com os democratas. Corriam rumores de que ela figurava em uma seleta lista para um cargo de primeiro escalão na hipótese provável de um governo Clinton.[6] Ela também estava concentrada em escrever *Plano B*, a continuação de seu best-seller de 2013, *Faça acontecer*, que trata do empoderamento das mulheres no local de trabalho. O novo livro, um guia altamente pessoal para criar resiliência contra perdas, tinha origem numa experiência bem diferente.

Em maio de 2015, seu marido, Dave Goldberg, morrera após sofrer uma arritmia cardíaca quando o casal estava no México para a celebração do aniversário de cinquenta anos de um amigo. A perda fora devastadora para Sandberg. Zuckerberg provou-se uma fonte de grande apoio, ajudando-a a organizar o velório e encorajando-a em momentos de dúvida sobre sua capacidade de voltar a liderar uma equipe quando retornou ao trabalho. Sandberg começara a escrever *Plano B* como uma forma de processar o luto enquanto ainda supervisionava as operações do dia a dia da empresa. No livro, ela relata a difícil transição de volta ao trabalho e o apoio total de Zuckerberg após sua perda. Os dois executivos ficaram mais próximos do que nunca, mas, para a equipe de Sandberg, ela às vezes parecia distraída e mal-humorada. Os funcionários andavam pisando em ovos, com medo de contrariá-la.

Em junho de 2016, um incidente particularmente desagradável explicitou as tensões em torno de Sandberg bem no momento em que ainda lidava com sua perda. Ela estava em Washington para uma de suas visitas trimestrais em que se reunia com funcionários do governo e da imprensa. Os lobistas do Facebook prepararam uma sala no Capitólio para que a empresa apresentasse seus produtos, como os óculos de realidade virtual Oculus. A sala fora reservada por duas horas para dois coquetéis: o primeiro para congressistas e o segundo para jornalistas. Sandberg era a convidada de honra em ambos os casos. Vinha de dois dias de reuniões com legisladores e de um discurso no American Enterprise Institute para tentar dissipar as suspeitas de parcialidade levantadas pela controvérsia dos Trending Topics. As duas horas de coquetel eram seu último compromisso antes de voltar para casa.

Na chegada ao Capitólio, irritou-se ao saber que não poderia se encontrar com os funcionários da sede de Washington do Facebook antes do início do evento. Além disso, pedira para descansar um pouco em algum lugar tranquilo, mas os lobistas e sua principal assistente haviam se esquecido de providenciar uma sala privativa para ela entre os dois eventos.

"Como você pôde esquecer? Eu não acredito!", gritou, dirigindo-se à assistente, no corredor diante da sala, sob os olhares de vários funcionários do escritório de Washington. Depois se virou para uma nova funcionária, ainda em treinamento para substituir a assistente-chefe, e, aos berros, disse que aquele era um descuido grosseiro que não poderia se repetir. "Foi uma bronca terrível", lembrou um funcionário presente na ocasião. Minutos depois, as duas jovens choravam no banheiro. Greg Maruer, que havia trabalhado para John Boehner, ex-presidente da Câmara dos Representantes, pediu a seus ex-colegas que encontrassem uma sala para Sandberg no prédio. O problema foi resolvido, mas o episódio transmitiu uma mensagem preocupante. A coo andava irritada e impaciente após a morte de Goldberg. A equipe temia incomodá--la justo quando a empresa estava sob crescente escrutínio. Aquele tornou-se um problema de gestão, lembrou um ex-funcionário: "Ninguém queria se manifestar depois do episódio".

Quanto à questão delicada de como lidar com seus críticos conservadores, Sandberg recorreu, como de costume, aos conselhos de Joel Kaplan. Ele garantiu que poderia lidar com a controvérsia convocando uma reunião em Menlo Park com os principais executivos conservadores da mídia, líderes de think tanks e formadores de opinião. Era fundamental, no entanto, que Zuckerberg concordasse em assumir um papel de destaque no evento.

Em 18 de maio, dezesseis proeminentes personalidades da mídia e intelectuais conservadores — incluindo Glenn Beck, da Blaze TV, Arthur Brooks, do American Enterprise Institute, e Jenny Beth Martin, dos Tea Party Patriots — viajaram até Menlo Park para expor suas preocupações em relação ao viés político numa reunião vespertina. Apenas funcionários republicanos do Facebook tiveram acesso à reunião, contou um ex-colaborador — ou seja, Peter Thiel, membro decididamente pró-Trump do conselho administrativo da empresa, e mais alguns funcionários de Washington, incluindo Joel Kaplan. Zuckerberg, que ao longo dos anos fizera questão de não tornar público seu posicionamento político, presidiu a reunião de noventa minutos, regada a queijos, frutas e café. Os convidados expressaram suas queixas de forma educada. Alguns participantes insistiram para que Zuckerberg contratasse mais conservadores. Brooks, do American Enterprise Institute, alertou que a plataforma tinha de permanecer neutra quanto ao seu conteúdo político; Zuckerberg não deveria permitir que o Facebook se tornasse uma "monocultura", voltada para uma tendência política ou religiosa específica.[7]

Zuckerberg, efusivo, se mostrou disposto a acolher múltiplos discursos políticos e garantiu que a empresa não pretendia reprimir opiniões conservadoras. Deixou claro aos convidados que dar voz a todos os pontos de vista políticos era bom para a missão da empresa e para os negócios.

A audiência com o CEO pareceu ajudar. Após a reunião, o grupo fez um tour pelo campus e assistiu a uma demonstração do Oculus. Beck escreveu mais tarde em seu próprio blog que Zuckerberg "realmente me impressionou com sua elegância, sua capacidade de conduzir a reunião, sua consideração, sua franqueza e o que parecia ser seu desejo sincero de 'conectar o mundo'".[8]

Beck e os outros participantes saíram da MPK um tanto apaziguados; alguns disseram acreditar que Zuckerberg faria um esforço sério para tornar a plataforma neutra. Mas, dentro da empresa, o evento foi visto com muita controvérsia. Membros da equipe de diretrizes e políticas, de comunicação e de engenharia temiam que a reunião abrisse as portas para que mais grupos pressionassem o Facebook com suas respectivas pautas. Reclamaram que o evento foi inconsequente e que nem sequer serviria para eliminar por completo as suspeitas de favorecimento político.

E, o que era pior, acreditavam que a reunião havia legitimado pessoas responsáveis pela propagação de teorias da conspiração perigosas. Beck acusara falsamente um cidadão saudita de envolvimento no atentado a bomba na Maratona de Boston, alegando que o governo Obama precisava de outro ataque como o de Oklahoma City para se aproveitar do cenário político.[9] As teorias de Beck eram ainda mais alardeadas por figuras de extrema direita como Alex Jones, que acumulava centenas de milhares de seguidores no Facebook. Uma das colocações mais populares e polêmicas de Jones era a de que o massacre de dezembro de 2012 na escola primária Sandy Hook, em Newtown, Connecticut, fora uma encenação e que as famílias que perderam seus filhos eram na verdade atores pagos. Esses seguidores eram direcionados para o site e para o programa de rádio de Jones, que faturava milhões com a venda de produtos da sua marca.

"O Black Lives Matter não podia se reunir com Mark, mas conservadores como Glenn Beck, sim? Foi uma péssima decisão", disse um ex-funcionário.

O encontro foi uma reviravolta para o Facebook, que até então alegava neutralidade política. Foi também um momento crucial para Sandberg, que cada vez mais pautaria suas decisões pelo temor de que uma reação conservadora prejudicasse a reputação da empresa, levando a um maior escrutínio por parte do governo.

"Nesse ponto da campanha, ninguém esperava que Trump vencesse. Mas os republicanos controlavam a Câmara e o Senado e podiam dificultar a vida das empresas no Vale do Silício", observou Nu Wexler, ex-porta-voz do Facebook em Washington. "Então, em vez de negar as acusações de má-fé e apresentar dados concretos que as refutassem, o Facebook acolheu e validou seus críticos. Daí em diante, esse se tornou o modus operandi para todas as acusações que partiam da direita."

Com as campanhas presidenciais de 2016 a todo vapor, o feed de notícias do Facebook apontava que os americanos estavam mais divididos do que nunca. A disputa entre Hillary Clinton e Donald Trump era marcada por uma avalanche de notícias de viés partidário exacerbado, e um lado se empenhava para demonizar o outro. Contudo, uma tendência ainda mais preocupante eram os sites de notícias obviamente falsas que divulgavam informações cada vez mais bizarras sobre os dois candidatos. Por todo o país, e mesmo em locais distantes, como na Macedônia, jovens empreendedores perceberam que era possível ganhar um bom dinheiro oferecendo aos americanos exatamente o tipo de conteúdo que desejavam. De repente, notícias afirmando que Hillary Clinton estaria em coma sem que ninguém soubesse, ou que Bill Clinton tivera um filho fora do casamento, começaram a circular aos montes pelo Facebook. As pessoas por trás dessas notícias eram em grande parte apolíticas, mas sabiam que, quanto mais bizarra a história, maior a probabilidade de os usuários clicarem no link.

Os funcionários que trabalhavam na equipe do feed de notícias levaram o problema aos seus supervisores, mas foram informados de que notícias falsas não infringiam as regras do Facebook. Aquilo não lhes pareceu correto. "Fiquei muito revoltado; nós presenciávamos esses sites horrorosos ocupando um lugar de destaque no feed das pessoas. Sabíamos que os usuários abriam o Facebook e viam notícias totalmente falsas no topo da página inicial, mas sempre nos diziam que não havia nada que pudéssemos fazer — as pessoas podiam compartilhar o que bem entendessem", lembrou um ex-funcionário do setor. Em uma reunião com um supervisor no início de junho, o mesmo colaborador apontou que muitos dos sites que promoviam matérias falsas ou enganosas no Facebook pareciam empregar métodos questionáveis para alavancar seus conteúdos. A suspeita era de que eles estivessem usando contas falsas para se promover. "Me disseram que isso estava sendo investigado, mas não estava. Ninguém nunca me perguntou mais nada."

Na verdade, Chris Cox e outros engenheiros de software do Facebook procuraram resolver o problema naquele mesmo mês, introduzindo mais uma mudança de algoritmo, que fazia com que o conteúdo postado por familiares e amigos prevalecesse. Mas pesquisadores independentes descobriram que essa mudança teve consequências indesejadas. Ao priorizar a família e os amigos, o Facebook passou a solapar sites confiáveis de notícias, como a CNN e o *Washington Post*. Os usuários deixaram de ver com destaque as postagens de jornais em seus feeds, mas continuavam a ver as notícias falsas e com viés explicitamente partidário postadas por seus amigos e familiares.

Na reunião semanal de Q&A, a questão do feed de notícias foi levantada diversas vezes por funcionários preocupados com os tipos de conteúdo que viralizavam na plataforma. O assunto surgia com tanta frequência que, em 18 de junho de 2016, Boz postou um memorando em um dos grupos de trabalho abordando o assunto da responsabilidade do Facebook para com seus usuários.

"Nós conectamos pessoas. Ponto-final. É por isso que todo o trabalho que fazemos em termos de crescimento é justificável. Todas as práticas questionáveis de importação de contatos. Toda a linguagem sutil que ajuda as pessoas a continuarem pesquisáveis por amigos. O trabalho que fazemos para atrair mais comunicação para dentro da plataforma. O trabalho que provavelmente ainda faremos na China um dia. Tudo", escreveu Boz.

Mais adiante, no mesmo memorando, ele continua: "E então conectamos mais pessoas. Isso pode ser ruim, caso se faça um uso negativo. Talvez custe a vida de alguém por expô-lo a agressores. Talvez alguém morra em um ataque terrorista coordenado por meio de nossas ferramentas. Mas, ainda assim, seguimos conectando pessoas. A verdade incômoda é que acreditamos em conectar as pessoas tão profundamente que qualquer coisa que nos permita conectar mais pessoas com mais frequência é, *de facto*, boa".[10]

O título do memorando era: "O Incômodo".

Dentro dos grupos de trabalho o debate foi acirrado. Alguns funcionários defendiam o memorando, argumentando que Boz estava apenas expondo uma verdade incômoda e que o Facebook era uma empresa com fins lucrativos que precisava priorizar os negócios. A maioria, no entanto, se mostrou desconfortável e desconfiada de que aquela postura calculista era endossada pelo alto escalão da companhia.

Quando os funcionários do Facebook faziam buscas sobre o que parecia ser um aumento global dos discursos de ódio, constatavam que o nome da empresa com frequência vinha à tona como fonte de conspirações, notícias falsas e campanhas marcadas pelo discurso de ódio contra minorias. O anúncio do banimento de muçulmanos de Trump foi usado por líderes de extrema direita em todo o mundo para adotar posições mais radicais em relação a imigrantes e refugiados muçulmanos. Em Mianmar, várias figuras militares do país citaram a postagem de Trump no Facebook em suas próprias páginas do Facebook e argumentaram que, se os Estados Unidos podiam banir os muçulmanos, seu país deveria fazer o mesmo. E, de fato, ativistas de direitos humanos vincularam cada vez mais a plataforma a ataques contra a minoria apátrida ruainga em Mianmar e à repressão brutal contra civis levada a cabo pelo presidente das Filipinas, Rodrigo Duterte, recém-eleito à época.

A reunião geral seguinte estava lotada. Naquela semana, não havia dúvidas quanto ao assunto em questão.

Boz já havia defendido sua postagem, argumentando que na verdade não concordava com certos aspectos de seu próprio memorando e que o havia escrito apenas para estimular o debate. Mas os funcionários não estavam satisfeitos. Queriam saber se ele de fato se importava com as vidas perdidas em países onde o Facebook crescera em um ritmo astronômico. Perguntaram se usuários do Facebook desses países haviam respondido à postagem diretamente e se ele se sentia mal com o que tinha escrito. Boz parecia arrependido, mas repetiu que estava apenas apresentando uma argumentação hipotética e que sua intenção era que o memorando fomentasse o debate.

Zuckerberg e Sandberg garantiram aos funcionários que não desejavam que o Facebook fosse usado de forma nociva no mundo e que não acreditavam em "crescimento a qualquer preço". "Tudo o que quero ver é nosso comprometimento com o crescimento responsável", disse Sandberg, de acordo com um funcionário, que relatou ter saído do auditório cheio de ceticismo. "Ela falou bonito, mas acho que para a maioria das pessoas não foi um discurso convincente", lembrou ele. "Para mim não foi."

Depois de quatro anos de trabalho, a parceria entre Zuckerberg e Sandberg havia encontrado seu ritmo natural. Quando, em junho de 2012, Sandberg foi nomeada para o conselho administrativo do Facebook, tornando-se a primeira mulher a se juntar a Marc Andreessen, Erskine Bowles, Jim Breyer, Don Graham, Reed Hastings e Peter Thiel, Zuckerberg não poupou elogios no comunicado apresentado à imprensa: "Sheryl tem sido minha parceira na administração do Facebook, fundamental para nosso crescimento e nosso sucesso ao longo dos anos". Sandberg, por sua vez, confirmou sua dedicação à empresa: "O Facebook trabalha todos os dias para tornar o mundo mais aberto e conectado. É uma missão pela qual sou profundamente apaixonada e me sinto feliz por fazer parte de uma empresa que provoca um impacto global tão profundo".[11]

Eles continuavam a se reunir regularmente, às segundas e sextas-feiras, por telefone, se necessário, pois agora ambos viajavam com mais frequência. As velhas disputas por recursos tinham se dissipado. Como Marc Andreessen descreveu, os dois formavam o par perfeito: o fundador que podia permanecer concentrado na visão panorâmica das coisas e a parceira que executava o plano de negócios. "O nome dela se tornou uma espécie de cargo. Todas as empresas com as quais trabalhamos querem 'uma Sheryl'", disse Andreessen em entrevista à revista *Fortune*. "Eu sempre preciso explicar às pessoas que ainda não descobrimos como cloná-la."[12]

Sandberg havia desenvolvido um novo plano de mineração de dados em escala, e o dinheiro não parava de entrar. Também vinha trabalhando em novas ferramentas de publicidade, incluindo uma chamada Públicos Personalizados, que permitiria a marcas e campanhas políticas mesclar listas de e-mail e outros dados com os dados do Facebook para alcançar um direcionamento mais eficaz.[13] A empresa estava implementando também um leilão automatizado que processaria milhões de lances por segundo para anúncios com base nos dados do Facebook e no histórico de navegação dos usuários fora do site. Por fim, estava prestes a ser lançada uma ferramenta intitulada Públicos Semelhantes, em que as marcas forneceriam listas de seus clientes e o Facebook identificaria usuários com perfis similares para o direcionamento de anúncios.[14]

Enquanto alguns pensavam que Sandberg havia se adaptado para se encaixar na cultura do Facebook — "o Google era uma organização calcada em princípios. O Facebook não tinha, de forma nenhuma, uma cultura orientada por princípios", disse um ex-funcionário do Google que trabalhou com Sandberg —, outros acreditavam que, na verdade, ela havia mudado a cultura da empresa. Isso talvez ficasse mais evidente levando em conta as pessoas que ela contratava. Kaplan era um exemplo. Elliot Schrage era outro.

Schrage foi uma de suas primeiras contratações. Ele ficava um tanto deslocado em meio à cultura jovem e informal do Facebook. Era 24 anos mais velho do que Zuckerberg, e sua ideia de visual descontraído era desabotoar o colarinho de suas camisas sociais. Era uma figura intimidante: de olhos penetrantes, óculos retangulares, cabelo escuro e encaracolado, a voz baixa e rouca, guardava uma semelhança notável com o diretor de cinema Sydney Pollack.

Nascido em Chicago, formado em direito em Harvard e dotado de um senso de humor irônico, Schrage estabeleceu no Google seu vínculo com Sandberg. Não eram "techies", e trabalhavam em uma indústria que desprezava MBAs e advogados. Para os dois, era Davos, e não o Disrupt do TechCrunch ou a conferência D do *Wall Street Journal*, o grande evento do ano. E ambos acompanhavam vorazmente o ritmo de quem sobe e quem desce na política nacional.

Em público, Schrage adotava uma atitude amigável e franca, embora fosse duro com os jornalistas e conhecido por brigar por conta de detalhes nas reportagens, não raro gritando ao telefone, questionando editores sobre a escolha das palavras numa determinada manchete. Em maio de 2010, uma falha nos sistemas do Facebook permitiu que alguns usuários acessassem as mensagens de bate-papo privadas de outros usuários. À época, Schrage concordou em responder às questões dos leitores do Bits, blog do *New York Times*. Encarou cerca de trezentas perguntas raivosas sobre o número crescente de episódios envolvendo abuso de privacidade. "Ler as perguntas foi um exercício doloroso, mas produtivo", disse ele. "Parte dessa dor vem da empatia. Ninguém no Facebook quer dificultar as vidas dos nossos usuários. Queremos melhorá-las."[15]

Mas, nos bastidores, como foi possível constatar em sua atuação no gabinete do senador Schumer em 2009, Schrage assumia outra faceta da estratégia de relações públicas da empresa, empregando, segundo alguns membros da equipe de comunicações e políticas, táticas mais agressivas para combater a ameaça das regulamentações. Ele via essa questão de forma diferente: "Eu sentia que a equipe precisava ir além de suas raízes históricas na apresentação e na divulgação de produtos e se tornar mais profissional, mais preparada para entender e lidar com questões de privacidade e regulamentação, com os aspectos competitivos e financeiros, além de outros problemas relacionados às políticas do Facebook", explicou Schrage.

Ele agia também como um escudo contra os críticos que reclamavam não apenas do que o Facebook extraía dos usuários (dados), mas também do que os usuários *inseriam* na plataforma. Conforme a rede social crescia, também crescia o nível de conteúdo nocivo, que parecia especialmente fora de controle entre os usuários mais jovens.

No final de janeiro de 2012, Bill Price, presidente do conselho da Common Sense Media, organização sem fins lucrativos que atuava em defesa das crianças, descreveu uma reunião com Sandberg na sala de reuniões dos novos escritórios do Facebook, na One Hacker Way, em Menlo Park. Cofundador da TPG Capital, sediada em San Francisco, uma das maiores empresas de capital privado do país, Price e Sandberg transitavam pelos círculos da Bay Area de líderes empresariais ricos e com fortes conexões políticas, atuando ao lado de executivos de tecnologia em conselhos de organizações como a Academia de Ciências da Califórnia.

No entanto, para o Facebook, a Common Sense Media era um verdadeiro desafio em termos de relações públicas. A organização fazia críticas veementes e era parte de uma onda crescente de protestos liderados por grupos de defesa do consumidor, defesa da criança e de proteção à privacidade que analisavam como o Facebook afetava os jovens e como a empresa tratava os dados privados. O fundador, Jim Steyer, ex-advogado de direitos civis e professor de Stanford, criticara a plataforma em uma série de artigos e acabara de concluir um livro intitulado *Talking Back to Facebook*, uma crítica das mídias sociais no que diz respeito ao bem-estar social e emocional dos jovens.

Desde a abertura da plataforma para alunos do ensino médio, em 2005, o Facebook esteve diante de questões envolvendo a segurança e a saúde mental dos jovens.[16] Quando não estão verificando suas postagens obsessivamente em busca de comentários e curtidas, os jovens usuários competem para ver quem tem mais amigos. Os relatos de cyberbullying se multiplicavam. Ao mesmo tempo, o Facebook ignorava sua própria regra em relação aos menores de treze anos, que eram supostamente proibidos de criar contas. Em maio de 2011, a Consumer Reports estimou que 7,5 milhões de usuários eram menores de idade.[17]

De acordo com Price, como condição para comparecer à reunião, Sandberg insistiu que Steyer não participasse. Price concordou, mas não sem seu próprio veto: Schrage. Apesar disso, quando Sandberg o cumprimentou com um abraço e um sorriso caloroso, Price logo avistou Schrage bem atrás dela. Com firmeza, mas sem levantar a voz, olhou para Sandberg e perguntou: "O que Elliot está fazendo aqui?".

Schrage estava encarregado das políticas da empresa, Sandberg lembrou Price, portanto era a melhor pessoa para falar em nome do Facebook sobre questões relacionadas aos jovens usuários. Price ficou visivelmente irritado, mas seguiu em frente. Tinha uma mensagem importante a transmitir e queria a ajuda deles, disse. Sandberg se acomodou em uma cadeira de couro ao lado de Price, tirou os sapatos e cruzou as pernas. Do outro lado da mesa, Schrage sentou-se sozinho, bancando o "policial malvado", cruzando os braços e o encarando.

Price começou dizendo que queria uma possibilidade de zerar o jogo. A Common Sense e o Facebook com certeza poderiam chegar a um acordo sobre como proteger as crianças on-line. A organização estava particularmente preocupada com a ideia de crianças postando conteúdos que voltariam para assombrá-las: o adolescente embriagado segurando uma lata de cerveja em uma festa ou a jovem posando para selfies sugestivas. Ele aventou a ideia de um "botão de apagar". Por que não criar uma ferramenta para que os jovens tenham uma segunda chance? Era uma ideia razoável. Os filhos de Sandberg não tinham idade suficiente para que ela se preocupasse com aquilo. Mas embora Schrage, por ser pai de crianças que podiam usar o Facebook, fosse em teoria mais fácil de persuadir, ele próprio se encarregou de invalidar essa hipótese.

"Não é possível", bufou ele, de acordo com Price. "Você não entende como a tecnologia funciona."

Price se assustou com o tom de Schrage, mas não se intimidou. Insistiu: por que não era possível? Como o Facebook, com os melhores engenheiros e bilhões de dólares em faturamento, não conseguiria desenvolver uma solução?

Sandberg não disse nada.

Um botão de apagar teria efeitos prejudiciais que se propagariam por toda a internet, disse Schrage. "Você não entende como a internet funciona!"

Quando Sandberg finalmente se posicionou, foi para pressionar Price, alegando que a perseguição da Common Sense ao Facebook era injusta. "O Google tem os mesmos problemas, se não mais", disse ela. Depois, com uma expressão magoada, mudou o tom e mencionou o livro de Steyer: "Por que vocês chamaram o livro de *Talking Back to Facebook?*", perguntou. O Google e outras empresas se valiam das mesmas práticas de coleta de dados do Facebook, não? O livro, acusou Sandberg, não passava de um veículo de autopromoção para Steyer.

Mas o Google havia topado uma parceria com a Common Sense em programas de segurança e privacidade, explicou Price. A essa altura, já não fazia diferença, como ele logo percebeu. Ele havia procurado o Facebook em busca de uma parceria. Aqueles dois executivos eram sofisticados e inteligentes; certamente entendiam as preocupações da organização. Mas tinham agendas diferentes. Sandberg estava lá para reclamar do título do livro de Steyer; Schrage, para atacar alguém que considerava um oponente. "Vocês estarão do lado errado da história se não se esforçarem mais para proteger as crianças", disse Price, mudando de tom.

Schrage então tratou de dar seu próprio aviso: Price não gostaria de se tornar inimigo do Golias local. Muitos dos membros do conselho da Common Sense eram investidores do ramo da tecnologia, e não veriam com bons olhos a perspectiva de perder o Facebook como parceiro de negócios. O Facebook estava se preparando para uma oferta pública inicial, que seus executivos pretendiam anunciar no dia seguinte. Não havia dúvida sobre a mensagem nas entrelinhas: "Senti que eles estavam tentando me intimidar. A ameaça era a de que, caso continuássemos a investigar essas questões, eles agiriam de forma agressiva em relação à Common Sense e ao nosso conselho", lembrou Price.

Sandberg manteve-se em silêncio, e Schrage continuava a lançar acusações contra o visitante. Quando a reunião terminou, ela deu um abraço mecânico em Price. Price e Schrage não trocaram sequer um aperto de mãos.

Mais tarde, Schrage negou que tenha ameaçado Price. "É ridículo sugerir que eu teria condições de ameaçar ou intimidar Bill Price, fundador de um dos maiores e mais bem-sucedidos fundos de capital privado do mundo. Por que eu faria isso? Que vantagem eu tiraria disso? Só pelo Facebook?", Schrage argumentou. Mas Price chegou a uma conclusão bem diferente: "Saí da reunião muito deprimido", lembrou ele. "É a clássica história de como o poder absoluto corrompe a perspectiva das pessoas."

O poder de Sandberg no Facebook vinha se expandindo de forma contínua. Pouco tempo antes, ela havia ampliado seu envolvimento em mais uma parte importante da empresa: as estratégias de moderação de conteúdo.

A equipe operava originalmente sob as ordens do departamento de operações. Quando Dave Willner foi contratado, em 2008, tratava-se de um pequeno grupo de seis a doze pessoas que mantinha uma lista contínua de conteúdos já banidos. A lista era direta (nada de nudez, nada de terrorismo), mas não incluía nenhuma explicação sobre como a equipe tomava suas decisões. "Se você se deparasse com algo estranho que não tinha visto antes, a lista não explicava como proceder. Havia uma política, mas nenhuma teologia subjacente", contou Willner. "Um de nossos objetivos era: não servir como palanque para um futuro Hitler."

Zuckerberg raramente se envolvia nas decisões e nas diretrizes da moderação de conteúdo e parecia não conhecer os argumentos em que se baseavam as regras para o que milhões de usuários do Facebook eram ou não autorizados a postar na plataforma. "Ele quase sempre ignorava nossa equipe, a menos que houvesse um problema ou algo virasse notícia", lembrou um dos primeiros membros. "Não vou dizer que ele aparecia por lá para discutir sobre a Primeira Emenda ou o papel do Facebook na decisão das políticas relacionadas à liberdade de expressão para o resto do mundo. Não se interessava muito por essas coisas."

No entanto, cada vez mais a equipe deixava o Facebook em maus lençóis. Já desde 2008, a empresa travava uma luta com mães de todo o mundo que exigiam o direito de compartilhar fotos em que amamentavam seus bebês.[18] A decisão de banir um grupo pró-democracia de Hong Kong em 2010 gerou protestos e manchetes de primeira página. A gota d'água veio no final de 2011, quando Willner e o resto da equipe, que havia se tornado bem mais numerosa, tomaram a decisão de não remover uma página cujo nome envolvia uma piada tosca sobre as filhas de Tony Abbott, líder da oposição na Austrália.

Obrigada a lidar com a fúria de Abbott, Sandberg começou a se envolver mais na moderação de conteúdo sob sua alçada. A decisão pegou muitos integrantes da equipe de surpresa. "Então justo ela, uma pessoa que tinha que levar em conta o cálculo político do lobby a favor do Facebook, queria supervisionar esse tipo de decisão?", comentou um membro da equipe. "Não era preciso ser um gênio para saber que os políticos e presidentes que ligavam para ela reclamando da decisão X ou Y de repente teriam uma linha direta para influenciar como essas decisões eram tomadas."

Willner deixou a empresa logo depois. "Nós deveríamos ter entendido o recado bem antes", comentou o antigo membro da equipe. "O Facebook era um fator de influência de alcance mundial, e acho que era idealista demais acharmos que poderíamos continuar excluindo o cálculo político de nossas decisões a respeito de conteúdos."

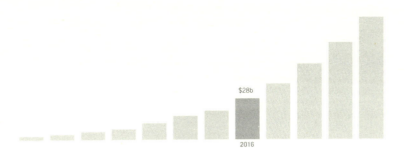

5. O canário de garantia

De olhos fixos na tela do notebook, Ned Moran acompanhava a conversa que se desenrolava entre o hacker russo e um jornalista americano. Analista de segurança num grupo especializado do Facebook, a chamada equipe de inteligência contra ameaças digitais, Moran tornara-se conhecido entre os profissionais de cibersegurança por seus prodigiosos conhecimentos acumulados no estudo de hackers agressivos e vinculados a governos estrangeiros. Alto, de óculos e com barba, era um sujeito lacônico; quando falava, pronunciava as palavras com tanta suavidade e cautela que os outros interrompiam o que estavam fazendo e se inclinavam para ouvi-lo. Sua reputação garantia que valia a pena prestar atenção a qualquer coisa que dissesse.

Embora Moran soubesse mais sobre hackers ligados a governos do que quase todos os outros profissionais do setor, nem mesmo ele havia topado com uma troca de mensagens entre hackers e jornalistas. Por vezes, havia um intervalo entre as mensagens, e era preciso esperar, junto com o jornalista americano, uns bons minutos para ver o que o russo iria dizer. De sua mesa no escritório do Facebook em Washington, Moran sabia quem eram e onde estavam os dois usuários que trocavam mensagens. Desde que descobrira a página intitulada DCLeaks, alguns dias antes naquele mês de agosto, vinha acompanhando obsessivamente todas as suas conversas. Em qualquer outra circunstância, não estaria lendo as comunicações em tempo real de um jornalista. Porém, como vinha monitorando os russos através do Facebook, notara quando iniciaram uma conversa com o jornalista no Messenger. Moran sabia que a página DCLeaks era controlada pelos russos. Apenas semanas antes, havia encontrado-a ao seguir uma trilha de indícios deixados pelos russos ao criarem páginas, grupos e contas no Facebook antes das eleições americanas. Ativada em 8 de junho, a DCLeaks agora era usada para convencer um jornalista americano a publicar documentos que o mesmo grupo de hackers roubara do Partido Democrata.

Menos de três meses depois, os Estados Unidos encerrariam uma disputa presidencial cada vez mais acalorada entre Donald Trump e Hillary Clinton, e Moran tinha evidências concretas de que os russos estavam fazendo exatamente aquilo de que alguns membros dos serviços de inteligência americanos suspeitavam: obtendo acesso ilegal à campanha de Clinton e, em seguida, divulgando e-mails confidenciais com o objetivo de constranger a candidata democrata. Era um episódio de espionagem sem precedentes, que extrapolava todas as normas vigentes de guerra cibernética. Moran se deu conta da importância disso e logo comunicou aos seus superiores o que estava acontecendo.

A apenas alguns quilômetros dali, funcionários dos órgãos de inteligência americanos se esforçavam para averiguar o máximo possível sobre os hackers que espionavam a campanha de Hillary Clinton. Por mais experientes que fossem, contudo, eles não contavam com a visão panorâmica do Facebook. Para Moran e seus colegas, parte do atrativo de sua função era exatamente esse alcance proporcionado pela rede social; muitos deles haviam trabalhado na NSA, no FBI e em outros órgãos governamentais, monitorando aqueles mesmos hackers.

Moran passara a acompanhar os russos desde o início de março, quando ele e outro analista de segurança notaram que eles estavam tentando hackear contas do Facebook em todos os cantos dos Estados Unidos. Individualmente, essas contas pouco tinham em comum. Porém, quando examinadas em conjunto, surgia um padrão: todas estavam vinculadas a pessoas que, apesar de não terem envolvimento direto, relacionavam-se de alguma forma com a eleição presidencial de 2016. Entre elas havia contas de parentes de candidatos e de lobistas políticos — como a mulher de um importante lobista democrata e filhos de candidatos republicanos.

A equipe de segurança digital do Facebook havia previsto que os russos intensificariam a vigilância dos candidatos presidenciais às eleições de 2016. Porém, no alto escalão da empresa, ninguém parecia se dar conta da gravidade da atividade russa. Moran passou a enviar relatórios e apontamentos semanais a Alex Stamos, além de postá-los nos grupos de trabalho do Facebook. Stamos, por sua vez, mantinha informado seu superior, Colin Stretch, o advogado principal da empresa, que, conforme imaginou o chefe da equipe de segurança, faria um resumo dos pontos relevantes para Elliot Schrage e Joel Kaplan, dois dos homens mais poderosos dentro da hierarquia Facebook. Cabia a eles alertar Zuckerberg e Sandberg sobre eventuais problemas mais graves.

Ao longo dos anos, a equipe de segurança fora ignorada por Zuckerberg e Sandberg, que demonstraram pouco interesse por seu trabalho e não lhe solicitavam relatórios. "Eles eram atualizados sobre as questões mais importantes da plataforma, como a tentativa de invasão por hackers norte-coreanos e chineses", comentou um engenheiro da equipe. "Mas não promoviam reuniões regulares sobre ameaças de segurança, nem pediam a nossa opinião. Estava nítido que, para eles, a segurança era algo que preferiam que fosse tratado com discrição, de canto, sem que precisasse receber uma atenção mais sistemática."

Moran e seus colegas da equipe de inteligência estavam instalados em Washington, ao passo que o restante do grupo ficou relegado a um pequeno prédio na periferia da imensa sede do Facebook. Apesar da quantidade de departamentos subordinados a Sandberg, o coração da empresa continuava a ser a área de engenharia. As equipes que desenvolviam novos produtos, que contribuíam para o crescimento e rastreavam o tempo que os usuários dedicavam todos os dias ao Facebook respondiam diretamente a Zuckerberg. Naquela primavera, estavam todas ocupadas em viabilizar o seu audacioso plano decenal para a empresa, que incluía iniciativas nos campos da inteligência artificial e da realidade virtual.

O restante do mundo estava aos poucos se dando conta da dimensão da atividade dos russos. Em 14 de junho, a CrowdStrike, uma empresa de cibersegurança contratada pelo Comitê Nacional Democrata (DNC, na sigla em inglês), anunciou ter encontrado indícios conclusivos de que hackers vinculados ao governo russo haviam obtido ilegalmente e-mails de membros da cúpula do Partido Democrata, incluindo gente da campanha de Hillary Clinton.[1] Semanas depois, duas outras empresas de cibersegurança, a Threat-Connect e a Secureworks, divulgaram relatórios independentes com detalhes técnicos dos métodos usados pelos invasores.[2] Os documentos esmiuçavam como os russos haviam enganado membros da campanha democrata para que revelassem as senhas de seus e-mails. Em paralelo, contas suspeitas com nomes como Guccifer 2.0 surgiram repentinamente no Twitter e em outras mídias sociais, oferecendo os documentos hackeados a jornalistas que poderiam se interessar por eles.

Os relatórios batiam com o que Moran vinha observando. A

amplitude do plano dos hackers não se comparava a nada já realizado em solo americano. Eram os mesmos hackers que ele acompanhava havia anos e, embora muitas das técnicas fossem familiares, outras eram novas. Sua equipe tinha conhecimento de que os russos haviam sondado contas de pessoas próximas à campanha de Clinton; agora Moran queria retomar a busca e averiguar se deixara passar alguma atividade deles no Facebook. Os relatórios forneceram a sua equipe um guia para sair no encalço dos russos no interior do Facebook.

Graças aos detalhes dos relatórios, Moran identificou uma página suspeita intitulada DCLeaks, que, desde sua criação, divulgava relatos sobre o hackeamento do DNC. E seus colegas também encontraram contas similares, uma das quais associada à página Fancy Bear Hack Team. A CrowdStrike e as outras empresas de cibersegurança tinham apelidado de Fancy Bear um grupo de hackers do governo russo, e a imprensa de língua inglesa adotara esse nome fácil de lembrar — os hackers que usaram o mesmo nome no Facebook pareciam zombar da incapacidade da plataforma de encontrá-los. A página continha dados roubados da Agência Mundial Antidoping, outro indício que apontava para o Krêmlin; anos antes, a Rússia fora flagrada recorrendo ao doping e a outras artimanhas para tentar conquistar medalhas nos Jogos Olímpicos e em competições esportivas.[3]

O Facebook não tinha um protocolo para lidar com os hackers russos, tampouco alguma diretriz sobre como reagir no caso de uma conta pirata difundir e-mails roubados na plataforma com o objetivo de influenciar a cobertura jornalística nos Estados Unidos. As evidências eram claras: os russos, fingindo-se de americanos, estavam criando grupos no Facebook e se articulavam uns com os outros para manipular os eleitores americanos. Mas a rede social não tinha uma regra contra isso.

Ironicamente, os hackers vinham usando o Facebook da forma exata como a plataforma fora concebida, multiplicando conexões com gente ao redor do mundo a fim de discutir temas de interesse comum e formando grupos para disseminar suas ideias. O fato de que as conversas tratavam de e-mails hackeados e de que as páginas e os grupos promoviam conspirações em torno de Clinton era irrelevante. O Facebook permitia que alcançassem o público que buscavam.

Os hackers também sabiam que os detalhes suculentos nos e-mails roubados seriam um banquete para sites e grupos paralelos interessados em disseminar o material associado a Clinton. Os russos vazaram os e-mails estrategicamente, visando ao maior impacto possível. Pouco antes da Convenção Nacional do Partido Democrata em julho de 2016, cerca de 20 mil e-mails do DNC apareceram no site WikiLeaks. Eles mostravam as preferências das lideranças do DNC em relação aos candidatos democratas à presidência. No caso mais notável, a presidente do DNC, Debbie Wasserman Schultz, parecia favorecer Clinton em detrimento de Bernie Sanders, o senador de Vermont. Os e-mails acabaram virando manchetes, e Wasserman Schultz viu-se obrigada a renunciar ao cargo.[4]

Outro lote de e-mails, dessa vez do chefe de campanha de Clinton, John Podesta, foi divulgado exatamente quando a campanha de Trump amargava um de seus piores constrangimentos: um vídeo, revelado pelo programa de TV *Access Hollywood*, no qual Trump, então astro de um reality show, fazia comentários depreciativos sobre beijar, apalpar e agarrar mulheres sem o consentimento delas. Os e-mails de Podesta, que mostravam brigas no interior da campanha democrata e incluíam revelações constrangedoras, como o acesso prévio de Hillary Clinton a uma pergunta que lhe seria feita num dos eventos de campanha, ajudavam a amenizar o impacto do vídeo do *Access Hollywood*, desviando o foco e a atenção sobre Trump e mais uma vez prejudicando a candidata adversária.[5] Na prática, os hackers russos haviam se tornado os mais poderosos editores do noticiário, induzindo os jornalistas a escrever matérias com a promessa de e-mails cada vez mais indecorosos dos membros do Partido Democrata. Era um tipo de clickbait feito sob medida para o Facebook: difícil de ignorar e fácil de compartilhar. Bastava arrefecer a repercussão de um e-mail que logo ocorria outro vazamento.

Quanto mais investigavam, mais Moran e seus colegas se convenciam da existência de um vínculo entre aquelas contas e a Rússia. Os hackers tinham se descuidado, por vezes se esquecendo de usar os VPNs que teriam mascarado a sua localização, ou deixando para trás uma trilha de indícios que permitiam situá-los na Rússia e expor as suas interconexões. No decorrer de julho e agosto, Stamos e a sua equipe enviaram a Colin Stretch vários relatórios sobre o que estava acontecendo. Num deles, Moran contou que observara uma comunicação em tempo real da página DCLeaks com um jornalista sobre os e-mails hackeados. O repórter, que escrevia para uma publicação de direita, insistiu para que lhe enviassem o quanto antes os e-mails, em qualquer formato. E recebeu dicas sobre como "enquadrar a matéria" em função do material hackeado.

Dias depois, o mesmo jornalista publicou uma matéria na qual citava extensamente os e-mails roubados da campanha democrata. Moran sentiu-se responsável.

Antes de chegar ao Facebook, o chefe de Moran, Alex Stamos, se tornara conhecido no mundo da segurança digital por soar o alarme no Yahoo. Em abril de 2015, abriu as portas da sede da empresa no centro de San Francisco, convidando jornalistas, especialistas em segurança digital e acadêmicos para uma conferência que preferia chamar de "não conferência". O objetivo do encontro era apontar as falhas na proteção aos usuários da internet, mais do que celebrar as tecnologias inovadoras tantas vezes promovidas nas conferências de cibersegurança.

Na época, Stamos era o responsável pela segurança de dados do Yahoo e um dos mais jovens e destacados especialistas em cibersegurança do Vale do Silício.[6] Envolveu-se desde muito cedo com a comunidade hacker californiana, demonstrou um talento precoce para a programação e era formado em engenharia elétrica e ciência da computação pela Universidade da Califórnia, em Berkeley. Aos 35 anos, já havia fundado e depois vendido uma bem-sucedida empresa de segurança digital, a iSEC Partners. Ao longo de sua carreira, fora chamado para assessorar algumas das mais poderosas companhias no Vale do Silício sempre que se viam às voltas com hackers russos e chineses infiltrados em suas redes.

Na maioria dos casos, esses hackers atuavam fazia muitos anos, e Stamos ficou estarrecido com a vulnerabilidade das empresas mesmo a ataques relativamente simples. "Eu queria ressaltar o fato de que o setor de segurança tinha se afastado daquilo que todos nós consideramos a nossa missão, ou seja, manter as pessoas protegidas", comentou ele. Para as empresas, a segurança digital não era prioritária, e seus sistemas muitíssimo complexos permitiam que tanto as próprias companhias como seus usuários ficassem vulneráveis a ataques. Ele recorreu à analogia de uma casa: em vez de criarem uma estrutura sólida e protegida e trancarem adequadamente todas as portas, as empresas eram como residências de vários andares e dezenas de janelas de fácil acesso. Para um hacker, bastava ter paciência e esperar, pois eventualmente encontraria alguma brecha exposta.

Centenas de pessoas afluíram para o salão de conferências para ouvir a palestra de Stamos. Bastante nervoso, ele avançou através da multidão, demonstrando pressa enquanto cumprimentava o público e falava com um e outro. No palco, enfiou a camisa xadrez vermelha na calça, ajeitou a barra do paletó cinzento e colocou as mãos no bolso. As pessoas ainda estavam de pé conversando quando Stamos, impaciente e incapaz de esperar, começou a palestra.

"Não estou nada satisfeito", iniciou, "com o ponto a que chegamos em nosso setor."

As empresas de tecnologia não estavam pensando muito nas necessidades de privacidade e segurança das pessoas comuns, afirmou. Já as firmas de segurança digital só queriam vender uma tecnologia espalhafatosa e cara, em vez de oferecer uma proteção básica ao alcance das empresas menores. A cada ano, proliferavam os relatos de vazamentos que afetavam milhões de pessoas. Os dados privados dos indivíduos, incluindo o número de documentos oficiais de identificação e detalhes de cartões de crédito, eram cada vez mais oferecidos e negociados on-line por hackers.

Muitos assentiam com a cabeça enquanto ele falava. Stamos nada disse na ocasião, mas andava bastante preocupado com as práticas de segurança em sua própria empresa. E tinha motivos para tanto. Poucas semanas depois da "não conferência", sua equipe identificou uma vulnerabilidade que tornava possível invadir os sistemas do Yahoo e realizar buscas nos e-mails dos usuários. Stamos correu para averiguar se hackers russos ou chineses eram os responsáveis. Em vez disso, descobriu que a vulnerabilidade havia sido instalada de propósito, com o consentimento da CEO Marissa Mayer, de modo a permitir que o governo americano monitorasse secretamente os usuários do e-mail do Yahoo.[7] "Era uma enorme quebra de confiança", lembrou ele. "Eu não podia aceitar aquilo e não fazer nada." Menos de um mês depois, ele pediu demissão da empresa. E, quando se soube o papel de Mayer na concessão ao governo de acesso secreto, houve um escândalo nacional.

Nos círculos de cibersegurança, Stamos ficou conhecido como um "canário de garantia". No início do século XX, canários foram introduzidos nas minas de carvão, em galerias nas profundezas da Terra. A eventual morte das aves era um sinal silencioso da presença de gás tóxico no ar e indicava que o espaço não era mais seguro para os mineiros. Em meados da primeira década do século XXI, a expressão foi reaproveitada pelas empresas de internet, quando começaram a receber intimações oficiais sigilosas para que permitissem o acesso do governo a seus dados — tão sigilosas que a mera revelação de sua existência era ilegal. Como forma de alertar os usuários de que seus dados estavam sendo acessados, as empresas passaram a colocar minúsculas imagens de canários amarelos ou mensagens em seus sites como sinal de que tudo estava bem. Se, em determinado momento, o canário ou a mensagem desaparecesse, significava que a empresa recebera uma das intimações sigilosas. Especialistas e defensores da privacidade ficavam atentos aos canários e soavam o alarme quando algum deles sumia de repente.

A própria saída de Stamos funcionou como um sinal de que havia algo profundamente errado no Yahoo. Sua contratação pelo Facebook, contudo, indicava que algo na empresa lhe parecia promissor.

No primeiro semestre de 2015, os executivos do Facebook, com alguma discrição, procuravam um novo responsável pela segurança digital, então conduzida por Joe Sullivan, que estava saindo da empresa para assumir um cargo similar na Uber. Zuckerberg e Sandberg pediram a Sullivan que os ajudasse a encontrar seu substituto. Sandberg comentou que queria alguém de destaque, como um sinal — para o conselho administrativo e para os órgãos reguladores em Washington — do comprometimento da empresa com a segurança digital.

Sullivan indicou Stamos, argumentando que este tinha uma reputação de não se intimidar diante dos poderosos: o fato de ser consultor independente era indicativo de que havia sido demitido ou forçado a se demitir por empregadores incomodados com sua defesa implacável da privacidade e da segurança. Sandberg ficou em dúvida, perguntando se era possível confiar que Stamos faria o que fosse melhor para o Facebook. Sullivan hesitou. Não tinha como garantir que Stamos permaneceria incondicionalmente alinhado à empresa, mas não havia ninguém mais na comunidade de cibersegurança com tanta credibilidade.

Ao ser contratado, Stamos recebeu a garantia de que teria espaço para ampliar a equipe e para definir a abordagem de cibersegurança do Facebook. Ficaria sob a alçada de Sandberg, que lhe assegurou liberdade total para expandir e organizar o departamento como achasse melhor. Sob a supervisão de Stamos, a equipe de inteligência do Facebook cresceu de alguns poucos membros para mais de uma dúzia. E ele também desencadeou uma onda de contratações mais ampla, duplicando toda a equipe de segurança digital da empresa, que passou de cerca de cinquenta pessoas para mais de 120. Muitos de seus contratados tinham experiência anterior em órgãos governamentais; sua ideia era juntar gente treinada para o tipo de guerra cibernética que, desconfiava, estava sendo direcionada contra a plataforma.

A equipe montada por Stamos era única no Facebook, tanto por sua concepção como pela localização. Seu escritório, e o da maioria de seus subordinados, ficava num canto remoto da sede, num edifício do qual poucos funcionários haviam ouvido falar e muito menos visitado. O Edifício 23 não trazia outra identificação além dos enormes números brancos na fachada. No interior, a decoração era similar à estética despojada e impessoal do restante dos escritórios do Facebook, com mobília minimalista de madeira clara e salas de reuniões envidraçadas. Numa das extremidades do prédio, porém, os postos de trabalho da equipe de segurança logo ficaram atulhados de sacolas de academia, fotos de parentes e almofadões. Ao contrário dos outros empregados do Facebook, que trocavam de lugar com tanta frequência a ponto de se recusarem a pendurar uma única foto, a equipe de Stamos ocupava mesas permanentes, repletas de fichários robustos com relatórios não sigilosos de órgãos de inteligência e de comissões parlamentares. Eles ostentavam a sua condição de nerds pendurando crachás de conferências de hackers nos monitores. Cartazes com a frase "*Hack the Planet*" decoravam as paredes. Nos happy hours, enquanto os demais funcionários do Facebook bebiam IPAS e outras cervejas artesanais, eles promoviam coquetéis com martínis e gins-tônicas, preparados num antiquado balcão de bar repleto de garrafas de Johnnie Walker, Jose Cuervo e uma variedade de complementos. Aqueles que não trabalhavam em Menlo Park, entre eles Moran e outros sediados em Washington, muitas vezes participavam por meio de videoconferências.

Menos de um ano após ter entrado no Facebook, Stamos havia identificado um problema importante na plataforma. Mas ninguém reagia aos seus relatórios, e a atividade dos russos só ganhava corpo. No dia 27 de julho de 2016, um dos engenheiros de segurança assistiu de seu sofá em casa a transmissão ao vivo por TV a cabo de uma entrevista coletiva na qual Donald Trump especulava sobre o hackeamento do DNC. Trump não demorou para visar a sua oponente, sugerindo que a Rússia poderia ter interceptado parte dos e-mails de Hillary Clinton no servidor particular dela. "O que tenho a dizer é o seguinte: Rússia, se você está na escuta, espero que consiga encontrar os 30 mil e-mails que estão faltando", disse Trump. "Acho que provavelmente você vai ser muito bem recompensada pela nossa imprensa."[8]

As palavras do candidato surpreenderam o engenheiro, que abriu o notebook para ver se os sites de notícias estavam repercutindo o que ele acabara de ouvir. Um dos candidatos à presidência dos Estados Unidos havia mesmo acabado de pedir à Rússia que hackeasse a sua adversária? Atônito, o engenheiro decidiu tomar uma longuíssima ducha para processar aquilo. "Parecia muito errado", relembrou. Durante todo o verão, a empresa acompanhara de perto a atividade dos russos, e agora eles estavam sendo incentivados por Trump a ir ainda mais longe.

No trabalho, uma semana depois, perguntou aos colegas se eles também estavam com uma sensação ruim de frio na barriga. A maioria partilhava desse sentimento de horror iminente. "Para quem fazia isso profissionalmente, como nós, era óbvio que o que Trump acabara de dizer não fazia parte de um jogo", recordou mais tarde Stamos. "Nós já sabíamos que os russos estavam de alguma forma envolvidos. Mas não sabíamos até onde iriam, sobretudo quando instigados por um candidato presidencial americano. Ficamos muito preocupados com outras maneiras como o Facebook poderia ser usado e manipulado."

Trump e os hackers russos haviam chegado sozinhos à mesma conclusão: era possível tirar partido dos algoritmos do Facebook para funcionar a favor deles. Os usuários não conseguiam resistir às mensagens inflamadas dos políticos populistas e, concordando ou não com seu teor, acabavam se engajando. Os algoritmos do Facebook interpretavam esse comprometimento como interesse e silenciosamente tabulavam pontos em favor do conteúdo, o que só fazia com que recebessem destaque cada vez maior nos feeds de notícias dos usuários. As manchetes diárias sobre as mais recentes e despropositadas alegações ou inverdades de Trump podem ter sido vistas como cobertura crítica pelas organizações jornalísticas, mas o incessante martelar de matérias de capa também tornava impossível escapar ao candidato, tanto nos sites de notícias como no Facebook.

Os assessores de Trump aprenderam a manipular a plataforma por meio da página de Facebook do candidato, que fazia postagens diárias, às vezes de hora em hora, com declarações sobre a campanha. Ao mesmo tempo, sua equipe empenhava-se em contratar milhões de dólares em anúncios no Facebook e em aproveitar ao máximo o sistema bem afinado da plataforma, fazendo com que as mensagens chegassem sem parar aos eleitores que mais visavam. Além disso, também por meio do Facebook, Trump vinha arrecadando milhões de dólares de seus apoiadores.[9]

O evidente domínio da plataforma demonstrado pela campanha de Trump reacendeu uma discussão que os funcionários do Facebook vinham alimentando silenciosamente havia anos: estaria o Facebook favorecendo populistas? Trump era apenas o exemplo mais recente. Nos anos anteriores, as campanhas de Narendra Modi, na Índia, e Rodrigo Duterte, nas Filipinas, tinham recorrido ao Facebook para conquistar eleitores.[10] Nesses países, os funcionários da plataforma manifestaram aos supervisores suas preocupações em relação ao papel da empresa em ambas as eleições. No entanto, somente diante da ascensão de um líder populista nos Estados Unidos é que tal preocupação tornou-se mais generalizada na empresa.

Na equipe de Stamos, a frustração só crescia. Um grupo especial de advogados do Facebook enviou ao FBI os relatórios produzidos pela equipe de inteligência, mas não houve resposta.

Stamos entendia por que o Facebook não tornara isso público, sobretudo levando em conta que a equipe não tinha certeza sobre o tipo de monitoramento realizado pelos órgãos de inteligência americanos e tampouco contava com evidências que lhes permitissem, num tribunal de justiça, atribuir de forma irrefutável aquela atividade ao governo russo. Porém, impelido por um senso de responsabilidade, Stamos comunicou à equipe que levaria as preocupações deles a Stretch e a outros no departamento jurídico. Stamos abordou o tema em sua reunião com Stretch, mas ouviu apenas que os departamentos jurídico e de diretrizes e políticas do Facebook levavam em conta as preocupações da equipe de segurança. Embora tivesse a sensação de estar sendo escanteado, Stamos também compreendia que, para o Facebook, ir a público e nomear um outro país como responsável por um ataque cibernético era algo sem precedentes. "A ideia de atuar por meio do FBI estava bem consolidada", disse ele, acrescentando que a empresa tinha um relacionamento estreito com o órgão policial, com o qual colaborara em muitos casos relacionados ao tráfico de pessoas e às ameaças a crianças e adolescentes. "Não havia precedentes, antes de 2016, de uma empresa de mídia social ir a público e fazer uma acusação direta, identificando um grupo responsável por hackear contas."

No próprio grupo de inteligência houve uma discussão sobre o que deveria ser feito. O Facebook era uma empresa privada, argumentavam alguns, não um órgão de inteligência; a plataforma não era obrigada a relatar suas descobertas. Até onde se sabia, a NSA estava monitorando as mesmas contas russas acompanhadas pelo Facebook e possivelmente planejando detenções. Talvez fosse irresponsável da parte da plataforma dizer qualquer coisa. Já outros argumentavam que o silêncio da empresa só facilitava os esforços dos russos para disseminar o conteúdo roubado e que era preciso divulgar que as contas associadas à Rússia estavam vazando documentos hackeados por intermédio do Facebook — o que configurava uma situação de potencial emergência nacional. "Era uma loucura. Eles não tinham um protocolo em vigor, e por isso não queriam que tomássemos uma providência. Não fazia sentido", comentou um membro da equipe de segurança. "Mas nos parecia que talvez fosse o caso de criar um precedente."

No segundo semestre, os membros da equipe de inteligência viram chegar a oportunidade de que precisavam. As contas russas passaram a se concentrar num novo tipo de campanha: os hackers do Fancy Bear roubaram 2,5 mil documentos após invadirem o sistema de uma fundação dirigida pelo bilionário e financista George Soros.[11]

A Open Society Foundation, de Soros, havia sido concebida como uma organização filantrópica dedicada à promoção dos valores democráticos. Ao longo dos anos, contudo, foi falsamente acusada de inúmeras conspirações. Em novembro de 2015, a Promotoria-Geral da Rússia anunciou que a Open Society fora banida do país por ameaçar a segurança do Estado.[12] Era evidente que os russos viam Soros e sua organização como inimigos.

Usando a mesma infraestrutura de páginas e contas do Facebook montada para vazar os e-mails do Partido Democrata, os hackers russos tentaram convencer jornalistas e blogueiros a escrever sobre os documentos roubados de Soros. Uma das analistas de segurança do Facebook, Jen Weedon, estava de olho enquanto os hackers compartilhavam documentos com dados pessoais de funcionários da fundação. Weedon sabia que a divulgação de informações pessoais de outros usuários era estritamente proibida pelas regras do Facebook e constituía um motivo para o banimento de uma conta.

Ela procurou Joel Kaplan, o chefe do escritório de lobistas em Washington, e contou o que estava acontecendo. Kaplan concordou que, se permitisse que a página DCLeaks continuasse operando, o Facebook corria o risco de ser processado judicialmente; a única medida cabível era remover a página o quanto antes. Foi uma vitória baseada num detalhe técnico, mas muita gente na equipe de segurança soltou um suspiro de alívio. Ainda que o Facebook continuasse sem um plano para conter a proliferação da atividade russa, pelo menos haviam encontrado uma maneira de bloquear um dos principais culpados.

E mesmo assim, nos meses finais que antecederam as eleições de 8 de novembro de 2016, a plataforma foi inundada de conteúdo patriótico e polêmico com o objetivo de criar cisões entre os americanos. Em parte, era vagamente baseado nos e-mails que haviam sido obtidos da campanha de Clinton; já o restante era pura invenção. Sob nomes até então desconhecidos, blogs e websites divulgaram relatos que alegavam que Hillary Clinton desmaiara em público, que tivera um filho fora do casamento ou que secretamente ordenara atos de terrorismo em solo americano. As histórias eram tão despropositadas que os usuários não resistiam a clicar, mesmo que fosse apenas para saber o que havia por trás daquilo.

Para um engenheiro do feed de notícias, foi "uma tempestade perfeita". Na semana anterior à eleição, ele estava no Rose and Crown, um pub no centro de Palo Alto, com meia dúzia de amigos que também trabalhavam em equipes de engenharia no Facebook. Em meio a iscas de peixe, batatas fritas e cervejas artesanais, o grupo conversava sobre o que estava acontecendo no trabalho. Era constrangedor, comentou um deles, ter de explicar aos parentes que o Facebook não ia fazer nada para barrar as teorias conspiratórias e as notícias falsas disseminadas na plataforma. Outro acrescentou que tinha parado de contar que trabalhava no Facebook, porque não aguentava mais as reclamações.

"Demos risada e dissemos que pelo menos aquilo estava chegando ao fim", lembrou o engenheiro. "Hillary ganharia, a campanha de Trump acabaria, e a vida voltaria ao normal." Segundo ele, ninguém no grupo cogitou a hipótese de que Trump poderia se tornar presidente.

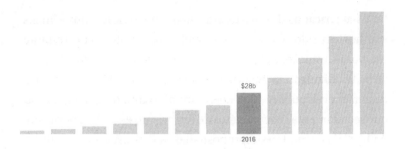

6. Uma ideia muito bizarra

No escritório dos lobistas do Facebook, a 1500 metros da Casa Branca, a equipe de diretrizes e políticas se reuniu às nove da manhã de 9 de novembro de 2016, uma quarta-feira. Houve um longo silêncio enquanto todos se acomodavam ao redor da mesa na sala de reuniões. Um dos presentes havia dirigido a noite toda, depois de ter comparecido à festa oficial da "vitória" da candidata democrata no Javits Center, em Manhattan. Outros exibiam olhos inchados e avermelhados.

Por fim, Joel Kaplan começou a falar. Parecia tão atordoado quanto o resto da equipe. Com a vitória de Trump, o Facebook e o país estavam adentrando um território desconhecido, disse. E alertou que o Facebook seria culpabilizado pela onda de desinformação na plataforma antes da eleição. Alguns funcionários do escritório de Washington achavam, em particular, que a empresa merecia isso e que seu monitoramento falho das notícias falsas de fato contribuíra para eleger Trump.

Estamos todos juntos nisso, prosseguiu Kaplan.

Ele não havia apoiado o candidato. Muitos dos seus amigos

se identificavam com o movimento "Never Trumpers" [Trump nunca], republicanos comprometidos a lutar contra a candidatura. E, evidentemente, não ajudava em nada que Sandberg, uma das "Hillblazers" (como eram chamados aqueles que haviam doado ou arrecadado ao menos 100 mil dólares para a campanha da ex-secretária de Estado Hillary Clinton), tivesse se aproximado tanto da campanha democrata.

Os desafios para o Facebook eram evidentes. A empresa montara um grupo de influenciadores em Washington, empregando 31 lobistas, entre profissionais internos e autônomos. Sob a chefia de Kaplan, o escritório buscara um maior equilíbrio entre democratas e republicanos, incluindo Greg Maurer, ex-assistente de John Boehner, o líder republicano na Câmara; e Kevin Martin, ex-presidente republicano da Comissão Federal de Comunicações (FCC, na sigla em inglês). No entanto, o escritório de Washington ainda dedicava a maior parte de sua energia a convencer os políticos a usarem a plataforma, mais do que em influenciar questões específicas. No jargão de Washington, o objetivo do Facebook era "defensivo", de modo a enfrentar as regulamentações que viessem a prejudicar o crescimento do negócio.

Agora Kaplan deixava claro que estava pronto para tomar a ofensiva. Três dias depois do resultado das eleições, abriu um "canal com a administração", uma lista de pessoas associadas a Trump e que o Facebook deveria tentar contratar, diretamente ou como consultores. Entre eles estava o ex-diretor da campanha de Trump, Corey Lewandowski, e Barry Bennett, um assessor experiente da campanha, que visitou o escritório no final de 2016.[1] Os dois haviam fundado uma empresa de lobby, a Avenue Strategies, logo após a eleição e estavam se vendendo como especialistas em Trump, capazes de decodificar e explicar o pensamento do presidente eleito em qualquer questão na área de negócios e de comércio. Lewandowski prometeu que, se o Facebook contratasse a nova empresa por 25 mil dólares mensais, ele usaria seu acesso a Trump em favor da plataforma.

Para muitos funcionários, era surreal ver Lewandowski e Bennett circulando pelo escritório de Washington. Kaplan era amigo de Bennett, uma figura conhecida entre os políticos republicanos. Mas o belicoso Lewandowski, notório por sua relação aduladora com Trump, era novato nos círculos políticos e lobistas nacionais, além de representar um foco de controvérsias. Fora acusado do delito de agressão (uma acusação depois retirada) por ter agarrado o braço de uma repórter durante um comício.[2] Antipatizado por muitos durante a campanha, Lewandowski acabara demitido semanas antes de Trump ter sido nomeado o candidato oficial do Partido Republicano.

O escritório tinha dúvidas quanto à contratação de Lewandowski e Bennett. Tampouco estavam certos da posição de Trump em relação ao setor de tecnologia. Alguns funcionários argumentaram que os dois estariam na posição ideal para ajudar o Facebook a se proteger dos imprevisíveis ataques de Trump contra empresas específicas. Outros, porém, protestaram, argumentando que Lewandowski não se adequava à cultura ou à marca da companhia. No fim das contas, o próprio Kaplan estava com um pé atrás em relação a Lewandowski, segundo o pessoal do escritório de Washington, e transferiu a decisão para o escalão superior.

Em Menlo Park, Mark Zuckerberg estava no Aquário, tentando resolver outro tipo de consequência da eleição de Trump. Nos dias seguintes à votação, surgira uma narrativa de que a surpreendente vitória de Trump deveria ser atribuída ao Facebook.

Zuckerberg ordenou que seus executivos se mobilizassem. Se o mundo ia acusar o Facebook de facilitar a vitória de Trump por meio de um dilúvio de notícias falsas e relatos sensacionalistas, ele queria se contrapor a isso com dados. Era preciso provar a todos que as notícias falsas não passavam de uma minúscula proporção do conteúdo que chegava aos usuários em seus feeds. Se pudesse apresentar números incontestáveis, disse ele, a narrativa teria de mudar, e as pessoas buscariam outros motivos para explicar a derrota de Hillary Clinton.

Embora o Facebook tivesse um banco de dados mostrando cada notícia, foto e vídeo compartilhados na plataforma, e pudesse, caso quisesse, calcular a exata quantidade de minutos que os usuários dedicaram a esses conteúdos, ninguém na empresa havia monitorado as notícias falsas. Nessas circunstâncias, Cox, o responsável pelo setor de produtos, e Adam Mosseri, o chefe do feed de notícias, mandaram que os engenheiros determinassem a proporção exata dessas matérias na plataforma. Com muitas das salas de reuniões já reservadas com antecedência de dias e até de semanas, os executivos foram obrigados a se encontrar na lanchonete e nos corredores.

Era uma tarefa mais complicada do que se poderia imaginar. Havia nuances entre os relatos evidentemente falsos e outros que eram enganosos. A equipe discutiu vários números e chegou à conclusão de que, independentemente do resultado, a proporção não excederia a 10%. Porém, quando apresentaram as suas conclusões, os executivos logo se deram conta de que, se apenas 1% ou 2% do conteúdo no Facebook pudesse ser considerado notícias falsas, mesmo assim tratava-se de milhões de textos e vídeos direcionados aos americanos antes das eleições. Zuckerberg foi avisado de que os números que pedira não estavam prontos; semanas de trabalho seriam necessárias para que pudessem oferecer respostas mais sólidas.

Nesse meio-tempo, Zuckerberg tinha um compromisso público em 10 de novembro, menos de 48 horas depois de os americanos terem ido às urnas. Quando subiu ao palco da conferência

Techonomy, no hotel Ritz-Carlton em Half Moon Bay, a quarenta quilômetros de Menlo Park, foi impossível evitar as perguntas sobre as eleições. Os assessores de imprensa o aconselharam a não fugir dessa questão na conferência, onde a entrevista seria amistosa e descontraída. No palco havia apenas duas poltronas verde--limão — uma para Zuckerberg e outra para David Kirkpatrick, o organizador do evento. Em 2010, Kirkpatrick fora o primeiro a escrever um livro sobre a ascensão do Facebook; ele tivera amplo acesso a Zuckerberg, tanto antes como depois da publicação. Para os assessores de imprensa do Facebook, ele era um amigo da empresa, e a esperança era que lançasse a luz mais positiva possível sobre as respostas de Zuckerberg. Era, nas palavras de um membro do departamento de relações públicas do Facebook, "uma entrevista tão leve quanto possível".

Como esperado, Kirkpatrick começou a conversa com uma pergunta sobre a eleição, indagando se a visão panorâmica que o Facebook tinha do mundo havia indicado de alguma maneira que Trump poderia chegar à presidência. "Daria para medir a quantidade de postagens associada a Trump em relação a Hillary e avaliar a comoção de cada um. Imagino que vocês tinham como descobrir isso, certo?"

"Podíamos ter feito isso", respondeu Zuckerberg. "Posso enumerar de cabeça algumas coisas nesse sentido. Não é novidade que Trump tem mais seguidores do que Hillary no Facebook. E creio que algumas dessas postagens tiveram mais repercussão. Qualquer um poderia ter visto isso antes." Mas o Facebook não se dedicara a analisar esses números, garantiu Zuckerberg. E a empresa não podia recriar facilmente o que aparecia nos feeds de notícias, devido a uma infinidade de diferentes fatores que determinavam o que os usuários viam a cada dia. O Facebook, prosseguiu, havia visto as matérias jornalísticas que acusavam a empresa de encher de lixo os feeds dos usuários. Zuckerberg queria logo de início descartar o argumento de que tais postagens houvessem tido qualquer influência no voto dos eleitores.

"Acho que a ideia de que as notícias falsas no Facebook — que constituem uma parte ínfima do conteúdo —, a ideia de que isto tenha influenciado a eleição, bem, é uma ideia muito bizarra", disse Zuckerberg. "Para mim, existe uma falta de empatia muito profunda na afirmação de que o único motivo pelo qual alguém votou de certa maneira é por ter visto alguma notícia falsa", continuou, erguendo o tom de voz à medida que falava.[3]

A afirmação, citada fora de contexto, tornou-se manchete em todo o mundo: "Feeds do Facebook inundados com notícias falsas". E então, poucos dias depois da votação, Zuckerberg não dava a menor importância às possíveis consequências. Era inacreditável. Comentaristas malharam Zuckerberg e sua empresa na CNN e na NBC por não assumirem a responsabilidade pelo papel que haviam desempenhado na eleição.

Os funcionários do Facebook ficaram confusos. Vários deles compartilharam o link para a entrevista de Zuckerberg nos grupos das Tribos e pediram a opinião dos colegas. Zuckerberg estaria dizendo a verdade? Centenas de funcionários responderam, em mensagens discutindo a postagem original e em chats mais restritos entre amigos. Alguns se comprometeram a pressionar seus supervisores por uma explicação e para que insistissem com os escalões mais altos que fosse feita uma auditoria interna ou se contratasse uma firma terceirizada capaz de investigar o papel desempenhado pelas notícias falsas na eleição. Outros apenas continuavam repetindo a questão: o Facebook tinha estimulado uma rede de conteúdo falso e hiperpartidário a ponto de a empresa contribuir para tornar Donald Trump o novo presidente dos Estados Unidos?

Stamos estava na Alemanha, participando de reuniões sobre a ameaça de interferência nas mídias sociais por ocasião das eleições europeias que estavam por vir. Ao ver a citação de Zuckerberg sobre a "ideia muito bizarra" numa matéria jornalística, ele buscou a entrevista completa para ter certeza de que a reportagem havia sido bem apurada. Ao ler a transcrição toda, ficou atônito. Zuckerberg parecia não fazer a menor ideia de que a sua equipe de segurança constatara todo tipo de atividades alarmantes por parte dos russos na plataforma. Durante meses, a equipe de Stamos vinha enviando relatórios aos seus superiores imediatos, e ele havia presumido que Zuckerberg e Sandberg estivessem cientes. O próprio Stamos não tivera nenhum contato com o alto escalão da empresa.

Nessa mesma semana, ele solicitou uma reunião com Zuckerberg e Sandberg.

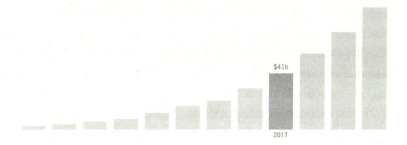

7. Primeiro a empresa, depois o país

"Merda, como deixamos isso passar?", perguntou Zuckerberg, observando os rostos sombrios ao seu redor no Aquário. Em silêncio, o grupo de quase uma dúzia de executivos se voltou para Alex Stamos na esperança de uma resposta. Stamos, agarrando os joelhos enquanto se equilibrava na ponta do sofá de Zuckerberg, transpirava sob o suéter de lã merino da Banana Republic.

Era a manhã de 9 de dezembro de 2016, e o grupo estava reunido para ouvir um relatório de Stamos resumindo tudo o que a equipe de segurança do Facebook sabia a respeito das interferências dos russos na plataforma. Por questão de segurança, Stamos não enviara previamente um e-mail com suas conclusões aos participantes. Em vez disso, havia levado cópias em papel para cada um dos presentes na sala.

"Nossa estimativa", dizia o resumo, "com um nível de confiança de médio a alto, é que atores patrocinados pelo Estado russo estão usando o Facebook para influenciar o discurso político mais amplo por meio da difusão proposital de matérias jornalísticas questionáveis e de informações obtidas por vazamentos de dados, com a intenção de difamar pessoas e de cooptar ativamente jornalistas a fim de disseminar a informação roubada."

Segundo o documento de oito páginas, em março de 2016 a equipe de segurança detectara pela primeira vez a atividade de hackers russos que coletavam informações sobre figuras importantes das eleições americanas. Ele explicava que os russos tinham criado contas e páginas falsas no Facebook para difundir desinformação e notícias falsas. Além disso, traçava uma história do serviço de inteligência militar da Rússia, o GRU, e fazia uma avaliação de sua capacidade. Por fim, sugeria que o alvo seguinte, em termos de interferência eleitoral, seriam as eleições de maio de 2017 na França, em que a candidata da extrema direta, Marine Le Pen, concorreria contra Emmanuel Macron. A equipe do Facebook já detectara sinais de uma operação de grande alcance dos russos para influenciar os eleitores franceses — extraordinariamente semelhante à investida recém-realizada nos Estados Unidos, incluindo a criação de contas falsas no Facebook para divulgar materiais hackeados com o objetivo de constranger Macron e favorecer Le Pen.

O relatório se encerrava com uma seção intitulada "Olhando para o futuro", na qual se reconhecia que o Facebook havia reunido uma grande quantidade de informações que comprovavam que um governo estrangeiro tentara interferir na eleição americana. "Grande parte do que se discute neste documento ainda não é de conhecimento público, uma vez que poucas organizações têm a capacidade de visualizar atividades governamentais nas mídias sociais", dizia o texto. "Mas, com um esforço bipartidário no Congresso em prol de audiências públicas, e o presidente Obama ordenando uma revisão da atividade dos russos durante a eleição, é bem possível que o Facebook seja identificado publicamente como uma plataforma para operações de informações tanto ativas como passivas."

A ameaça estava apenas começando, como deixava claro o relatório: "Nossa previsão é que os desafios com campanhas organizadas de desinformação tendem somente a aumentar em 2017".

Ninguém se manifestou enquanto Zuckerberg e Sandberg questionavam o principal responsável pela segurança digital da empresa. Por que aquilo não tinha chegado até eles? Qual era o nível de agressividade das atividades dos russos? E por que, perguntou Sandberg, visivelmente agitada, ela não fora informada de que Stamos havia montado uma equipe especial para investigar a interferência da Rússia? Seria preciso compartilhar de imediato com os congressistas as descobertas de Stamos, e a empresa tinha a obrigação legal de fazer algo além disso?

Stamos se viu numa posição constrangedora. Schrage e Stretch, que haviam recebido os seus relatórios durante meses, estavam sentados à sua frente, do outro lado da mesa, mas nenhum deles se manifestou, e não parecia sensato atribuir a culpa aos dois, pensou Stamos. Além disso, havia também questões legais em jogo. Sua equipe estava convencida de que Schrage e Stretch costumavam encarar os problemas sob a perspectiva dos riscos jurídicos para o Facebook. A investigação de Stamos poderia expor a empresa a processos judiciais ou uma auditoria parlamentar, e Sandberg, que fazia a ligação entre o Facebook e Washington, acabaria sendo convocada para explicar no Congresso o que eles haviam descoberto. "Ninguém falou abertamente, mas o sentimento que ficou era o de que não se pode revelar o que não se sabe", comentou um executivo presente à reunião.

A equipe de Stamos topara com algo que ninguém, nem mesmo o governo americano, tinha se dado conta até então. Porém, no Facebook, uma atitude proativa nem sempre é valorizada. "Ao constatar o que a Rússia vinha fazendo, Alex nos obrigou a tomar decisões sobre o que iríamos dizer em público. Ninguém ficou contente com isso", recordou o executivo. "Ele havia assumido a responsabilidade de revelar um problema. Isso nunca pega bem", observou outro participante da reunião.

De sua parte, Schrage ficou com a forte impressão de que Stamos ainda não reunira indícios suficientes para constatar definitivamente o envolvimento dos russos. "Saí dessa reunião convencido de que Alex [Stamos] tinha apresentado mais perguntas do que respostas — qual era o verdadeiro impacto das notícias falsas no Facebook? Como poderíamos removê-las? Eram motivadas por objetivos financeiros ou políticos? Se fossem políticos, quem estava por trás?", recordou Schrage. "Era preciso investigar mais até que o Facebook soubesse quais medidas tomar ou o que comunicar ao público."

Stamos, contudo, vinha tentando soar o alarme sobre a Rússia havia meses. Só para conseguir chegar a Zuckerberg e Sandberg, tivera primeiro de apresentar a sua avaliação aos assessores diretos dos dois. Nessa reunião, no dia anterior, fora criticado por Boz e Cox por não os ter procurado imediatamente quando a interferência dos russos foi detectada pela primeira vez. Ambos desfrutavam de relativa autonomia em seus departamentos, mas esse poder se baseava na condução eficiente da plataforma — Zuckerberg confiava neles para serem seus olhos e seus ouvidos e cumprirem a missão que visualizava para a empresa. Mas não ocorrera a Stamos que precisava incluí-los na investigação; afinal, ele se reportava a Stretch. "Era óbvio que fazia parte das minhas atribuições investigar as atividades estrangeiras na plataforma. E havíamos informado pelos canais adequados as pessoas em nossa cadeia de comando", disse ele. "Só depois ficou claro que isso não bastava. O fato de as equipes de produtos ficarem fora da conversa era um problema enorme."

Boz acusara Stamos de ter mantido deliberadamente sob sigilo a investigação sobre os russos. Cox havia questionado por que sua equipe não fora avisada mais cedo. Stamos respondeu que não tinha uma conexão direta com nenhum deles no organograma da companhia. A essa altura, ele se deu conta que confiara demais na estrutura de comunicação interna do Facebook. Ainda era novo na empresa, e mal havia interagido com Zuckerberg ou Sandberg. "Foi uma falha minha não ter tentado entrar no círculo interno de confiança deles. Talvez outra pessoa, com uma personalidade diferente, tivesse se saído melhor do que eu na tentativa de conseguir ser ouvido por eles", percebeu Stamos. "Eu era como alguém de fora." Incomodados com a posição em que haviam sido colocados pelas revelações de Stamos, Boz e Cox ficaram constrangidos pelo que não sabiam. Mas tinham consciência de que era importante. As agendas foram rearranjadas para abrir espaço para uma reunião com Zuckerberg e Sandberg no dia seguinte.

No Aquário, Stamos fez uma avaliação alarmante do ponto a que haviam chegado, reconhecendo que ninguém na empresa fazia ideia da verdadeira dimensão da interferência da Rússia nas eleições. Zuckerberg pediu aos executivos que lhe trouxessem respostas, e eles prometeram que mobilizariam os melhores engenheiros e os recursos necessários para averiguar qual havia sido exatamente a atividade dos russos na plataforma. Porém, com a aproximação dos feriados de Natal e Ano-Novo, seria necessário quase um mês para formar uma equipe com especialistas em segurança de toda a empresa.

Durante as semanas anteriores à posse, Trump passou a receber relatórios dos órgãos de inteligência e dos membros da Casa Branca de Obama que mostravam inequivocamente a interferência da Rússia na eleição.[1] Em público, contudo, Trump se esquivava de falar de maneira explícita sobre o envolvimento dos russos. Embora tenha reconhecido numa entrevista que a Rússia estava por trás do hackeamento, em outras negou qualquer relação entre os russos e sua vitória. Trump falava da Rússia — e de Pútin — em termos calorosos e até entusiasmados. Os lobistas do Facebook em Washington tinham uma mensagem clara para

Menlo Park: a sugestão de que a Rússia influenciara o resultado eleitoral não era bem-vista pelo novo governo e seria considerada um ataque direto ao próprio presidente. E também havia temores sobre a imagem da empresa caso tomasse medidas para remover as notícias falsas. Cada vez mais, os conservadores se convenciam de que o Facebook estava empenhado em silenciá-los. Ainda que houvesse poucos indícios para tais alegações — diversos estudos mostravam que as posições conservadoras tinham, na verdade, se tornado cada vez mais populares na plataforma no decorrer dos anos —, elas vinham alimentando antagonismos no interior da administração de Trump.

Ao fim da reunião, Zuckerberg e Sandberg decidiram que Stamos e alguns outros funcionários deviam redobrar os esforços para chegar ao cerne da questão. O novo grupo criado para investigar se a Rússia usara o Facebook para interferir nas eleições — incluindo Stamos e um punhado de especialistas em segurança, engenheiros e publicitários, sob a liderança de uma das mais antigas funcionárias da empresa, Naomi Gleit — começou a se reunir na sede da empresa em Menlo Park. Eles se intitularam Projeto P — P de "propaganda". Reuniam-se diariamente para discutir o andamento do trabalho numa página fechada da plataforma. A imagem escolhida para a identificação do grupo era uma cena de um filme da década de 1950 baseado no clássico *1984*, de George Orwell — o romance distópico que retrata um futuro no qual grande parte do mundo vive sob constante vigilância governamental. A ironia era clara. O Projeto P tentava achar propaganda disseminada por meio do Facebook, e eram eles mesmos que cuidavam da vigilância. "O Grande Irmão está de olho em você" tornou-se o lema do grupo, escrito no topo de sua página na plataforma, como uma piada interna do pessoal de segurança.

No final de janeiro, com o Projeto P prestes a concluir o trabalho, não havia muitos indícios adicionais da campanha promovida pelos russos. Por outro lado, eles identificaram uma imensa rede de sites que propagavam notícias falsas na plataforma. Alguns eram operados por adolescentes macedônios, outros por americanos de meia-idade instalados em seus porões. Esses usuários compartilhavam uma variedade de material: uma mescla de relatos hiperpartidários e obras puras de ficção. Alguns dos artigos afirmavam que Hillary Clinton falecera no meio da campanha e fora substituída por uma sósia; outros, que o "Estado profundo" estava secretamente sustentando a campanha democrata. Os motivos eram financeiros: cada clique resultava em remuneração para os sites em função dos anúncios.

Em 7 de fevereiro de 2017, Stamos rascunhou um relatório para a equipe de diretrizes e políticas expondo os achados do Projeto P. Ele concluía com uma recomendação: "Precisamos de um esforço concentrado para antecipar, compreender e implementar soluções criativas e interdisciplinares". Era essencial, na perspectiva dele, que o Facebook estivesse preparado para outro eventual ataque. No entanto, para o alto escalão, a principal consequência parecia ser o alívio com o fato de não se ter constatado nenhuma intromissão significativa dos russos. "Havia um sentimento de que talvez fosse a hora de considerar aquilo uma página virada. Pelo menos, foram esses os termos usados por Sandberg", recordou um dos membros do Projeto P. "Havia o sentimento de que os alertas de Stamos pudessem ter sido um tanto exagerados."

Stamos e outros membros da equipe de segurança — atuando sob a alçada do grupo interdisciplinar XFN (sigla para "*cross-functional*") — continuaram a pesquisar a interferência russa e ampliaram o seu alcance de modo a incluir campanhas de desinformação que afetassem outros países. A equipe já constatara que governos vinham usando ativamente a plataforma para promover as próprias agendas políticas. Em outro relatório produzido pelo xfn, Stamos colocou bandeiras de nações como a Turquia e a Indonésia como exemplos de governos que recorreram ao Facebook para realizar campanhas de desinformação com o objetivo de influenciar a opinião pública e as eleições em seus países ou em Estados vizinhos.

O Facebook precisava tomar a ofensiva. Não era mais uma questão de apenas monitorar e analisar as operações desse tipo; a empresa tinha de se mobilizar para a luta. Mas para isso era necessária uma mudança radical em sua cultura e estrutura. As incursões dos russos haviam escapado ao radar devido a falhas de comunicação entre os diversos departamentos do Facebook, e também porque ninguém se dispusera a pensar como Vladímir Pútin.

Stamos entregou o relatório aos seus superiores e o compartilhou com Schrage e Kaplan. Ele sabia que os dois eram fundamentais para obter o apoio de Sandberg: quando encampavam um projeto ou uma ideia, era praticamente certa a aprovação pela coo. No entanto, Schrage e Kaplan não estavam dispostos a implantar grandes mudanças na empresa, segundo um dos membros da equipe de diretrizes e políticas que teve acesso às discussões. "Eles consideravam Stamos alarmista demais. Ele não havia descoberto nenhuma interferência russa significativa, e o que sugeria a respeito da desinformação parecia mais algo hipotético. Também sabiam que, se levassem o assunto a Sheryl e a empresa anunciasse uma grande reorganização, isso iria atrair mais atenção e vigilância externas."

Na opinião de Schrage e Kaplan, Stamos não reunira dados suficientes para avaliar a amplitude da interferência russa. Não havia como comprovar que a atividade dos russos no Facebook influenciara decisivamente os eleitores americanos antes da eleição; por que então alarmar o público? Em discussões com colegas, eles argumentaram que, chamando a atenção para as descobertas da equipe de segurança, também acabariam atraindo o escrutínio indesejável dos deputados no Congresso. Como uma empresa privada de alcance global, o Facebook não queria se envolver em conflitos geopolíticos, tampouco ficar no meio de eleições nacionais contenciosas. O Facebook era, acima de tudo, um negócio.

Essa era uma linha de pensamento que vinha diretamente de Zuckerberg. No início da história do Facebook, quando sua sede não passava de um galpão reformado, o CEO fazia questão de repetir o mantra "Primeiro a empresa, depois o país" para os funcionários. De acordo com a sua primeira redatora de discursos, Kate Losse, Zuckerberg achava que o Facebook tinha mais potencial para mudar o curso da história do que qualquer país — e agora, com 1,7 bilhão de usuários, ele se tornara de fato maior do que qualquer entidade nacional.[2] Com essa visão de mundo, fazia sentido proteger a empresa a qualquer preço. Aquilo que fosse melhor para o Facebook, que permitisse seu crescimento astronômico, a participação ativa dos usuários e a hegemonia no mercado, era o caminho mais claro a seguir.

A revelação de que a Rússia tinha interferido nas eleições americanas não beneficiava em nada a empresa, mas cabia ao Facebook o dever cívico de informar ao público e, potencialmente, proteger outras democracias de operações similares. A equipe de segurança já constatara que tipo de impacto tais operações poderiam ter na França. Em dezembro, poucos meses após as eleições americanas, haviam notado uma conta do Facebook em nome de Leo Jefferson que começou a sondar perfis de pessoas vinculadas à eleição presidencial francesa. Rastreando essa conta, a equipe descobriu que os hackers russos tentavam reproduzir na França o que haviam feito nos Estados Unidos.

A equipe rapidamente entrou em contato com membros do serviço de inteligência em Paris, e pouco dias depois as autoridades francesas estavam avisadas. Ainda assim, os russos vazaram um conjunto de 20 mil e-mails da campanha de Emmanuel Macron no dia 5 de maio, uma sexta-feira, apenas dois dias antes das eleições. O alerta dado pelo Facebook permitiu que os funcionários da inteligência francesa agissem depressa e afirmassem que os e-mails haviam sido plantados pelos russos, e a imprensa relatou que ninguém deveria dar credibilidade ao conteúdo dos e-mails. Macron acabou vencendo a eleição. Foi uma vitória discreta para as equipes de segurança e de inteligência do Facebook, formadas sobretudo por pessoas que haviam passado por serviços de informação do governo. Nos Estados Unidos, porém, estavam se vendo cada vez mais em dissonância com os objetivos da empresa.

Em abril de 2017, Stamos e seus colegas insistiram na divulgação ao público de um informe oficial, um relatório abrangente sobre as questões de segurança na plataforma, incluindo a interferência da Rússia nas eleições. Em sua primeira versão, o documento incluía toda uma seção dedicada à atividade dos hackers apoiados pelo governo russo. Havia uma descrição detalhada sobre como uma rede de hackers havia atacado contas do Facebook por meio da técnica de *spear phishing* — ou seja, enviando arquivos ou links maliciosos incorporados em mensagens aparentemente inócuas — a fim de colher dados sobre os usuários, além de exemplos concretos relativos à eleição presidencial de 2016 que demonstravam que a Rússia usara a plataforma para disseminar documentos hackeados. Stretch concordou em mostrar o informe oficial a Schrage e outros executivos. A resposta que receberam foi: apaguem a seção sobre a Rússia. O Facebook não podia correr o risco de divulgar ao público que o governo russo havia interferido nas eleições de 2016, disseram a Stamos. O alto escalão da companhia considerava politicamente inadequado o Facebook ser a primeira empresa de tecnologia a confirmar o que os órgãos de inteligência americanos haviam descoberto. "Eles não queriam colocar suas cabeças em risco", comentou uma pessoa envolvida nas discussões.

Stamos trabalhou com dois membros da equipe de inteligência nas versões do texto da seção sobre a Rússia. Eles eliminaram os detalhes, descrevendo tudo de forma mais genérica. Também retiraram a menção à eleição, e Stretch, Schrage e Kaplan (que estava em Washington e cuja opinião foi solicitada) revisaram a nova versão. Mais uma vez, Stamos e seus subordinados foram informados de que deveriam eliminar qualquer referência à Rússia — e que o Facebook, como não era uma agência estatal ou de inteligência, não tinha por que se intrometer em relações internacionais.

Sandberg não participou de nenhuma das videoconferências. "Sandberg não se envolveu diretamente, mas todos na equipe de segurança sabiam que ela fora informada da decisão e que Schrage era apenas o seu mensageiro", assinalou um dos membros da equipe de segurança. Zuckerberg sabia que o informe oficial estava sendo redigido, mas não interferiu nem revisou as versões. A sua resolução de Ano-Novo para 2017 era visitar todos os cinquenta estados americanos. Em eventos cuidadosamente planejados, em que era fotografado dirigindo tratores ou visitando fábricas, Zuckerberg compartilhava na plataforma os seus encontros com o "americano comum", uma oportunidade de mostrar o quanto se importava com o país. Mas essas viagens também significavam que, com frequência, ele ficava longe da sede. Era óbvio para a equipe de Stamos que nem Zuckerberg nem Sandberg vinham prestando a devida atenção ao trabalho que faziam.

Em 27 de abril de 2017, enquanto Zuckerberg estava em Dearborn, Michigan, conhecendo uma fábrica da Ford e vendo como se montava um carro, o Facebook divulgou o informe oficial. A palavra "Rússia" não aparecia em nenhum momento; o único vestígio a respeito era uma nota de rodapé com o link para um relatório das agências de inteligências americanas que mencionava a interferência dos russos nas eleições de 2016.

Muitos na equipe de segurança ficaram surpresos e furiosos com a omissão. Pelo menos um membro da equipe desafiou Stamos, dizendo aos colegas que ele não defendera o bastante suas descobertas, e o acusou de ceder às equipes de assessoria jurídica e de diretrizes e políticas do Facebook. "Havia o sentimento de que Stamos poderia ter se esforçado mais para tornar público o que os russos tinham feito", recordou um dos membros da equipe de segurança. "Mas isso teria sido uma atitude drástica, e provavelmente em vão. Começamos a achar que éramos parte de uma tentativa de abafamento a mando do Facebook."

Essa também parecia ser a posição de Stamos. Aos mais próximos, começou a dizer que talvez fosse melhor sair da empresa. "Não sei se consigo continuar fazendo esse trabalho", ele teria dito, segundo um de seus colegas.

No final de maio de 2017, o senador Mark Warner foi ao escritório de Sheryl Sandberg, decorado com cartazes que exaltavam os lemas de seu livro *Faça acontecer*. Naquele mesmo ano, Warner tornara-se vice-presidente da Comissão de Inteligência do Senado, uma das mais poderosas no Congresso americano. O cargo lhe permitia uma ampla supervisão de questões de inteligência e, desde que fora nomeado, cada vez mais se convencera de que o Facebook era indissociável da interferência eleitoral por parte da Rússia. Já se encontrara várias vezes com Stamos e membros da equipe de diretrizes e políticas em Washington, mas ficara com a impressão de que a empresa estava ocultando algo.

Então foi à sede de Menlo Park para confrontar Sandberg diretamente. Os sofás, que Sandberg preferia usar nas reuniões, foram ignorados, e o grupo acomodou-se com certa formalidade à mesa de reuniões. Warner viera com os seus assessores, e Sandberg estava acompanhada de sua equipe, além de Stamos. Era evidente que Warner tinha um roteiro planejado, e as perguntas que fez a Sandberg e Stamos eram bem específicas — ele queria saber quais indícios da interferência da Rússia haviam sido coletados pelo Facebook.

No início do mês, a revista *Time* publicara uma matéria segundo a qual os serviços de inteligência dos Estados Unidos tinham evidências de que a Rússia comprara anúncios no Facebook para influenciar os eleitores americanos antes das eleições presidenciais de 2016. Stamos e seus colegas da equipe de segurança haviam ficado frustrados ao ler a reportagem. Durante meses, eles se empenharam em rastrear os anúncios dos russos, mas, devido ao enorme volume de dados, era como procurar uma agulha num palheiro. Se os órgãos de inteligência americanos tinham uma pista, por que não a haviam compartilhado com o Facebook? Durante os encontros em Washington, Stamos também ficara com a impressão de que os congressistas não haviam revelado tudo o que sabiam. Ninguém dissera uma palavra sobre as provas obtidas pelos órgãos de inteligência.

Haviam chegado a um impasse tácito: Warner achava que Stamos não lhe proporcionava respostas satisfatórias sobre quanto o Facebook sabia sobre a Rússia, e Stamos, por sua vez, acreditava que Warner estava sonegando informações apuradas pelas agências de inteligência sobre a capacidade dos russos. Ambos, porém, estavam equivocados.

Enquanto estavam à mesa de reunião, Sandberg interveio. "Vamos encerrar agora", disse a Warner, encarando o senador. E abriu um sorriso tranquilizador, prometendo que o Facebook iria procurá-lo assim que surgisse alguma novidade. A empresa, afirmou ela, estava confiante de ter detectado quase toda a atividade dos hackers.

Foi uma decepção para Stamos. Embora fosse verdade que compartilhara a maioria das revelações do Projeto P com o senador, sua equipe desconfiava que havia muito mais a desvendar e ainda não concluíra a apuração das atividades dos russos. Enquanto estavam ali reunidos, o setor de inteligência continuava a buscar por anúncios russos. Ele sentiu que era melhor não endossar o otimismo de Sandberg.

Para isso, fez um cuidadoso adendo à avaliação de sua chefe. Embora tivesse achado muita coisa, ressaltou ele, o Facebook ainda não tinha certeza se outros grupos russos continuavam ativos. Stamos voltou-se diretamente para Warner e mais uma vez pediu ajuda: "O senhor pode nos ajudar, compartilhando qualquer coisa que fique sabendo?". Warner hesitou, mas disse que continuaria em contato.

Stamos saiu do encontro duplamente preocupado. Era evidente que Sandberg vinha sendo informada em tempo real a respeito das operações de sua equipe. Pior ainda, acabara de dizer a um senador da República, um dos políticos mais poderosos de Washington, que o Facebook considerava concluída a investigação sobre a interferência na eleição. Stamos então enviou um e-mail à equipe de inteligência ressaltando a importância de criar um sistema para monitorar os anúncios russos. Se os órgãos de inteligência oficiais estavam pouco dispostos a compartilhar o que sabiam com o Facebook, era preciso buscar a agulha no palheiro por conta própria.

Em Washington, a equipe de inteligência retomou a busca da única maneira que conhecia: por tentativa e erro. Jen Weedon, Ned Moran e os outros estavam vasculhando minuciosamente o imenso banco de dados do Facebook. Começaram por uma análise de todos os anúncios postados em 2016 até a eleição de novembro, e então compilaram uma lista daqueles que continham mensagens políticas. Também fizeram buscas por anúncios que mencionavam os nomes dos candidatos e seus companheiros de chapa. E encontraram centenas de milhares de resultados.

Em primeiro lugar, era preciso determinar quais anúncios, caso houvesse algum, tinham sido comprados por alguém que estivesse na Rússia. O grupo fez uma busca por todos os anúncios postados por contas que tivessem o idioma russo como padrão. Outra pesquisa foi feita para localizar anúncios comprados por contas russas. Além disso, examinaram todos os anúncios que tivessem sido pagos em rublos.

O grupo também recorreu às minúcias dos metadados das contas. Eles averiguaram, por exemplo, se o comprador do anúncio acidentalmente se esquecera de desligar os dados de localização numa ocasião anterior e havia reaparecido com um endereço de ip russo. O Facebook também tinha a capacidade de verificar o celular ou computador por meio do qual o anúncio fora adquirido. Em muitos casos, os anúncios pareciam ter sido comprados através de celulares com chips russos, mesmo que tivessem procurado ocultar a sua localização. Em outros casos, os celulares pareciam ser de segunda mão, e, embora os chips não tivessem dados de localização, o Facebook apurou que os aparelhos haviam sido anteriormente usados com chips russos.

Foi Moran quem primeiro topou com um conjunto de anúncios que aparentavam ter sido adquiridos direto de São Petersburgo. Ele passara a levar trabalho para casa, e continuava suas pesquisas noite adentro. O resto da equipe já estava acostumado à sua capacidade singular de concentração e seu hábito de passar dias inteiros calado enquanto examinava os dados em sua tela. E foi devido a essa habilidade que começou a notar os anúncios associados a São Petersburgo: o nome da cidade ficara em sua memória por causa de uma matéria no *New York Times*, publicada em 2015, sobre um grupo russo conhecido como Internet Research Agency (ira). Para escrever o artigo, o repórter Adrian

Chen viajara a São Petersburgo e documentara os esforços empreendidos pelos russos com um exército de trolls recrutado pela IRA, cujo objetivo era moldar narrativas pró-russas na internet. Moran releu a reportagem para verificar se estava certo e, de fato, São Petersburgo era citada como a sede da IRA.

Pouco a pouco, ele foi seguindo essa pista e, em meados de junho, concluiu que coletara uma amostra suficiente de contas para detectar um padrão. Conseguira identificar o primeiro conjunto de contas baseadas em São Petersburgo que vinham promovendo anúncios de teor político voltado para os americanos e, além disso, atuavam de forma coordenada. Passou um dia inteiro verificando e revisando seu trabalho, retomando as buscas a fim de se assegurar de que não cometera nenhum erro. Quando concluiu as pesquisas, já estava em casa e acabara de colocar o bebê para dormir.

Sua primeira ligação foi para Stamos. "Acho que encontramos algo, e acho que é da Rússia", informou.

Stamos pediu que ele reexaminasse os indícios associados às contas de São Petersburgo pelo menos duas vezes, e depois sugeriu algumas pontas soltas que Moran ainda poderia explorar a fim de encontrar outras pistas que vinculassem as contas umas às outras. De qualquer modo, estava claro que Moran encontrara a agulha no palheiro.

Quando desligou o celular, Stamos chamou sua esposa e avisou que seria preciso cancelar as férias que estavam prestes a tirar.

Após os achados de Moran, as equipes de assessoria jurídica e de segurança do Facebook rapidamente montaram um protocolo de busca baseado em novos critérios. Os engenheiros já haviam feito isso antes, quando a empresa teve de identificar abusadores sexuais, extremistas violentos ou outros grupos que precisavam ser excluídos da plataforma. A equipe de programação tinha condições de introduzir novos crivos, mas apenas se recebesse parâmetros de busca precisos.

Eles também precisariam ampliar bastante o escopo da pesquisa. Até essa altura, a equipe de segurança estivera examinando uma pequena amostra de anúncios explicitamente políticos; agora seria necessário vasculhar todos os anúncios que haviam sido postados na plataforma. Grande parte dos dados do Facebook estava armazenada em centros de dados dispersos por todo o país. Às vezes, levava semanas para localizar o galpão no qual estavam guardados os discos rígidos. Em muitos casos, os dados não estavam onde deviam estar, e os funcionários dos centros tinham de passar horas percorrendo armazéns cavernosos até encontrarem as caixas com os servidores solicitados pelo pessoal da segurança digital.

Uma vez de posse dos dados, passavam a rastrear os conjuntos de anúncios e associá-los à IRA de forma irrefutável. Trabalhando ao lado de Isabella Leone, uma analista de anúncios, Moran vinculara seu conjunto inicial a São Petersburgo, mas agora eles tinham de estabelecer mais conexões entre o que estavam descobrindo e a IRA. Uma analista recém-contratada, Olga Belogolova, e uma veterana especialista em segurança, April Eubank, começaram a esmiuçar os dados. Ambas estavam familiarizadas com as táticas russas e tinham experiência na análise exaustiva de dados. Foi na primeira semana de agosto que tiveram o momento "eureca!", quando Eubank, que estivera apurando dados, de repente chamou o resto da equipe à sua mesa. O monitor exibia um gráfico mostrando várias linhas interligando contas que haviam adquirido anúncios a outras contas usadas pela IRA. Cada linha representava uma conexão, e eram muitas.

Nas seis semanas seguintes, a equipe de segurança elaborou um mapa da atividade da Internet Research Agency na plataforma. A amplitude era assombrosa. Os russos haviam comprado mais de 3,3 mil anúncios para divulgação no Facebook, a um custo de cerca de 100 mil dólares para a IRA; alguns deles para simplesmente promover as 120 páginas mantidas pela IRA na plataforma. Além disso, produziram mais de 80 mil itens individuais de conteúdo orgânico que, em conjunto, alcançaram 126 milhões de americanos.

Onde quer que houvesse um "esgarçamento", ou seja, um tema divergente capaz de colocar os americanos uns contra os outros, lá estava a IRA. Controle de armas, imigração, feminismo, racismo — a IRA mantinha páginas com posições extremistas sobre todas essas questões. Muitas dessas páginas apoiavam a campanha de Trump e grupos conservadores em todos os Estados Unidos, mas também havia algumas favoráveis a Bernie Sanders. "Era um processo lento, muito lento, mas o que veio à tona naquele verão de 2017 simplesmente nos deixou de queixo caído", recordou um dos membros da equipe. "Esperávamos encontrar algo, mas não fazíamos ideia de que era tão amplo."

Embora ao longo dos anos alguns funcionários do Facebook tivessem especulado que a IRA vinha se concentrando em disseminar desinformação nos Estados Unidos, ninguém se propusera a pesquisar uma campanha de desinformação promovida pela organização. Para os especialistas em segurança, era inconcebível que a IRA fosse audaciosa ou poderosa o suficiente para eleger os Estados Unidos como alvo. As garantias oferecidas pelo Facebook ao senador Warner e a outros congressistas de que haviam revelado todas as iniciativas dos russos para influenciar a eleição de 2016 tinham como base o pressuposto de que estavam atrás de ações do GRU. Mas não estavam conseguindo enxergar o todo. Enquanto perseguiam os hackers apoiados pelo governo que difundiam os e-mails da campanha de Hillary Clinton, haviam deixado passar o eficiente exército de trolls da IRA.

A descoberta dos anúncios da IRA levou a equipe de Stamos

a redobrar o empenho. Em Menlo Park, continuavam isolados em seu prédio na periferia da sede do Facebook; Moran e membros do grupo de inteligência trabalhavam numa sala à parte nos escritórios do Facebook em Washington. Todos foram orientados a não comentar as descobertas com os colegas e avisados de que os executivos queriam preparar um extenso relatório sobre a atividade da IRA antes de divulgar as conclusões.

Assim, a equipe viu-se forçada a manter silêncio quando o próprio porta-voz do Facebook inadvertidamente induziu a imprensa ao erro. No dia 20 de julho, quando alguns conjuntos de anúncios já tinham sido identificados mas ainda não vinculados diretamente à IRA, um porta-voz do Facebook baseado em Washington informou a um âncora da CNN que a empresa "não encontrou indícios de que atores russos adquiriram anúncios no Facebook associados à eleição". Aquele funcionário trabalhava a menos de cem metros de onde estava a equipe de inteligência, mas não fora informado de suas descobertas.

Em 15 de agosto, o Projeto Campanha, uma equipe especial formada logo após a descoberta dos anúncios, divulgou um relatório interno que destacava centenas de contas no Facebook e no Instagram associadas à IRA. O documento revelava que a equipe também encontrara, mas ainda não analisara, eventos reais criados pela IRA e convocados pelo Facebook, como protestos e outras manifestações, além de um bom número de páginas da IRA coadministradas por americanos. A IRA havia até mesmo enviado e-mails e mensagens aos funcionários do Facebook, solicitando informações sobre as normas da plataforma e ajuda para reativar páginas e contas que haviam passado por problemas técnicos.

O relatório do Projeto Campanha recomendava que, daquele momento em diante, o Facebook alterasse de imediato suas normas de modo a permitir que a equipe de segurança removesse qualquer conta no Facebook que fosse flagrada participando de "comportamento coordenado enganoso" — definido como o de quaisquer contas que "enganassem os usuários quanto à origem do conteúdo no Facebook", "enganassem os usuários quanto à destinação dos links externos", e "enganassem os usuários numa tentativa de estimular compartilhamentos, curtidas ou cliques".

As férias de verão estavam terminando, e o Congresso, que retomara as atividades após o recesso de agosto, preparava-se para aprofundar as investigações sobre a interferência da Rússia nas eleições. Em reuniões semanais, Zuckerberg e Sandberg haviam sido colocados a par das descobertas da equipe de segurança. Os executivos do Facebook sabiam que era preciso divulgar tudo, mas queriam fazer isso do seu jeito.

Decidiram então que a empresa revelaria tudo na véspera da reunião trimestral do conselho administrativo, marcada para o dia 7 de setembro. Os membros do conselho desconheciam o trabalho efetuado pela equipe de segurança ao longo do verão, bem como as descobertas sobre a atividade da IRA. A fim de evitar vazamentos e controlar a imprensa, os parlamentares e o público seriam informados no dia 6 de setembro. Não seria nada fácil, pensaram eles, mas ao menos o Facebook poderia tentar conduzir a narrativa e convencer o público de que havia afinal determinado em que medida a Rússia manipulara a eleição presidencial de 2016.

Stamos e seus subordinados receberam a incumbência de preparar um informe de segurança para o conselho, além de redigir uma postagem para o blog do Facebook. A presença do nome de Stamos no blog tinha um duplo propósito. Sua equipe fora responsável por desvendar a operação russa e conhecia seus detalhes, e a reputação dele como um canário de garantia poderia convencer os círculos de cibersegurança.

Schrage e os advogados do Facebook revisaram nos mínimos detalhes o primeiro rascunho da postagem, que Stamos preparara em conjunto com membros de sua equipe. Precisava ser tão acadêmico quanto possível, conforme a orientação recebida por Stamos, e formulado com muito cuidado, de modo a assegurar que o Facebook não assumisse mais responsabilidades legais do que o estritamente necessário. "Ele foi aconselhado a incluir e apresentar os números mais conservadores possíveis", lembrou um dos envolvidos nas discussões. "Tudo o que ele havia escrito, o contexto em que se dera a investigação e as contas encontradas pela equipe de segurança, tudo isso devia ser eliminado da postagem no blog." Parecia uma repetição do que ocorrera com o informe oficial — mais uma vez, o Facebook estava escondendo o que sabia.

Stamos alimentava a esperança de que, ao menos diante do conselho, ele poderia apresentar um diagnóstico completo de sua apuração. Reiteradas vezes, perguntou a Schrage se deveria preparar slides ou algum tipo de material escrito para entregar de antemão aos membros do conselho, mas recebeu a orientação de manter sua apresentação restrita aos documentos que poderia apresentar pessoalmente.

Na manhã do dia 6, Stamos foi conduzido a uma sala com isolamento acústico e fez sua fala diante de uma comissão especial de três pessoas, escolhidas entre os membros do conselho e envolvidas com questões de governança corporativa e supervisão, incluindo questões de segurança e privacidade. Os três membros eram Marc Andreessen; Erskine Bowles, ex-chefe de gabinete do presidente Bill Clinton; e a oncologista Susan Desmond-Hellmann, ceo da Fundação Bill e Melinda Gates. Eles se acomodaram nas laterais da mesa, e Stamos sentou na cabeceira; Schrage e Stretch também estavam presentes. Durante uma hora, usando slides que havia impresso e distribuído na hora aos três membros, Stamos relatou tudo o que a equipe de segurança havia constatado.

Os membros do conselho ficaram quase o tempo todo em silêncio, interrompendo Stamos apenas para pedir que falasse mais devagar ou para explicar alguns pontos em maiores detalhes. Encerrada a exposição, Bowles foi o primeiro a reagir: "Puta que o pariu, por que só agora estamos ouvindo falar disso?". O palavrão foi suavizado por seu cadenciado sotaque sulista da Carolina do Norte, mas era evidente que estava furioso. O impassível e aristocrático Bowles jamais havia falado daquela forma no conselho do Facebook. Os outros dois reagiram com fúria similar, ainda que mais contida. Andreessen bombardeou Stamos com perguntas sobre os aspectos técnicos do método usado pelos russos. Desmond-Hellmann quis saber mais sobre como a equipe de segurança conseguira identificar as contas e o que planejavam fazer a seguir.

Stamos foi sincero em sua avaliação. Provavelmente, os russos haviam conduzido mais atividades no Facebook que sua equipe ainda não desvendara, e era quase certo que as tentativas de influenciar os eleitores americanos continuavam em andamento.

A comissão de auditoria então decidiu que todo o conselho do Facebook teria acesso à apresentação preparada por Stamos e que o tópico da interferência eleitoral seria colocado no topo da pauta da reunião plena marcada para o dia seguinte, que não foi nem um pouco tranquila. "Sem dúvida houve muita gritaria. E pipocaram as perguntas do tipo 'Como deixaram isso acontecer?' e 'Por que estão nos contando isso só agora?'", relatou uma pessoa a quem foi descrito o teor da reunião. Zuckerberg manteve a calma, explicando ao conselho algumas das soluções técnicas que pretendia implementar, como novas contratações para os departamentos de prevenção e segurança. Já Sandberg ficou mais abalada. "No fim das contas, a equipe de Stamos estava subordinada a Sandberg. Então havia essa percepção de que foi ela quem pisou na bola."

Sandberg ficou especialmente contrariada com a afirmação feita por Stamos de que poderia haver milhões de dólares em anúncios, ou centenas de contas russas, ainda presentes na plataforma. Essas preocupações não haviam constado dos relatórios e informes a que tivera acesso, e ela achava que o Facebook havia desenterrado quase tudo o que poderia ser descoberto na sua plataforma. Sim, o que acontecera era lamentável, mas ela esperava que o conselho saísse da reunião convencido de que a empresa tinha desvendado a interferência russa em toda a sua extensão. Sandberg ficou atônita quando os membros do conselho lhe disseram que Stamos apresentara uma avaliação muito diferente na reunião do dia anterior, cogitando a possibilidade de haver contas e anúncios russos que ainda precisavam ser identificados.

No dia seguinte, numa reunião convocada às pressas no Aquário, ela despejou a sua frustração sobre o responsável pela segurança digital. "Você nos atirou aos leões!", berrou com Stamos, diante de dezenas de presentes, bem como outros que acompanhavam a reunião por videoconferência. Na explosão, que se prolongou por vários minutos, Sandberg censurou Stamos por levar tanto tempo para constatar a interferência dos russos e por concluir, sem nenhuma prova, que ainda havia mais. Stamos encolheu em sua cadeira. Não respondeu nem se defendeu, e ninguém mais se manifestou até que Zuckerberg, visivelmente desconfortável, disse: "Vamos em frente".

O Facebook tinha problemas maiores a enfrentar do que a reunião do conselho. Horas depois de Stamos ter se encontrado com a comissão de auditoria, a empresa publicara uma postagem no blog detalhando as descobertas. Intitulado inocuamente "Atualização sobre operações de informação no Facebook", foi o primeiro reconhecimento público das atividades da IRA na plataforma, afirmando não só que a Rússia tentara influenciar o resultado das eleições como investira cerca de 100 mil dólares em anúncios no período de junho de 2015 a maio de 2017. Os cerca de 3 mil anúncios publicados haviam violado as normas do Facebook, escreveu Stamos, e as contas vinculadas a eles tinham sido removidas. A postagem nada dizia sobre a quantidade de americanos (dezenas de milhões) impactados por esses anúncios.

Stamos sabia que a publicação não refletia toda a dimensão da interferência russa nas eleições. E não se surpreendeu quando os números citados foram imediatamente contestados por acadêmicos e pesquisadores independentes que já pesquisavam sobre a presença on-line da Rússia havia tempos.

Em San Francisco, a especialista em desinformação Renée DiResta, sentada em seu apartamento com vista para a baía, examinou com atenção a postagem do blog. Quase de imediato, começou a enviar mensagens aos pesquisadores e aos investigadores amadores do assunto com quem vinha mantendo contato nos dois anos anteriores.

A quantidade de pessoas empenhadas ativamente em estudar a desinformação nos Estados Unidos podia ser contada nos dedos das mãos. Como os outros, DiResta havia começado a fazer isso por acaso. Ao pesquisar creches para o seu filho recém-nascido em 2014, constatou que várias delas no norte da Califórnia tinham regras pouco rígidas quanto à vacinação infantil. DiResta ficou curiosa para saber por que tantos pais estavam ignorando as recomendações das autoridades médicas e, por isso, começou a acompanhar grupos antivacinação no Facebook.

Quando tinha vinte e poucos anos, DiResta estudara dinâmica de mercado, aproveitando seu fascínio por tabelas e gráficos repletos de dados a fim de entender padrões em mercados financeiros. Ela recorreu à mesma abordagem para estudar a forma como os grupos antivacinação compartilhavam informações na internet. Esses ativistas usavam o Facebook para recrutar em quantidades inusitadas novos adeptos para o movimento. Os próprios algoritmos da plataforma eram seu recurso mais eficiente. Assim que passava a seguir um grupo que promovia "terapias naturais" ou "medicina holística", a pessoa era arrastada para um labirinto de sites no qual, depois de alguns cliques, acabava recebendo o convite para fazer parte de um grupo antivacinação. Quando o usuário chegava ali, o Facebook passava a lhe recomendar dezenas de outros grupos do gênero.

Esses grupos eram animados, com múltiplas postagens diárias e relatos dramáticos de crianças supostamente prejudicadas por vacinas. Como sempre, qualquer participação na plataforma era interpretada pelos algoritmos como um sinal de popularidade, e os relatos acabavam ganhando destaque no topo do feed de notícias dos usuários. DiResta passou a mapear de que forma os grupos compartilhavam informações, notando o modo como coordenavam entre eles seus eventos e publicações a fim de obter o maior impacto na plataforma. Ao divulgar sua pesquisa, rapidamente tornou-se alvo de ataques dos militantes antivacinação.

Por outro lado, DiResta passou a ser vista como alguém que entendia como acontece o compartilhamento de informações nas redes sociais. Em 2015, foi convidada a prestar assessoria a uma equipe da Casa Branca, no governo Obama, empenhada em descobrir como o Estado Islâmico usava o Facebook e outras mídias sociais para recrutar adeptos para a sua rede terrorista e disseminar sua propaganda na internet. O Estado Islâmico, concluiu o grupo da Casa Branca, empregava as mesmas táticas dos militantes antivacinação. O Facebook, na opinião de DiResta, havia construído a ferramenta perfeita para que grupos extremistas, fossem militantes antivacina ou o Estado Islâmico, conquistassem novos membros e ampliassem sua influência on-line.

Após a postagem de 6 de setembro sobre os anúncios russos,

DiResta foi procurada por membros do Congresso que lhe pediram ajuda para avaliar as apurações do Facebook. Ela respondeu que, para entender a extensão do que a plataforma tinha constatado, ela e outros pesquisadores precisavam ter acesso aos dados brutos. Ela queria ver os anúncios e as páginas russas no Facebook. Logo os congressistas passaram a requisitar também esses dados. Em ligações telefônicas com os lobistas do Facebook, nos dias depois da revelação, deputados e seus assessores exigiram que a empresa compartilhasse essas informações. Diante da recusa dos advogados do Facebook, as autoridades governamentais fizeram chegar à imprensa a queixa de que a plataforma estava ocultando provas.

Os executivos da empresa se convenceram de que teriam de atender às solicitações do Congresso ou acabariam sendo alvo de uma prolongada temporada de notícias focadas nos anúncios. "O escritório do Facebook em Washington avisou que, de um modo ou de outro, não havia como vencer. Se não entregassem os anúncios, o Congresso ficaria furioso e nunca se esqueceriam disso. Caso cedessem, eles se arriscavam a estabelecer um precedente perigoso e, possivelmente, despertar a fúria de Trump", recordou um funcionário do Facebook em Washington.

Porém, com DiResta e outros pesquisadores identificando muitos dos anúncios por conta própria, Sandberg e Zuckerberg decidiram que teriam de achar uma maneira de colaborar com o Congresso.

Pouco depois da publicação sobre a interferência russa, dois lobistas do Facebook entraram na biblioteca da Comissão de Inteligência da Câmara, uma sala sem janelas no porão do Capitólio, repleta de estantes com obras jurídicas e referentes à inteligência nacional. Foram recebidos por um grupo de assessores democratas e republicanos designados para investigar a interferência na eleição presidencial. Os lobistas ali estavam para apresentar, pela primeira vez, exemplos de anúncios adquiridos pelos russos.

Adam Schiff, o democrata mais experiente da Comissão, vinha insistindo para que a empresa revelasse o que havia apurado, bem como de que forma os russos tinham usado o conteúdo do Facebook para manipular os eleitores na corrida presidencial. "Cem mil dólares pode dar a impressão de não ser uma quantia enorme, mas, ao mesmo tempo, são milhões de pessoas vendo ou aprovando ou compartilhando desinformações, e isso pode ser significativo", comentou Schiff depois de ter lido mais cedo naquele dia a postagem no blog.

Greg Maurer, o lobista do Facebook responsável pelos contatos com os republicanos, e Catlin O'Neill, que desempenhava a mesma função entre os democratas na Câmara, entregaram aos assessores parlamentares um envelope e avisaram que poderiam examinar os anúncios, mas teriam de devolvê-los depois. O envelope continha cerca de uma dúzia de imagens impressas em folhas A4 que os representantes da empresa descreveram como exemplos do tipo de anúncios encontrado. A amostragem sugeria que os anúncios visavam igualmente tanto aos candidatos republicanos como aos democratas. Havia anúncios positivos e negativos sobre Bernie Sanders, Hillary Clinton e Donald Trump.

Os membros da Comissão se mostraram incrédulos. Em sua própria investigação, haviam constatado que os russos pareciam estar colocando Trump como candidato favorito. Maurer e O'Neill apontaram para um anúncio mostrando Hillary Clinton ao lado de uma mulher com hijab; sob a foto aparecia a legenda "Muçulmanos a favor de Clinton", com uma fonte tipográfica que pretendia imitar a escrita árabe. Os representantes da empresa, contaram os assessores democratas, haviam apresentado aquilo como uma tentativa de promoção, por parte dos russos, *a favor* da candidata. Os assessores, contudo, o interpretaram de outra forma: não havia dúvidas de que o anúncio tinha a intenção de instigar tensões étnicas e de dar a impressão de que Hillary era apoiada por radicais. Se aquele era um exemplo de um anúncio pró-democrata, não era nada convincente. "Ficamos estupefatos, aquilo parecia uma piada", recordou um dos assessores que participaram da reunião. "Desconfio que estavam cientes da tempestade política à vista, e provavelmente queriam apresentar um argumento que não enfurecesse nenhum dos lados. A decisão de mostrar essa seleção restrita de anúncios, que, segundo eles, refletiam ambos os lados da narrativa, quando de fato não era nada disso, não inspirou muita confiança."

Na verdade, essa decisão fora tomada depois de discussões internas acaloradas sobre como fornecer a menor quantidade possível de informações de modo a tranquilizar os congressistas mais indignados. Nas horas seguintes à publicação no blog, os departamentos de imprensa e de diretrizes e políticas do Facebook andaram em círculos para achar uma solução. Tom Reynolds, um ex-assessor parlamentar que se tornara porta-voz do Facebook, vinha recebendo solicitações incessantes de repórteres de veículos como *Washington Post*, *New York Times* e CNN. Alertara que a imprensa não facilitaria a vida da empresa. Num e-mail enviado na tarde de 6 de setembro, Reynolds avisou os colegas que a imprensa estava contestando o argumento do Facebook de que este não poderia compartilhar o conteúdo de páginas ou anúncios. "Agora que passamos ao capítulo seguinte da cobertura, os repórteres vão insistir mais na questão de 'Por que vocês não divulgam o conteúdo dos anúncios, ou o impacto/alcance deles?'" O e-mail, direcionado aos departamentos de segurança, diretrizes e políticas e relações públicas, explicava que os porta-vozes do Facebook estavam dizendo aos jornalistas que não podiam compartilhar os anúncios devido às leis federais que protegiam os dados dos usuários. Embora essa justificativa jurídica fosse válida, argumentava Reynolds, o Facebook seria "pressionado a respeito desses temas".

A advogada Molly Cutler explicitou mais uma vez a argumentação jurídica da empresa, reiterando que o Facebook deveria se ater ao roteiro e afirmar que agia assim por preocupação com a privacidade dos usuários. Apenas alguns minutos depois, Brian Rice, um dos lobistas vinculados aos democratas, respondeu que essa postura não iria convencer nem o Congresso nem o público. "Não creio que devemos nos basear em nossos termos de uso e na obrigação de preservar a privacidade", escreveu. "Independentemente do que estamos obrigados a fazer por lei, a conclusão mais fácil vai ser 'o Facebook preserva a privacidade de trolls russos em detrimento da democracia ocidental'."

Havia incontáveis maneiras de interpretar a questão da privacidade. Membros da equipe jurídica argumentaram que o compartilhamento de conteúdo produzido na Rússia era uma violação da Lei de Privacidade nas Comunicações Eletrônicas, concebida para impedir o governo de ter acesso a comunicações eletrônicas particulares. Entregar o conteúdo e os anúncios criados pelos russos era, na opinião desses advogados, uma violação da privacidade dos usuários e abriria um precedente para que o Congresso solicitasse no futuro a entrega de conteúdos de outros indivíduos. No entanto, para os departamentos de diretrizes e políticas e de segurança, ao seguir a lei ao pé da letra, o Facebook não levava em conta o espírito da legislação.

Em 21 de setembro, Zuckerberg falou pela primeira vez sobre os anúncios russos, num vídeo do Facebook Live. Ele estava disposto a colaborar com a investigação do Congresso e entregaria o material, afirmou. "Não quero que ninguém use as nossas ferramentas para minar a democracia. Não é isso que defendemos."

Em questão de dias, a empresa enviou um lobista para entregar um pendrive contendo o primeiro lote de 3393 anúncios para um assessor da Comissão da Câmara. No dia 2 de outubro, Schiff anunciou que a Comissão recebera os anúncios e divulgaria uma amostra para o público. Ambas as comissões de inteligência, da Câmara e do Senado, divulgaram comunicados à imprensa anunciando que fariam audiências com os executivos do Facebook, do Twitter e do Google para examinar a questão da interferência da Rússia nas eleições. "O povo americano deve ser informado sobre a maneira como os serviços de inteligência russos manipularam e se aproveitaram das plataformas on-line para instigar e amplificar tensões sociais e políticas, o que constitui uma tática a que vemos o governo russo recorrer ainda hoje", declarou Schiff.[3]

Os arquivos no pendrive proporcionavam o mínimo possível de informações: PDFs de duas ou três páginas com alguns metadados básicos na primeira página, como a identificação da conta; a quantidade de visualizações, compartilhamentos e curtidas relativos a cada anúncio; bem como o preço pago por peça publicitária. A segunda e, por vezes, a terceira páginas exibiam imagens do anúncio. Os PDFs não incluíam dados de geolocalização nem metadados mais detalhados. A equipe de diretrizes e políticas e os advogados do Facebook também acertaram com a Comissão que seriam ocultados os conteúdos e as imagens que a IRA roubara ou copiara de pessoas reais. Essas pessoas eram vítimas inocentes, concordaram os assessores e advogados da Câmara, e expô-las seria uma violação de sua privacidade.

Três assessores da Comissão passaram três semanas vasculhando os arquivos e notaram que muitos eram ilegíveis devido às tarjas pretas inseridas pelo Facebook. Os assessores parlamentares insistiram para que algumas das tarjas fossem retiradas em arquivos específicos, ao menos para que pudessem ser examinados. Quando o Facebook aceitou fazer isso, constatou-se que muitas das imagens e dos textos censurados eram de imagens comerciais ou de memes com ampla circulação na internet. "Era uma tremenda demonstração de má vontade, uma coisa frustrante", comentou um dos assessores.

Enquanto o Facebook se defrontava com os congressistas a portas fechadas, Sandberg intensificou a operação de relações públicas em preparação para as audiências. A coo do Facebook chegou a Washington no dia 11 de outubro, três semanas antes das audiências, a fim de se reunir com congressistas e jornalistas. Começou o dia com uma entrevista, transmitida ao vivo, feita por Mike Allen, um veemente jornalista político e fundador do recém-criado site de notícias Axios, de leitura obrigatória entre os políticos. "Ocorreram coisas na plataforma que não deveriam ter ocorrido" nos meses anteriores à eleição presidencial de 2016, admitiu Sandberg. "Sabemos que temos a responsabilidade de impedir, na medida do possível, que isso aconteça em nossas plataformas."

Poucas horas depois, num encontro privado com Schiff e um deputado eleito pelo Texas, Mike Conaway, o principal republicano na Comissão, Sandberg assegurou que o Facebook levava a sério toda a questão. "Ela estava ali para reduzir danos e proteger seu flanco", comentou um funcionário do Facebook. Mas Sandberg também deixou claro que a empresa não revelaria o que havia encontrado. Disse a Schiff que cabia ao Congresso informar ao público.

A ida de Sandberg a Washington pouco contribuiu para amenizar as preocupações dos congressistas. No dia 1º de novembro, após meses de alusões enviesadas aos controversos anúncios apoiados pelos russos, a Comissão de Inteligência da Câmara revelou amostras do material durante a audiência com os advogados-gerais do Facebook, do Twitter e do Google. Os assessores legislativos ampliaram imagens dos anúncios e as exibiram em cartazes pendurados na sala de audiências.

Os comentários iniciais de Schiff foram direto ao ponto:

"Hoje, os senhores vão ver uma amostra representativa desses anúncios, e vamos perguntar às empresas de mídias sociais o que sabem sobre a amplitude do uso das mídias sociais por parte dos russos, por que levaram tanto tempo para constatar esse abuso de suas plataformas e o que pretendem fazer no sentido de proteger o nosso país dessa influência danosa no futuro". Schiff e Conaway então chamaram a atenção para os anúncios exibidos ao redor. Um deles, de uma conta intitulada "Ser patriota", mostrava uma foto de seis policiais carregando o caixão de um colega morto e trazia a legenda "Mais um ataque chocante contra a polícia por um militante do movimento BLM [Black Lives Matter]". Outro anúncio, do "Sul unido", mostrava a bandeira dos confederados com a legenda "Tradição, não ódio. O Sul vai se reerguer!". Divulgado em outubro de 2016, o anúncio custou 1,3 mil dólares e recebeu cerca de 40 mil curtidas. Na audiência, alguns deputados ressaltaram que membros da campanha e do governo Trump, entre os quais Kellyanne Conway e Michael Flynn, haviam compartilhado alguns desses anúncios.

Schiff também traçou um quadro geral do alcance da operação da IRA na plataforma. Com base em informações cedidas pelo Facebook, segundo ele, a Comissão concluíra que um total de 126 milhões de americanos provavelmente haviam sido expostos ao conteúdo de uma página da IRA e que 11,4 milhões de americanos tinham visto algum anúncio postado pela fazenda de trolls.

Ao ser chamado para depor, o advogado principal do Facebook, Colin Stretch, assegurou que a empresa estava aprendendo com os seus erros. A companhia pretendia contratar mais gente para a equipe de segurança digital, além de usar recursos de inteligência artificial para identificar contas falsas. Mas também admitiu que a IRA tinha a capacidade de produzir um enorme impacto: "Eles conseguiram obter um número relativamente importante de seguidores a um custo monetário relativamente baixo. Sua atividade como um todo parece muito perniciosa, e foi realizada, na minha opinião, por gente que entende o funcionamento das mídias sociais. Não se trata de amadores, e acho que isso confirma a ameaça que enfrentamos e os motivos por que estamos tão empenhados em abordá-la daqui em diante".

Para o departamento de segurança digital do Facebook, a impressão era a de estar sob ataque. Eles haviam revelado uma campanha de desinformação russa que ninguém mais, incluindo o governo americano, havia previsto ou pensado em verificar. Porém, em vez de receberem agradecimentos, eram alvo de zombaria por terem deixado passar a campanha russa e por levarem tempo demais para divulgar o que tinham descoberto. Stamos, sobretudo, sentia-se sob cerco. Por isso, recorreu ao Twitter para se queixar do modo como a imprensa interpretara os anúncios. No entanto, logo notou que os seus comentários eram recebidos com ceticismo. Sua reputação como canário de garantia estava manchada. A comunidade de cibersegurança queria saber por que ele havia permanecido em silêncio por tanto tempo depois que obtivera as provas.

Stamos decidiu então se concentrar em seu círculo imediato. Era uma questão de assegurar que o Facebook não voltasse a cometer os mesmos erros. Durante o segundo semestre de 2017, preparou várias propostas para reorganizar a equipe de segurança. Um dos pontos discutidos após a postagem de 6 de setembro no blog havia sido a expansão do quadro dedicado à segurança digital; num e-mail de 11 de setembro, Tom Reynolds argumentara que dizer aos jornalistas que o Facebook estava ampliando e reforçando a equipe de segurança iria "nos dar algo positivo para apresentar". Nos meses seguintes, porém, Stamos ficou em dúvida se a empresa estava de fato considerando a contratação de mais pessoal em sua área. Também não tinha certeza sobre outra ideia que propusera em outubro: a contratação de um pesquisador independente como Ash Carter, o ex-secretário de Defesa de Obama, para avaliar como o Facebook conduzira a investigação sobre a operação russa.

Em dezembro, Stamos, perdendo a paciência, redigiu um memorando sugerindo que o Facebook reorganizasse a equipe de segurança de modo que, em vez de constituir uma unidade isolada, seus membros fossem alocados nos diversos departamentos da empresa. Se todos estivessem em contato uns com os outros, haveria menos probabilidade de que outra ofensiva de desinformação sofisticada, como aquela empreendida pelos russos, passasse incólume. Durante semanas, não recebeu nenhuma resposta de seus superiores. Não era algo inusitado: afinal, com a aproximação das festas de final de ano, muita gente estava com outras preocupações em mente. Ele decidiu retomar a questão assim que todos voltassem ao trabalho em janeiro. Então, no meio do recesso natalino, recebeu uma ligação de Stretch.

O Facebook decidira seguir seu conselho, mas em vez de reestruturar a nova equipe de segurança sob o comando de Stamos, o veterano vice-presidente da área de engenharia, Pedro Canahuati, assumiria a chefia de todas as funções de segurança. E Stretch não mencionou qual seria o novo cargo de Stamos na empresa. A decisão parecia motivada por rancor: Canahuati não gostou de quando Stamos aconselhou Zuckerberg a impedir o acesso dos engenheiros aos dados dos usuários. Nenhuma outra área fora tão afetada pela decisão quanto a de Canahuati, e, em razão disso, o vice-presidente de engenharia da empresa guardava um ressentimento contra Stamos. Agora, em detrimento de Stamos, ele assumiria o controle com a ampliação da divisão de segurança.

Stamos ficou atônito e furioso. "Fiquei paralisado, completamente transtornado. Mark acatou o plano que desmontava a minha equipe sem nem mesmo falar comigo", lembraria mais tarde.

Quando retornou ao trabalho em janeiro, a equipe de segurança com mais de 120 pessoas que ele montara havia em grande parte se dispersado. Seguindo a sugestão do próprio Stamos, seus membros foram distribuídos pelas várias divisões da empresa, mas ele mesmo ficou sem função ou acesso ao seu trabalho. Em vez disso, viu-se encarregado de uma equipe reduzida a meia dúzia de pessoas.

O único momento de comemoração ocorreu na tarde de 20 de fevereiro, quando o promotor especial Robert Mueller anunciou ter indiciado ou obtido confissões de treze pessoas e três empresas, no âmbito de um inquérito que abrangia acusações de interferência eleitoral contra indivíduos na Rússia e de crimes cometidos por assessores de Trump em território americano. No escritório de Washington, alguém fez uma foto de Moran, Weedon, Eubank, Belogolova e William Nuland (outro membro da equipe de inteligência) lendo o indiciamento nas telas de seus computadores e brindando ao esforço que haviam empreendido.

"Era o primeiro reconhecimento público do que havíamos feito, o momento histórico para o qual tínhamos contribuído", comentou um deles. "Foi maravilhoso esse reconhecimento, mesmo que tenha ficado entre nós."

A equipe sabia que Stamos já havia entregado a sua carta de demissão a Stretch, que no entanto o convenceu a ficar até o início do segundo semestre. O Facebook, segundo lhe disseram, preferia que o seu desligamento fosse discreto. Era preciso pensar nos membros remanescentes da equipe, e Stamos teria um vantajoso pacote rescisório se ficasse calado e anunciasse a demissão como uma saída amigável em agosto.

Durante o restante do tempo que ficou no Facebook, Stamos não conversou com Sandberg ou Zuckerberg sobre a campanha russa de desinformação nem sobre sua saída da empresa. Não houve nenhuma grande festa de despedida. Em vez disso, ele foi com os colegas mais próximos beber tequila no bar que haviam montado no canto do prédio isolado em que trabalhavam. Batizado pela equipe de "Servir e Proteger", o bar continuou sendo chamado assim mesmo após a saída de Stamos.

8. #DeleteFacebook

No dia 17 de março de 2018, o *New York Times* e o *Observer* de Londres publicaram matérias de capa sobre uma empresa, a Cambridge Analytica, que havia obtido informações de perfis, registros de curtidas e de compartilhamentos, metadados de fotos e localização, bem como de listas de amigos de dezenas de milhões de usuários do Facebook. Um funcionário dessa firma de consultoria política britânica vazara a história para os jornais, com a chocante alegação de que a empresa — fundada por um apoiador de Trump, Robert Mercer, e dirigida por Stephen K. Bannon, um importante assessor do presidente americano — alcançara um novo patamar no direcionamento de mensagens políticas, usando dados do Facebook referentes a traços de personalidade e crenças políticas.

Mais espantoso, no entanto, era o detalhe de que a Cambridge Analytica coletara os dados do Facebook sem pedir autorização dos usuários. "A brecha permitia que a empresa tirasse vantagem do comportamento privado na mídia social de uma enorme fatia do eleitorado americano, aperfeiçoando técnicas a que recorrera na campanha do presidente Trump em 2016", relatou o *New York*

Times.[1] E, segundo o *Observer*, a "coleta de dados sem precedentes, e o uso a que se prestou, levanta novas e urgentes questões sobre o impacto do Facebook no direcionamento de anúncios a eleitores no pleito presidencial americano".[2]

Era a mais recente quebra de confiança no repetitivo padrão de abusos da privacidade de dados por parte do Facebook.[3] Uma longa história de compartilhamento de dados dos usuários com milhares de aplicativos na internet permitira que a Cambridge Analytica coletasse informações de até 87 milhões de usuários do Facebook sem o conhecimento deles. Mas o caso da Cambridge Analytica era especialmente sensível em função do cliente mais famoso da empresa britânica: a campanha de Donald J. Trump. Com a onda de indignação provocada pelo papel do Facebook na interferência eleitoral ainda em alta e os Estados Unidos aguerridamente polarizados pela vitória de Trump, o caso juntava duas correntes de cólera que se alastravam no país em um escândalo de privacidade de proporções inéditas.

Três semanas depois, Zuckerberg prestou depoimento diante de uma pequena mesa no cavernoso salão de audiências do edifício Hart, no Senado. Ele vestia um terno azul-marinho de corte ajustado e uma gravata no tom azul do Facebook. Dava a impressão de estar exausto, com o rosto pálido e os olhos fundos, mantendo o olhar fixo e impassível enquanto os fotógrafos tentavam se posicionar melhor, com as câmeras zunindo ao seu redor. Um séquito de executivos da empresa — Joel Kaplan, Colin Stretch e vários lobistas — com semblantes carregados se acomodou atrás do CEO.

"O Facebook é uma empresa idealista e otimista", afirmou Zuckerberg no início do depoimento. Ele apresentou um retrato benevolente da rede social, como uma plataforma que contribuíra para tornar mais conhecido o movimento Me Too e ajudara os organizadores estudantis a coordenar a manifestação March for Our

Lives, em prol do controle de armas. Depois do furacão Harvey, acrescentou, os usuários haviam arrecadado na plataforma mais de 20 milhões de dólares para causas humanitárias. "Durante a maior parte da nossa existência, sempre nos concentramos em promover todo o bem que resulta da conexão entre as pessoas."

Era a primeira vez que Zuckerberg depunha no Congresso, e ele se viu diante de um público hostil. Fora do salão de audiências, centenas de espectadores, lobistas e defensores da privacidade haviam formado filas que serpenteavam pelos salões de mármore. Diante do edifício, manifestantes protestavam com cartazes dizendo "Delete o Facebook". Perfis recortados em papelão mostrando Zuckerberg usando uma camiseta com os dizeres "Conserte o Facebook" pontilhavam o gramado do Capitólio.

No interior do prédio, ele se defrontou com 44 senadores, acomodados em cadeiras de couro negro de espaldar alto numa bancada de dois níveis. Na sua mesinha, um pequeno microfone erguia-se de uma caixa onde se via um cronômetro digital com algarismos vermelhos. Sua agenda de couro preto estava aberta numa página com os pontos que iria ressaltar — "Defender o Facebook, Conteúdo Perturbador e Questão Eleitoral (Rússia)" — ao lado de um solitário lápis amarelo.

O senador Dick Durbin, um veterano representante democrata de Illinois, fitou Zuckerberg por cima dos óculos retangulares de moldura preta apoiados na ponta do nariz. "Sr. Zuckerberg, o senhor teria algum problema em compartilhar conosco o nome do hotel em que passou a noite passada?", começou Durbin.

Zuckerberg hesitou, erguendo os olhos para o teto e rindo nervosamente. "Humm, não", respondeu com um sorriso desconfortável.

"Se o senhor enviou alguma mensagem nesta semana, estaria disposto a compartilhar conosco os nomes das pessoas com quem se comunicou?", prosseguiu Durbin.

"Senador, não, é provável que eu não fizesse isso publicamente aqui", Zuckerberg respondeu em tom sério.

"Acho que talvez seja este o ponto central do que estamos discutindo aqui", disse Durbin. "Seu direito à privacidade, os limites desse direito, e em que medida essa privacidade, nos Estados Unidos de hoje, é desrespeitada em nome de, entre aspas, conectar as pessoas ao redor do mundo."[4]

O recurso que permitira à Cambridge Analytica obter esses dados remontava a oito anos antes, a um momento em que Zuckerberg subiu ao palco da conferência F8 para programadores, em San Francisco, a fim de apresentar o Open Graph, um programa que facilitava a desenvolvedores externos de aplicativos o acesso a informações dos usuários do Facebook. Em troca, o Facebook conseguia que os usuários passassem mais tempo em seu site. Em seguida, Zuckerberg convidou os criadores de aplicativos — de jogos, comércio e mídia — a se conectar à plataforma. Apenas uma semana após a conferência F8, 50 mil sites haviam instalado os plug-ins do Open Graph.[5] O Facebook abriu as portas para que os aplicativos acessassem seus dados mais valiosos: nomes dos usuários, endereços de e-mail, locais de residência, datas de nascimento, detalhes de relacionamentos, filiações políticas e históricos trabalhistas. Na corrida para agregar o maior número de parceiros, a divisão de vendas recebera instruções para usar a oferta de dados como incentivo para a adoção do Open Graph. A segurança e a privacidade eram uma preocupação secundária. Para cada dez funcionários do Facebook encarregados de recrutar novos parceiros para o sistema do Open Graph e ajudá-los a adaptar os seus sistemas a fim de receber as informações, havia apenas uma pessoa supervisionando as parcerias e cuidando para que os dados fossem usados de forma responsável.

Pelo menos um funcionário da empresa, o gerente de operações Sandy Parakilas, tentara alertar para os riscos do programa. Em 2012, Parakilas avisou os principais executivos, entre eles Chris Cox, de que o Open Graph era uma bomba-relógio em termos de privacidade e segurança e enviou um PowerPoint que mostrava como o programa deixava os usuários expostos a negociantes de dados e agentes estatais estrangeiros. Era muito provável que o Open Graph acabasse fomentando um mercado negro de dados dos usuários do Facebook, insistia Parakilas. Porém, quando sugeriu que a empresa fizesse uma investigação, os executivos debocharam. "Você realmente quer ver o que vamos descobrir?", perguntou um alto executivo.[6] Decepcionado, Parakilas deixou a empresa meses depois.

Em 2014, Zuckerberg mudou de estratégia e anunciou o cancelamento do programa Open Graph porque não vinha gerando tanto engajamento na plataforma quanto previsto.[7] Pouco antes de o Facebook fechar as portas para os desenvolvedores externos, Aleksandr Kogan, um pesquisador da Universidade de Cambridge, conectou-se ao Open Graph e criou um teste de personalidade intitulado "thisisyourdigitallife". Quase 300 mil usuários participaram. Kogan coletou os dados desses indivíduos e também dos amigos deles, multiplicando as informações até abranger quase 90 milhões de usuários.[8] Em seguida, repassou os dados a uma terceira empresa, a Cambridge Analytica, violando assim as regras de uso estabelecidas pelo Facebook.

A reação ao escândalo foi rápida e violenta. Horas depois de divulgada a história, a senadora democrata Amy Klobuchar, do estado de Minnesota, convocou Zuckerberg para prestar depoimento no Congresso.[9] A hashtag #DeleteFacebook começou a viralizar no Twitter. Em 11 de março, o senador republicano John Kennedy, da Louisiana, assinou com Klobuchar uma carta para o presidente da Comissão de Justiça solicitando que Zuckerberg comparecesse à audiência.[10] Celebridades adotaram a hashtag #DeleteFacebook: Cher tuitou, no dia seguinte, que estava cancelando sua conta no Facebook, até então uma ferramenta útil para seus trabalhos de caridade. Na postagem, ela afirmou que havia "coisas mais importantes" do que dinheiro.[11] Até mesmo amigos de Sandberg e Zuckerberg enviaram e-mails dizendo que tinham encerrado suas contas. Milhares de usuários tuitaram imagens de mensagens recebidas da plataforma confirmando a desativação.

Na terça-feira, 20 de março de 2018, o vice-advogado principal do Facebook, Paul Grewal, convocou uma reunião de emergência a fim de informar aos funcionários que a empresa começara uma investigação interna da Cambridge Analytica.[12] Zuckerberg e Sandberg não compareceram, um sinal de alerta que gerou mais tensão entre os presentes.

No mesmo dia, membros da Comissão Federal de Comércio comunicaram à imprensa que o órgão iniciara uma investigação própria sobre as violações pelo Facebook do código de consentimento privado de 2011, um abrangente acordo referente a acusações de que a empresa repetidamente enganara os usuários e usara seus dados de maneira imprópria.[13] Firmado após meses de negociações, esse acordo pusera fim a uma queixa referente a oito casos de atividade ilegal, a começar pela mudança nos critérios de privacidade em dezembro de 2009.[14] Para se livrar das acusações, o Facebook concordou em se submeter a auditorias de privacidade durante duas décadas, o que levou a Comissão Federal de Comércio, sob controle dos democratas, a descrever o acordo como "histórico" e um novo padrão de respeito à privacidade. "A inovação do Facebook não tem por que ocorrer em detrimento da privacidade dos consumidores", declarou oficialmente o então presidente da Comissão Federal de Comércio, Jon Leibowitz. "A atuação da Comissão vai garantir que isto não ocorra."

E no entanto, sete anos depois, lá estava a empresa incorrendo em uma aparente violação do acordo.

As autoridades britânicas também abriram um inquérito sobre o Facebook e confiscaram os servidores da Cambridge Analytica. O Reino Unido começara a investigar a firma de marketing político em razão de seu suposto papel no referendo de 2016, no qual os britânicos votaram para que o país abandonasse a União Europeia, na iniciativa conhecida como Brexit. As novas revelações sobre a coleta de dados do Facebook por parte da Cambridge Analytica atiçaram as preocupações na Grã-Bretanha quanto à manipulação política nos meses anteriores a essa contenciosa votação.[15]

Desde que o relatório fora divulgado, as ações do Facebook haviam caído 10%, eliminando 50 bilhões de dólares de sua capitalização de mercado. Durante o desenrolar da crise, nem Zuckerberg nem Sandberg fizeram declarações ou apareceram em público — o que levou a questionamentos por parte da imprensa. A Vox, a CNN e o *Guardian* publicaram artigos com o mesmo título: "Onde está Mark Zuckerberg?". A resposta não era nada surpreendente. Zuckerberg, os assessores mais próximos e os especialistas em relações públicas tinham se acantonado no Aquário, voltando para casa apenas para trocar de roupa e dormir algumas poucas horas de sono. Eles ocupavam todos os assentos no sofá cinzento em formato de L e todas as cadeiras na mesa de reuniões. O ar na sala estava viciado, e copos de café, latas de refrigerantes e embalagens vazias de salgadinhos e doces se acumulavam na mesa e no piso de madeira clara.

No outro lado do andar, via-se a mesma desordem na sala de reuniões de Sandberg. Ela reunira sua tropa de exaustos assessores de diretrizes e políticas e de comunicações, além de seu "gabinete informal" de conselheiros externos, entre os quais David Dreyer, ex-funcionário do alto escalão do Tesouro, e o sócio dele, Eric London. Os dois dirigiam uma empresa de consultoria e relações institucionais em Washington, a que Sandberg recorria como consultores pessoais e profissionais. Esses conselheiros participavam da reunião por videoconferência.

A primeira coisa a fazer, na opinião de Zuckerberg, era entender em que pé estava a situação. Ele ordenou aos funcionários que cessassem toda comunicação externa até que se fizesse uma avaliação e orientou Sandberg e as equipes de assessoria jurídica e de segurança para que vasculhassem e-mails, memorandos e mensagens trocados entre os funcionários do Facebook, Kogan e a Cambridge Analytica a fim de descobrir como a empresa perdera o controle sobre seus próprios dados. Porém, os funcionários que conheciam o acordo com a Cambridge Analytica já haviam saído do Facebook ou então tinham perdido contato com seus parceiros empresariais. No dia 19 de março, a plataforma contratou uma empresa londrina de análise forense digital para tentar acessar os servidores da Cambridge Analytica. Mas o Gabinete do Comissário para a Informação, o órgão regulador de proteção de dados do Reino Unido, bloqueou a iniciativa, pois já confiscara os servidores.[16]

O pouco que o Facebook sabia era preocupante. A empresa ouvira falar da Cambridge Analytica em dezembro de 2015, por meio de uma matéria no *Guardian* sobre a equipe da campanha presidencial de Ted Cruz ter contratado uma firma de marketing político conhecida por sua capacidade de usar os dados do Facebook para segmentar os eleitores.[17] Depois de publicado o artigo, um dos funcionários do Facebook encarregados de parcerias ordenara à firma que apagasse os dados, mas depois não se empenhara em obter a confirmação do que havia sido determinado.

Zuckerberg concentrou-se em detalhes técnicos, do tipo como a Cambridge Analytica coletara os dados, e como haviam sido transferidos para Kogan e, depois, para a Cambridge Analytica. O vazamento ocorrera numa área da empresa sob a sua alçada, a de desenvolvimento do produto, e ele fora o arquiteto do Open Graph. Mesmo assim, a portas fechadas, mostrou que estava furioso com Sandberg. Na reunião que faziam toda sexta-feira, esbravejou que ela deveria ter se empenhado mais para neutralizar a história, ou pelo menos para manter o controle da narrativa. Na visão dele, era a segunda vez que ela fracassava em dirigir a narrativa da imprensa a respeito de um escândalo envolvendo o Facebook; também notara a inaptidão dela para conferir um caráter mais favorável ao episódio da interferência eleitoral da Rússia e sua consequência no Congresso. Sandberg chegou inclusive a comentar essa conversa com amigos na empresa, manifestando a preocupação de que poderia ser demitida. Ouviu em resposta a garantia de que Zuckerberg estava apenas desabafando sua irritação. A expectativa de que Sandberg poderia, ou deveria, ser considerada responsável pela crise era pouco realista, na opinião de alguns funcionários. "A questão da Cambridge Analytica surgiu de uma decisão tomada pela divisão de produtos, sob a alçada de Mark. Sheryl era uma conselheira, que aprovava ou desaprovava as medidas, mas a decisão final cabia a Mark", comentou um ex-funcionário.

Mesmo antes do escândalo da Cambridge Analytica, Sandberg vinha considerando um desastre pessoal a lenta decadência da empresa. Em janeiro de 2018, em sua peregrinação costumeira a Davos, onde Trump discursou, ela se manteve longe dos holofotes. Sandberg não falou em nenhuma das conferências, ainda que houvesse menções constantes ao Facebook pelos outros participantes. Num debate intitulado "Podemos confiar na tecnologia?", o CEO da Salesforce, Marc Benioff, observou que a interferência eleitoral e as violações de privacidade comprovavam a necessidade de regulamentação das empresas de tecnologia. Mais tarde, no mesmo dia, ele diria ao jornalista Andrew Ross Sorkin, na CNBC, que o Facebook era tão perigoso quanto a indústria do tabaco. "Trata-se de um produto viciante, como os cigarros, que a gente sabe que não faz bem para a saúde", disse Benioff. "São muitos os paralelos."[18]

Dois dias depois, no jantar que promovia todos os anos, George Soros fez um discurso se dizendo muito preocupado com o papel da propaganda e das campanhas de desinformação nas plataformas sociais durante as eleições americanas. Refugiado judeu de origem húngara e sobrevivente do Holocausto, Soros atribuía parte da culpa por isso ao modelo de negócios do Facebook, que, em sua opinião, capturava a atenção dos usuários com fins comerciais, "induzindo as pessoas a abdicarem de sua autonomia". Para Soros, o Facebook e o Google eram monopólios que não tinham "nem a vontade nem a intenção de proteger a sociedade das consequências de suas ações".[19]

As críticas eram exageradas e soavam injustas; ninguém ressaltava os benefícios proporcionados pela empresa. As promotoras da Marcha das Mulheres de 2017, realizada em Washington, haviam usado o Facebook para organizar a manifestação; a plataforma contribuíra para fazer com que 2 milhões de americanos passassem a votar; os usuários recorriam aos amigos no Facebook para encontrar doadores de órgãos — exemplos marcantes das contribuições do Facebook para a sociedade eram esquecidos por causa de alguns problemas, Sandberg reclamou com os assessores. Ela gostava de contar a história, hoje bem conhecida, de como o ativista egípcio Wael Ghonim usara a plataforma para organizar protestos contra o regime autoritário de Hosni Mubarak e, com isso, desencadear a revolução que tomou conta do Egito e se estendeu à Tunísia. Numa entrevista a Wolf Blitzer, da CNN, logo após a queda de Mubarak, Ghonim comentou que "gostaria de me encontrar com Mark Zuckerberg e agradecer a ele".[20] Sandberg, porém, nunca falou dos casos em que a liberdade de expressão também incluía conteúdos danosos — como a teoria conspiratória de que os assassinatos na escola primária Sandy Hook eram uma invenção ou a de que as vacinas causavam autismo. Era como se moldasse a sua visão de mundo de modo a omitir tudo o que era negativo ou todas as críticas externas. Quando a empresa se mudou para a nova sede em Menlo Park, ela chegou até mesmo a batizar a sua sala de reuniões de "Só Boas Notícias". As histórias edificantes eram uma validação tanto da missão do Facebook como de sua ambição de dirigir uma empresa que fizesse mais do que apenas gerar lucros.

Sandberg ficou na defensiva diante de ataques às intenções daqueles que comandavam a plataforma. Para ela, as críticas eram resquícios da reação negativa ao seu livro *Faça acontecer*. Antes da entrevista de Sandberg ao episódio do programa *60 Minutes* que tratou do livro, Norah O'Donnell a descrevera como uma menina que, depois de frequentar escolas públicas em Miami, passara pela Universidade Harvard, pelo governo Clinton e pelo escalão superior do Google, tornando-se uma das executivas mais poderosas do mundo como a segunda pessoa mais importante do Facebook. Mas não era isso o que a colocava nas manchetes, acrescentou O'Donnell.

"Num livro recém-lançado que já causa impacto, Sandberg sugere um dos motivos pelos quais tão poucas mulheres chegaram ao topo", afirmou a âncora, erguendo a sobrancelha num arco perfeito. "O problema, segundo ela, talvez sejam as próprias mulheres."[21]

O livro *Faça acontecer* surgira a partir do discurso proferido por Sandberg no início do ano letivo do Barnard College, em 2011, um apelo a que as mulheres se dedicassem a suas carreiras. O vídeo do discurso viralizou e contribuiu para transformá-la em novo ícone feminista. No entanto, O'Donnell preferiu salientar o crescente ressentimento não só contra o livro, mas também contra a autora. Na opinião de algumas críticas, Sandberg era injusta ao responsabilizar as mulheres, em vez de apontar o dedo para os preconceitos de gênero no âmbito cultural e institucional. Ela absolvia os homens e exortava as mulheres a ser bem-sucedidas de acordo com os critérios masculinos. E, o que talvez fosse ainda mais repreensível, ignorava a realidade da maioria das mulheres trabalhadoras, que não tinham companheiros em casa com quem poderiam dividir as tarefas domésticas ou que contribuíssem financeiramente para a contratação de babás, professores particulares e faxineiras, como era o caso de Sandberg.

"Você está sugerindo que as mulheres não são ambiciosas o bastante", afirmou O'Donnell.

Quase todo o segmento de doze minutos apresentara um perfil radiante da autora, mas, quando O'Donnell a confrontou com as críticas ao livro, Sandberg mostrou-se visivelmente contrariada.

Ela queria que as mulheres soubessem que tinham muitas opções e não deveriam excluir as oportunidades profissionais, replicou de imediato. De acordo com os dados disponíveis, argumentou, as mulheres não estavam lutando por aumentos salariais, promoções ou tomando a iniciativa em reuniões. Era uma obrigação sua compartilhar sua pesquisa e sua experiência de vida. Ao escrever o livro, tivera a intenção de empoderar as mulheres e de ajudá-las a conduzirem suas carreiras de forma mais inteligente. "Minha mensagem não é de que as mulheres são culpadas", defendeu-se ela. "Existe muita coisa que a gente não controla. O que estou dizendo é que existe muita coisa que podemos controlar e podemos fazer isso por nós mesmas, participando de mais decisões, tomando mais iniciativa."

Sandberg fora alertada de que o livro seria alvo de críticas. Uma amiga lhe avisou que ela transmitia um ar de elitismo: a maioria das mulheres não conseguiria simpatizar com uma mulher branca, riquíssima e com formação privilegiada. Sandberg, porém, ficou surpresa com os comentários negativos. Maureen Dowd, colunista do *New York Times*, a descreveu como uma "flautista de Hamelin com PowerPoint e botas Prada reacendendo a revolução feminina". A COO do Facebook talvez até fosse bem-intencionada, reconheceu Dowd, mas seu chamado à ação baseava-se num conceito equivocado. "As pessoas se engajam num movimento a partir de baixo, e não de cima. Sandberg cooptou o vocabulário e o romantismo de um movimento social a fim de vender a si mesma, e não uma causa."[22]

Para Sandberg, críticas como a de Dowd não eram pertinentes. "Em toda a minha vida ouvi, e eu mesma sentia isso, que devia evitar ser bem-sucedida demais, inteligente demais, e várias outras coisas do tipo", contou a O'Donnell. "Isso é algo muito pessoal para mim. Em vez de serem chamadas de mandonas, quero que todas as meninas ouçam coisas como 'você tem capacidade para liderar'."

As reações negativas pareciam pessoais e injustas — uma afronta. Ela sentiu-se atacada exatamente no que considerava um território inexpugnável: suas boas intenções.

Do mesmo modo, o linchamento público do Facebook parecia infundado. A empresa tornara-se um bode expiatório, um alvo conveniente para os rivais, Sandberg dizia aos funcionários mais experientes logo após o escândalo da Cambridge Analytica. Era a inveja que determinava a forma como a empresa era retratada na imprensa: os jornais culpavam o Facebook pelo declínio do setor editorial, e a mídia punia a plataforma com uma cobertura negativa. Outros executivos achavam que existia uma explicação ainda mais simples para a reação contrária: a de que não haveria nenhuma controvérsia caso a Cambridge Analytica não estivesse associada a Trump. "As pessoas estão furiosas conosco por causa da eleição de Trump", insistiu um veterano ex-executivo.

Alguém precisava fazer uma declaração pública. Cinco dias após a eclosão do escândalo, Zuckerberg aceitou conceder uma entrevista no Aquário a uma repórter da cnn, Laurie Segall. O ceo começou com o habitual ato de contrição. "Isso foi uma enorme quebra de confiança, e lamento muito mesmo que tenha acontecido", disse, com a sua expressão de lebre surpreendida por faróis na estrada. A empresa começaria a fazer uma auditoria de todos os aplicativos que poderiam ter coletado e guardado dados sensíveis, garantiu a Segall.

Porém, quando a jornalista perguntou por que o Facebook não se empenhara, em 2015, para confirmar que os dados haviam sido apagados pela Cambridge Analytica, Zuckerberg estrilou. "Não sei como é com você", respondeu, sem disfarçar a impaciência, "mas, quando me asseguram legalmente que algo será feito, tenho o costume de acreditar que de fato vai ser feito."

Zuckerberg havia se preparado durante semanas para o depoimento no Congresso, com a ajuda de uma equipe do escritório de advocacia WilmerHale, sediado em Washington. Em audiências simuladas, foi bombardeado com perguntas sobre privacidade e interferência eleitoral, e também sobre os nomes e a história de cada um dos parlamentares. Os advogados o alertaram sobre perguntas imprevistas com a intenção de afastá-lo dos temas sobre os quais devia tratar.

Os riscos eram grandes: as audiências prometiam levantar a cortina e revelar detalhes sobre a máquina de lucros baseada em anúncios personalizados, obrigando Zuckerberg a defender uma parte do negócio que raramente discutia em público. O ceo era conhecido pelo nervosismo que demonstrava em aparições, demonstrando uma propensão a transpirar profusamente e gaguejar nas entrevistas mais inquisitivas. Como quase nunca o desafiavam, seus assessores não tinham certeza de como reagiria a perguntas hostis, exibicionismos e interrupções — coisas típicas das audiências parlamentares.

Os lobistas do Facebook haviam se empenhado para evitar o depoimento de Zuckerberg. Sandberg, a pessoa nomeada pela empresa para representá-la em Washington, era uma interlocutora impassível e confiável, que jamais se desviava da posição da companhia. No encontro de Trump com os executivos do setor de tecnologia, ocorrido logo após a eleição, Sandberg fora a representante do Facebook no evento sediado na Trump Tower, juntamente com os CEOs da Amazon, da Apple, do Google e da Microsoft. (Kaplan, que acompanhou Sandberg, ficou um dia a mais a fim de conversar com a equipe de transição de Trump sobre a possibilidade de assumir o cargo de diretor do Escritório de Administração e Orçamento. Ele foi embora antes que a decisão fosse tomada.) Mas os parlamentares haviam se recusado a aceitar um substituto para Zuckerberg. Quando Dick Durbin e Marco Rubio, senador republicano pela Flórida, ameaçaram uma intimação formal, os assessores do fundador do Facebook concordaram com uma maratona de dois dias de depoimentos perante mais de uma centena de membros do Congresso.[23] Como uma pequena concessão, pediram aos assessores parlamentares que o ar-condicionado da sala fosse especialmente ajustado para Zuckerberg.

Do escritório de Washington, alguns dos lobistas e especialistas em comunicação do Facebook acompanharam o depoimento ao vivo. Em Menlo Park, os executivos ficaram numa sala de reuniões envidraçada, acompanhando a audiência numa tela de TV, com os colegas de Washington numa videoconferência em outra tela. Os funcionários estremeceram enquanto os parlamentares atacavam Zuckerberg por reiteradas violações de privacidade ao longo dos anos e pelas desculpas esfarrapadas ao público. Muitas das perguntas visavam diretamente ao modelo de negócios do Facebook. A equipe de relações públicas enviou mensagens aos jornalistas para saber o que estavam achando do desempenho de Zuckerberg. Ficou claro que este estava bem preparado e tinha condições de responder a vários tipos de questões.

Durante a maior parte do tempo, Zuckerberg seguiu o roteiro preparado. Mas também se esquivou de várias perguntas, prometendo que seriam respondidas mais adiante por seus assessores. E então apresentou a defesa-padrão do Facebook: a plataforma permitia que os usuários controlassem como os dados eram usados, e não os negociava a fim de obter lucros. "Nós não vendemos dados aos anunciantes. O que permitimos é que os anunciantes nos informem qual é o público-alvo. E distribuímos os anúncios em função disso."

Jeff Chester, o ativista defensor da privacidade, também estava assistindo ao depoimento. Em seu apertado home office em Takoma Park, Maryland (um enclave liberal conhecido como a Berkeley da região de DC), ele estava furioso. No chão ao seu redor amontoavam-se pilhas de panfletos e slides de PowerPoint do Facebook dirigidos a anunciantes e que mostravam outro lado da empresa. Esse material fora coletado por Chester em conferências de anunciantes nas quais o Facebook exaltava a eficácia de suas ferramentas para as agências de publicidade globais e empresas como Coca-Cola e Procter & Gamble. Nos auditórios de hotéis em que ocorriam os eventos do setor de publicidade, como a Advertising Week em Nova York, os representantes do Facebook se vangloriavam da incomparável quantidade de dados acumulada pela empresa, bem como de sua capacidade para rastrear os usuários fora da plataforma. Eles alegavam contar com mais dados do que qualquer outra companhia e de ter a capacidade de ajudar os anunciantes a influenciar as decisões de 2,2 bilhões de usuários. No entanto, para o público em geral, o Facebook quase nunca descrevia seu negócio nesses termos.

Chester viu quando o senador Roger Wicker, o presidente da

Comissão de Comércio, perguntou se o Facebook rastreava a atividade dos usuários quando navegavam por outros sites. O Facebook tinha uma ferramenta conhecida como Pixel, que permitia coletar esses dados mesmo quando os usuários acessavam outros sites, e esse era um recurso bem conhecido nos setores de publicidade e tecnologia. Zuckerberg, porém, esquivou-se da pergunta. "Senador, quero que a resposta seja a mais precisa possível, e por isso talvez seja melhor que a minha equipe se encarregue disso mais tarde", ele se limitou a dizer.

Chester não conseguia mais se conter. O próprio Facebook havia promovido essas ferramentas para os anunciantes. Ele então postou no Twitter um link para o material de marketing do Facebook relativo ao Pixel e a outras ferramentas usadas no rastreamento de usuários fora da plataforma. Ao longo das três horas seguintes, toda vez que as respostas eram vagas ou imprecisas, Chester tuitava links comprovando a coleta de dados e o rastreamento comportamental por parte do Facebook. Zuckerberg estava deliberadamente levando na conversa os incautos membros da Comissão, concluiu Chester. Havia anos que ele vinha se queixando na imprensa sobre o fato de os congressistas, tanto republicanos como democratas, terem permitido que o Facebook crescesse descontroladamente e virasse um "Frankenstein digital" e, agora que tinham conseguido colocar Zuckerberg no banco das testemunhas, estavam deixando a oportunidade escapar.

Na prática, o Facebook era uma empresa de venda de anúncios. Em 2018, ao lado do Google, formava um duopólio no setor da publicidade digital, com receita publicitária total de 135 bilhões de dólares em 2017. Nesse ano, a receita publicitária do Facebook ultrapassou a de todos os jornais americanos. Suas poderosas ferramentas de rastreamento podiam monitorar os usuários fora da plataforma, e haviam acumulado dados que lhe permitiam classificá-los em mais de 50 mil categorias distintas, segundo investigação do ProPublica, um site de notícias sem fins lucrativos.[24] Um anunciante podia segmentar e atingir os usuários de acordo com preferência religiosa, inclinação política, classificação de crédito e nível de renda; era possível saber, por exemplo, que 4,7 milhões de usuários do Facebook provavelmente viviam em lares com renda líquida de 750 mil a 1 milhão de dólares anuais.[25] "Eles desencadearam uma corrida armamentista por dados. Para o bem ou para o mal, o Facebook tornou-se uma plataforma incrivelmente importante para a vida civil, mas a empresa não está otimizada para isso", explicou Ethan Zuckerman, criador do anúncio pop-up e professor associado de diretrizes e políticas, comunicação e informação públicas na Universidade de Massachusetts, em Amherst. "Está otimizada para coletar dados e gerar lucros."

Durante anos, Chester e outros defensores dos direitos dos consumidores alertaram as autoridades reguladoras de que o Facebook vinha operando além dos limites convencionais e prosperando num ambiente desregulado à custa dos consumidores: era mais difícil obter uma licença oficial para operar uma rádio no interior do estado de Montana ou para lançar um novo brinquedo infantil do que criar uma nova rede social para um quarto da população mundial. Nas duas décadas anteriores, o Congresso propusera dezenas de projetos de lei com o objetivo de proteger a privacidade na internet, mas nada fora adiante devido à enorme pressão dos lobistas das empresas de tecnologia a respeito de detalhes da regulamentação, além da morosidade dos legisladores.

Na terça-feira em que prestou o seu depoimento, Zuckerberg adotou um tom mais cooperativo do que no passado. Ao ser questionado sobre a longa história de oposição à regulamentação por parte do Facebook, disse que considerava bem-vinda uma "regulamentação adequada" nos Estados Unidos e confirmou que a plataforma implementaria as normas de privacidade aprovadas na Europa naquele ano com o objetivo de proteger todos os usuários internacionais do Facebook. "Estão aumentando cada vez mais as expectativas em relação às empresas de tecnologia e de internet", disse ele. "Acho que a questão crucial é 'qual é o enquadramento adequado para isso?', e não 'deve haver um enquadramento?'"

Zuckerberg saiu-se bem ao falar sobre o compromisso da plataforma com a segurança e a privacidade dos dados, mas o consenso no interior da empresa era de que o crescimento estava acima de tudo e que prevenção e segurança ficariam para um segundo momento. Os engenheiros recebiam metas a ser cumpridas em termos de engajamento dos usuários, e os seus bônus e as avaliações anuais de desempenho baseavam-se em resultados mensuráveis em função de quanto os seus produtos contribuíam para atrair mais usuários ou mantê-los entretidos por mais tempo na plataforma. "É assim que as pessoas são estimuladas no dia a dia", relembrou um ex-funcionário. Em 20 de março, Sandy Parakilas, o gerente de operações que fizera o alerta sobre a ferramenta Open Graph, comentou num artigo assinado para o *Washington Post* que, nos dezesseis meses em que trabalhara para o Facebook, jamais vira "uma única auditoria de um programador externo na qual a empresa inspecionasse o seu armazenamento de dados". Na opinião de Parakilas, a explicação para esse monitoramento negligente era simples: "o Facebook não queria que viessem a público as enormes falhas na segurança de seus dados".[26]

De fato, apesar das garantias dadas por Zuckerberg ao Congresso, o Facebook vinha travando uma verdadeira guerra contra a regulamentação da privacidade nos Estados Unidos. Kaplan montara uma equipe impressionante em Washington com meia centena de lobistas e previa gastar 12,6 milhões de dólares naquele ano, o que tornava o seu grupo o nono maior escritório de lobby corporativo na capital.[27] A operação de lobby do Facebook era mais dispendiosa do que a de gigantes petroleiras como a Chevron e a Exxon ou de farmacêuticas de atuação global como a Pfizer e a

Roche. Kaplan também transformou o Facebook numa força poderosa, usando os abundantes recursos da empresa para, através de um Comitê de Ação Política (pac, na sigla em inglês), financiar campanhas políticas, distribuindo doações equivalentes para republicanos e democratas. O importante era manter equilibradas as alianças, ressaltou Kaplan para seus subordinados. Na realidade, o pac do Facebook contribuíra para as campanhas de mais da metade dos parlamentares que interrogaram Zuckerberg nos dois dias de audiência.

Semanas depois do depoimento, em Washington, Kaplan iria se reunir em particular com os lobistas da ibm, do Google e de outros gigantes do setor de tecnologia no escritório do Conselho do Setor de Tecnologia da Informação. Na Califórnia, estava em discussão um projeto de lei sobre privacidade que seria mais rigoroso do que o Regulamento Geral de Proteção de Dados da União Europeia, uma legislação histórica que tornaria mais difícil para o Facebook coletar dados e, além disso, permitiria que os usuários da internet ficassem sabendo quais dados estavam sendo colhidos. Kaplan proporia que as empresas de tecnologia apoiassem um projeto de lei federal sobre privacidade menos restritivo que o projeto da Califórnia e que se antecipasse à legislação estadual. Ele estava, portanto, à frente de um setor empenhado em lutar por uma regulamentação mais permissiva no que se refere à privacidade.

O depoimento de Zuckerberg no Congresso foi "o escrutínio mais intenso numa audiência sobre tecnologia que já vi desde a audiência da Microsoft", comentou o senador Orrin Hatch, de 84 anos, representante do estado de Utah. Uma hora depois do início, vários órgãos de imprensa estavam transmitindo-o em tempo real em blogs, descrevendo os parlamentares como interrogadores duros e implacáveis — com Zuckerberg claramente na defensiva.

Porém, a certa altura, a sequência de perguntas tomou uma direção inesperada.

"Como o senhor faz para manter um modelo de negócios no qual os usuários não pagam nada por seus serviços?", perguntou Hatch. O senador passou a impressão de não conhecer nem mesmo os detalhes básicos do funcionamento do Facebook.

Zuckerberg fez uma pausa e sorriu. "Senador, nós publicamos anúncios." O público não conteve o riso, e os executivos em Washington e em Menlo Park caíram na gargalhada.

Na audiência conjunta da Comissão de Comércio e da Comissão de Justiça do Senado, a idade média dos quatro líderes parlamentares era de 75 anos, e a faixa etária de todos os membros de ambas as comissões não estava muito abaixo disso. Eles simplesmente não faziam parte da geração familiarizada com as mídias sociais. Vários congressistas revelaram desconhecimento até mesmo das funções básicas do Facebook e de seus outros aplicativos, o Instagram e o WhatsApp.

A partir daí, Zuckerberg pareceu mais confortável. Nenhuma das perguntas o forçou a se desviar do roteiro. Duas horas depois, quando lhe perguntaram se queria fazer uma pausa, disse que não era preciso. "Os senhores podem fazer mais perguntas", disse, formando um sorriso.

Em Washington e Menlo Park, os funcionários comemoraram. "Ah, ele está tranquilo!", exclamou um dos membros da equipe em Washington.

Até mesmo os parlamentares mais jovens cometeram erros constrangedores. "Se eu enviar um e-mail pelo WhatsApp, os anunciantes também serão informados?", perguntara antes o senador do Havaí Brian Schatz, de 45 anos. Era um aplicativo para a troca de mensagens, não de e-mails, explicou Zuckerberg, e todas as mensagens eram criptografadas. Depois de quatro horas de depoimento, um parlamentar indagou se o Facebook ouvia as chamadas de voz para fornecer dados aos anunciantes. Outros confundiram-se com o jargão referente ao modo como eram usados os serviços e como eram armazenados os dados.

Enquanto alguns dos parlamentares demonstravam sua profunda ignorância em relação à tecnologia, o foco das atenções mudou do modelo de negócio pernicioso do Facebook para a postura antitecnológica dos congressistas americanos. "Os parlamentares parecem confusos sobre o que faz o Facebook — e como consertá-lo", foi o título de uma matéria no site Vox.[28] As audiências acabariam fornecendo material para os programas de TV de fim de noite, como os de Jimmy Kimmel e Stephen Colbert, que repassaram trechos de vídeo com as perguntas sem nenhum embasamento técnico dos congressistas.[29] Especialistas em regulamentação tuitaram sobre a necessidade da criação de novos departamentos no Congresso e de os órgãos reguladores ampliarem a sua própria capacitação tecnológica. Num tremendo golpe de sorte, a ira do público se voltou contra Washington.

Zuckerberg retornou ao Vale do Silício ao final do segundo dia de depoimento. Assim que o avião decolou rumo a San Francisco, a equipe em Washington saiu para comemorar num bar em Georgetown. As ações do Facebook registraram a maior alta diária em quase dois anos, fechando em 4,5%. Depois de dez horas de depoimento[30] e de enfrentar seiscentas perguntas, Zuckerberg havia acrescentado 3 bilhões de dólares à sua fortuna.[31]

9. Cuidado ao compartilhar

O tema das audiências foi estendido para além do escândalo da Cambridge Analytica. Os parlamentares fizeram questionamentos sobre o efeito viciante da tecnologia, os termos de serviço enganosos e a desinformação eleitoral. Solicitaram ao Facebook que apresentasse dados internos referentes às medidas adotadas para proteger a privacidade dos usuários e quiseram saber se estavam em conformidade com a legislação global de privacidade. Trouxeram ainda à discussão o caso de Mianmar, um país do Sudeste Asiático onde a difusão de desinformação era evidente e constituía o exemplo mais chocante dos danos até então ocasionados pela plataforma.

Um genocídio vinha se desenrolando em tempo real no Facebook. Em 26 de agosto de 2017, Sai Sitt Thway Aung, um soldado de infantaria da 99ª Divisão Ligeira do Exército birmanês, escreveu para seus 5 mil seguidores na plataforma: "Um segundo, um minuto, uma hora parece um mundo para aqueles que se defrontam com o perigo dos cães muçulmanos". Ele não era o único soldado atualizando a sua página no Facebook no meio de uma matança generalizada; grupos de direitos humanos encontraram dezenas de outras postagens regurgitando o mesmo tipo de propaganda contra os ruaingas, às vezes até mesmo incluindo fotos do avanço das tropas através da densa floresta do estado de Rakhine. Organizações não governamentais fizeram capturas de tela, tentando documentar tanto quanto possível a crise humanitária em andamento. As autoridades birmanesas negavam a responsabilidade pela violência e divulgavam relatos falsos sobre o que ocorria na região. As contas dos soldados no Facebook eram pequenos focos luminosos de informação, que ao menos revelavam onde os militares efetuavam os ataques.

Na verdade, o Facebook lançara um fósforo aceso no barril de pólvora de uma tensão racial que fermentou durante décadas, e em seguida lavou as mãos quando os ativistas alertaram para as chamas que tomaram conta do país. Em março de 2018, uma missão independente organizada pela ONU para descobrir o que se passava em Mianmar declarou aos repórteres que as mídias sociais tinham desempenhado um "papel decisivo" no genocídio. O Facebook "contribuíra de forma significativa para o nível de desentendimento, dissenção e conflito", nas palavras de Marzuki Darusman, o chefe da missão da ONU no país. "O discurso do ódio é, sem a menor dúvida, parte disso. No que se refere à situação em Mianmar, o Facebook é a mídia social, e a mídia social é o Facebook", acrescentou.[1]

De acordo com as estimativas das organizações de direitos humanos, o genocídio perpetrado pelos soldados birmaneses resultaram na morte de mais de 24 mil pessoas da etnia ruainga. No decorrer do ano seguinte, 700 mil muçulmanos ruaingas foram obrigados a cruzar a fronteira com Bangladesh, fugindo da miséria dos campos de refugiados mantidos pelos militares birmaneses.

"O que está acontecendo em Mianmar é uma tragédia horrível, e precisamos fazer mais", Zuckerberg assegurou aos parlamentares americanos durante as audiências em abril. A empresa contrataria mais "dezenas" de falantes da língua birmanesa e atuaria de forma mais estreita com grupos da sociedade civil a fim de bloquear as contas de líderes locais que vinham disseminando desinformação e apelando à violência. (Na época, a plataforma contava com apenas cinco falantes de birmanês para monitorar o conteúdo de 18 milhões de usuários do Facebook no país. E nenhum deles estava em Mianmar.)

Cinco meses depois, Sandberg seria convocada a depor na Comissão de Inteligência do Senado e avaliaria a situação em Mianmar como "devastadora". Somente na semana anterior ao seu depoimento, a empresa removera 58 páginas e contas em Mianmar, muitas das quais se faziam passar por organizações jornalísticas. "Estamos adotando medidas agressivas, e sabemos que ainda precisamos fazer mais."[2]

Na verdade, a empresa havia recebido reiterados alertas, durante anos, de que era preciso fazer mais.

Em março de 2013, Matt Schissler, que trabalhava numa organização de ajuda humanitária, inquietava-se cada vez mais com os rumores que circulavam em Yangon. Amigos que eram budistas, como a maioria da população de Mianmar, mostraram ao americano fotos em baixa resolução, feitas com celulares, de corpos que alegavam ser de monges assassinados por muçulmanos. Outros compartilhavam teorias conspiratórias envolvendo tramas com os ruaingas, uma minoria muçulmana historicamente alvo de ressentimentos.

"As pessoas insistiam em me contar como os muçulmanos eram nefastos. Discursos islamofóbicos de repente começaram a pipocar o tempo todo, em todas as conversas", recordou Schissler. Com quase um metro e noventa de altura, cabelo castanho bem aparado e olhos azuis, ele se destacava obviamente como um americano. "As pessoas achavam que, por causa do Onze de Setembro, eu, como americano, devia odiar os muçulmanos. E simpatizaria com o fato de elas também os odiarem."

Os vizinhos de quem Schissler se aproximara no bairro em que morava em Yangon de repente passaram a brandir os celulares para lhe mostrar reportagens — algumas da BBC e de agências de notícias conhecidas, mas outras de fontes anônimas e duvidosas — alegando que jihadistas do Estado Islâmico estavam a caminho de Mianmar. Um amigo jornalista ligou para alertar Schissler de um vago estratagema islâmico para desestabilizar o país; disse que assistira a um vídeo que mostrava os muçulmanos planejando o ataque. Para Schissler, era óbvio que o vídeo fora editado e dublado em birmanês com uma linguagem ameaçadora. "Era alguém que deveria saber lidar melhor com aquele tipo de coisa, mas ele também caiu na armadilha e acreditava em toda aquela história", comentou Schissler.

A difusão de fotos e vídeos manipulados coincidiu com a introdução dos celulares em Mianmar. Enquanto o restante do mundo adotava cada vez mais a internet e os telefones celulares, a ditadura militar no país tornara isso impossível para o cidadão comum. No entanto, a partir do início de 2013, o regime militar começou a se abrandar e, quando o governo permitiu a entrada de operadoras estrangeiras de telecomunicações, houve um barateamento do custo das ligações, e o mercado local foi inundado por smartphones usados e baratos, que já vinham prontos para acessar a internet e o Facebook.[3]

O Blue — apelido utilizado dentro da empresa para designar seu aplicativo principal — era o portal dos birmaneses para o mundo digital, o primeiro, e quase sempre o único, aplicativo usado no país. E era tão popular que os termos "Facebook" e "internet" eram praticamente usados como sinônimos. Nas cidades maiores, onde lojinhas que vendiam celulares se alinhavam uma atrás da outra por quarteirões inteiros de ruas movimentadas, os próprios vendedores ajudavam as pessoas a abrir contas no Facebook.

Num país onde os jornais e as rádios eram controlados pelos militares, o Facebook foi visto como um bastião da expressão individual. Os birmaneses logo se mostraram adeptos da tecnologia, compartilhando fotos de parentes, receitas de ovos com curry, opiniões, memes e notícias populares. Para aqueles que ainda não tinham acesso ao digital, uma revista mensal em papel, intitulada *Facebook*, publicava postagens extraídas da rede social.

O aplicativo também caiu nas graças de alguns militares e de propagandistas religiosos. Ashin Wirathu, um monge cujas posições anti-islâmicas lhe renderam o apelido de "Bin Laden budista", não demorou muito para descobrir o poder da plataforma.[4] No princípio da década de 2000, ele fora detido por incitar um tumulto contra os muçulmanos. Com o Facebook, porém, suas atividades e ideias logo se profissionalizaram. Wirathu atuava a partir de um local na cidade de Mandalay, de onde seus discípulos mantinham, sob o nome do monge, dezenas de páginas no Facebook que pregavam a violência contra os ruaingas. Eles postavam fotos e vídeos manipulados mostrando cadáveres que afirmavam ser de budistas birmaneses mortos por militantes muçulmanos. Também insuflavam o medo com rumores de que os ruaingas planejavam atacar os budistas em Mandalay e Yangon. Nenhum desses ataques se concretizou, mas os rumores circularam amplamente e contribuíram para gerar pânico e ódio em meio à população. Outros monges e generais do exército compartilharam postagens similares, que também tiveram ampla divulgação entre os birmaneses. Fotos e vídeos desumanizadores comparavam os ruaingas a vermes, insetos e roedores. Também foram compartilhados vídeos pretensamente científicos que afirmavam que o DNA dos ruaingas era diferente do das outras pessoas.

Nada disso era novidade. Durante anos, rádios e informes patrocinados pelo Estado disseminaram alegações semelhantes contra a minoria islâmica. Mas o Facebook permitiu que a população civil se tornasse a nova propagadora do ódio. Indivíduos repercutiam mensagens ameaçadoras que, segundo eles, tinham recebido de amigos e parentes. Desvinculado da mídia do governo, que todos sabiam ser difusora da propaganda estatal, o discurso de ódio era mais amplamente acatado e endossado.

Schissler enviou um e-mail para alguns doadores e diplomatas que conhecia no círculo das ONGs que frequentava, sugerindo que valia a pena prestar atenção na trajetória da popularização do Facebook no país e averiguar se isso coincidia com a mudança no cardápio de informações propagadas. Incomodado com o papel de câmara acústica facilitado pela plataforma, conforme escreveu, considerava importante estudar o efeito disso em Mianmar.

Ninguém seguiu sua sugestão.

Em agosto de 2013, pouco antes de completar trinta anos e do décimo aniversário do Facebook, Zuckerberg digitou em seu iPhone uma postagem para o blog com o objetivo de apresentar a sua visão para a década seguinte. Sob o título "A conectividade é um direito humano?", ele anunciava que o Facebook, então a maior rede de comunicações do planeta, com 1,15 bilhão de usuários, tinha como meta incluir mais 5 bilhões de clientes.[5]

Essa era a sua grande meta, uma ambição pessoal que o colocaria ao lado de visionários da tecnologia, como os seus mentores, Steve Jobs, que revolucionara o setor dos celulares em 2007 ao lançar o iPhone, e Bill Gates, que transformara a filantropia global depois de fazer o mesmo com a computação pessoal. Segundo pessoas próximas a Zuckerberg, ele se frustrara com a cobertura negativa de seu primeiro grande esforço filantrópico, uma doação de 100 milhões de dólares para reformas educacionais no sistema de escolas públicas de Newark, Nova Jersey. Para os críticos, a iniciativa pouco contribuíra para mudar as precárias condições de ensino na cidade. Zuckerberg começara a se preocupar mais com seu legado e comentou que queria ser lembrado como um inovador e filantropo nos moldes de Gates, a quem publicamente reconheceu como um herói pessoal numa entrevista concedida durante a conferência Disrupt, do portal TechCrunch, nesse mesmo ano de 2013.

O acesso à internet era a grande ponte que sanaria a lacuna da desigualdade econômica global, escreveu Zuckerberg no blog. A conectividade proporcionada pela internet resultava em economias mais fortes e no aumento do produto interno bruto das nações; a grande maioria dos 2,7 bilhões de pessoas com acesso on-line vivia nos países desenvolvidos do Ocidente. Nos mercados emergentes, o acesso à internet muitas vezes restringia-se aos chefes de família. "Colocando todos on-line, podemos não só melhorar as condições de bilhões de pessoas como também as nossas próprias vidas, à medida que nos beneficiamos das ideias e da produtividade com que elas contribuem para o mundo."

A proposta não tinha nada de original. Como salientou David Kaye, que foi relator especial da ONU para a liberdade de expressão: "Era algo que vinha sendo discutido em âmbito global por políticos e ativistas. A ideia de que era preciso levar o acesso à internet a todo o mundo era parte do discurso corrente". Durante anos, as Nações Unidas, a Human Rights Watch e a Anistia Internacional defenderam que os provedores de internet voltassem sua atenção para o mundo em desenvolvimento. Porém, esses apelos vinham com uma ressalva: as empresas que desbravassem os novos mercados deveriam ser cautelosas em relação à política e ao ambiente de mídia locais. Um acesso muito rápido e muito fácil à internet podia ser perigoso. "Todos estavam de acordo que a internet era necessária para o aproveitamento da informação e que o acesso universal era um objetivo importante", lembrou Kaye. "Mas já havia a preocupação de saber se os provedores fariam uma avaliação adequada dos países e dos mercados nos quais iriam operar. Uma empresa privada teria motivação para se comportar de modo responsável?"

Em agosto de 2013, Zuckerberg inaugurou a Internet.org, um projeto conjunto com seis parceiros globais no setor de telecomunicações com o objetivo de ampliar o acesso à internet ao redor do mundo. Para tanto, a Internet.org firmou acordos empresariais com operadoras de celular a fim de oferecer um serviço básico de internet nos países em desenvolvimento. Os aparelhos já vinham com o Facebook instalado, numa versão simplificada que podia ser usada mesmo quando as conexões eram lentas e precárias. No caso de áreas remotas sem infraestrutura para a rede celular, Zuckerberg criou um laboratório para projetos de telecomunicação, como o Aquila, um drone autônomo concebido para emitir o sinal de internet para as pessoas em terra, ou o Catalina, que previa o uso de drones do tamanho de aves que eram capazes de reforçar o sinal recebido pelos smartphones. Nenhum dos projetos foi além da etapa de testes.

O Google também tinha o seu laboratório para desenvolver projetos de banda larga, que incluía balões de ar quente que permitiriam o acesso à internet em áreas rurais. A corrida para chegar a novos consumidores de internet estava a todo vapor: a Microsoft, o LinkedIn e o Yahoo também vinham investindo muitos recursos na expansão global. Empresas chinesas, como a WeiBo e o WeChat, buscavam agressivamente mercados fora da Ásia, avançando na América Latina e na África. Zuckerberg tinha um interesse especial em entrar em competição direta com as empresas chinesas em seu próprio território e empreendera um esforço de persuasão das autoridades reguladoras e dos líderes chineses, encontrando-se pessoalmente em duas ocasiões com o presidente Xi Jinping em 2015.[6] O primeiro a capturar os mercados globais ainda desatendidos estaria mais bem posicionado para o futuro crescimento financeiro.

"Era óbvio para todo mundo no Facebook que isso era o que mais entusiasmava Mark", comentou um funcionário da empresa que participou da iniciativa. Em reuniões semanais com os executivos, Zuckerberg sempre perguntava como os novos produtos em desenvolvimento contribuiriam para o projeto Next One Billion e se os engenheiros estavam levando em conta as necessidades dos países em desenvolvimento. "A mensagem era bem clara: ele queria que chegássemos lá o mais rápido possível."

Zuckerberg, porém, não estava preocupado com as consequências de uma expansão tão acelerada, sobretudo em nações que não tinham regimes democráticos. Quando o Facebook era adotado em novos países, não havia ninguém encarregado de supervisionar o processo e, ao mesmo tempo, levar em conta a complexa dinâmica política e cultural vigente nesses lugares. Ninguém estava considerando como a plataforma poderia ser desvirtuada num país como Mianmar ou se havia moderadores de conteúdo em quantidade suficiente para examinar, em centenas de novas línguas, as postagens dos usuários do Facebook no mundo inteiro. O projeto não previa um departamento de supervisão, que, como parte dos departamentos de diretrizes e política e de segurança, teria ficado sob o controle de Sandberg. Essa seria uma solução natural, dada a experiência de Sandberg no Banco Mundial, porém ela atuava mais como promotora e defensora pública da empresa. "Não me lembro de ninguém na empresa questionar Mark e Sheryl sobre a existência de salvaguardas ou de demonstrar preocupação com a forma como o Facebook seria integrado em culturas não americanas", disse um ex-funcionário da plataforma com participação direta no projeto Next One Billion.

Na prática, ao entrar em novos mercados, o Facebook contratava alguns poucos moderadores para ajudar na análise dos conteúdos e confiava que o resto do mundo usaria a plataforma tal como vinha ocorrendo nos Estados Unidos e na Europa. O que se postava em outros idiomas ficava invisível para o alto escalão em Menlo Park.

Para Zuckerberg, os primeiros resultados foram animadores. Após o lançamento da Internet.org, ele apregoava a forma como, na Zâmbia e na Índia, as mulheres usavam a internet para o sustento de suas famílias. Ficou entusiasmado com o crescimento do Facebook em novos mercados, como as Filipinas, o Sri Lanka e Mianmar — e deu pouca importância às críticas iniciais. "Toda vez que aparece uma tecnologia ou uma inovação e muda a natureza de algo, sempre há gente que lamenta a mudança e gostaria de voltar ao passado", admitiu em entrevista publicada na revista *Time*. "Mas eu acho que se trata de uma coisa claramente positiva para as pessoas, em termos de possibilidade de se manterem conectadas com os outros."[7]

Os nítidos sinais de alerta estavam perdidos em meio ao entusiasmo. No dia 3 de março, Matt Schissler foi convidado a participar de uma conversa no Facebook sobre discursos nocivos na internet. Ao conhecer Susan Benesch, uma professora de Harvard que publicara ensaios sobre o tema e vinha compartilhando suas preocupações com os membros da equipe de diretrizes e políticas do Facebook, ela o convidou a participar da conversa e expor o seu ponto de vista sobre o que estava testemunhando em Mianmar.

Por videoconferência, ele foi apresentado a meia dúzia de funcionários do Facebook e a alguns acadêmicos e pesquisadores independentes. Arturo Bejar, o chefe de engenharia da plataforma, também estava presente. Perto do final da conversa, Schissler fez um relato duro de como o Facebook estava sendo usado para disseminar mensagens islamofóbicas perigosas. Mencionou a linguagem desumanizadora e perturbadora que as pessoas empregavam nas postagens, além da ampla difusão de fotos manipuladas e desinformações.

A gravidade do que Schissler contou aparentemente não teve nenhum efeito sobre os representantes do Facebook. Eles pareciam equiparar o conteúdo nocivo em Mianmar ao cyberbullying: o Facebook empenhava-se em desestimular o bullying em toda a plataforma, disseram, e estavam convencidos de que o mesmo conjunto de ferramentas usado para impedir um adolescente do ensino médio de intimidar os colegas de escola mais novos serviria para evitar que os monges budistas birmaneses difundissem teorias conspiratórias maliciosas sobre os muçulmanos ruaingas. "Era assim que o Facebook pensava sobre esse tipo de questão. Queriam achar um padrão e aplicá-lo a todos os problemas, tanto a um valentão na sala de aula ou como a uma incitação à matança em Mianmar", comentou um acadêmico que participou da conversa, lembrando que ninguém do Facebook mostrou interesse em se informar melhor com Schissler sobre a situação em Mianmar.

Schissler passara quase sete anos na região — primeiro na fronteira entre a Tailândia e Mianmar, depois no interior do país. Era fluente em birmanês e estudara a cultura e a história locais. O que Schissler e outros especialistas vinham testemunhando era bem mais perigoso do que um comentário ocasional ou uma postagem isolada no Facebook. Mianmar estava sendo alvo de uma campanha sistemática de desinformação contra os ruaingas conduzida através da plataforma.

No mês seguinte a essa conversa, alguns funcionários criaram um grupo de trabalho informal para colocar o pessoal do Facebook em Menlo Park em contato com os ativistas em Mianmar, a quem disseram que se trataria de um canal direto de comunicação, para que a empresa fosse avisada sobre quaisquer problemas. Vários membros das equipes de diretrizes e políticas, de assessoria jurídica e de comunicação entravam e saíam do grupo em função dos temas em discussão.

Apenas quatro meses depois, na primeira semana de julho, os ativistas birmaneses tiveram oportunidade de testar o novo canal de comunicação quando começaram a circular rumores na plataforma de que uma jovem budista em Mandalay havia sido violentada por muçulmanos. Em poucos dias, eclodiram movimentações em todo o país. Duas pessoas foram mortas e catorze ficaram feridas.[8]

Nos dias anteriores aos protestos, funcionários de ONGs tentaram alertar a empresa no grupo fechado, mas não obtiveram resposta. Havia pessoas sendo mortas e, mesmo assim, ninguém do Facebook se manifestou.

No terceiro dia dos tumultos, o governo birmanês decidiu bloquear o Facebook em todo o país. Com o acionar de um botão, toda a população perdeu o acesso à internet. "No momento em que tinham de responder às nossas mensagens sobre os protestos, eles ficaram em silêncio. Quando chegou ao ponto de a internet ser bloqueada e de as pessoas perderem o acesso à plataforma, de repente passaram a responder no ato às mensagens", lembrou outro ativista no grupo. "Ficou bem claro quais eram as prioridades deles."

Na semana posterior às manifestações, Schissler acessara o grupo para informar que um idoso estava sendo difamado na plataforma. O indivíduo pertencia a uma organização assistencial e não tinha conta no Facebook. Havia sido fotografado distribuindo arroz e outros alimentos nos campos de internação para onde tinham sido deslocados os ruaingas. A foto foi então compartilhada no Facebook, onde ele foi acusado de "ajudar o inimigo" e ameaçado com violência.

Schissler enviara a foto por meio do sistema automatizado do Facebook, e a única resposta que obtebe foi que a imagem não continha nada que incitasse ódio ou pudesse representar ameaça. Quando explicou que não se tratava da foto, mas das postagens e comentários que a acompanhavam, não recebeu nenhuma resposta. Foi então que pediu aos funcionários do Facebook que tomassem alguma providência. Semanas depois, eles lhe disseram que não poderiam fazer nada, a menos que o próprio homem na foto a enviasse para o Facebook — algo impossível, uma vez que ele nem sequer tinha conta na plataforma.

Essa não seria a última vez que Schissler se veria às voltas com procedimentos burocráticos kafkianos na reação da empresa ao que ocorria em Mianmar. Poucos meses depois das manifestações e do fechamento do Facebook no país, ele descobriu um motivo plausível para a lentidão tamanha da plataforma em reagir aos problemas locais, ou mesmo para tomar conhecimento dos comentários feitos nas postagens. No grupo, um membro da equipe de relações públicas da empresa pedira ajuda para responder à pergunta de um jornalista sobre como o Facebook lidava com a moderação de conteúdo num país como Mianmar, no qual são faladas mais de uma centena de línguas. Muita gente no grupo vinha colocando a mesma questão, que nunca fora respondida, em relação à quantidade de moderadores ou aos idiomas que dominavam.

Fosse o que fosse o que Schissler e os outros haviam pensado, todos ficaram estupefatos quando um funcionário do Facebook afinal revelou que "há um único falante de birmanês no setor de operações comunitárias" e indicou o nome do supervisor da equipe. Em seguida, o supervisor entrou na conversa e confirmou: "Temos uma pessoa no escritório de Dublin que atende a comunidade birmanesa".

Com isso, muita coisa passou a fazer sentido. Havia um único moderador encarregado de monitorar o dilúvio de conteúdo produzido em Mianmar, e ele falava apenas o birmanês. As reiteradas queixas de intimidação e discurso de ódio ficavam sem resposta porque a empresa estava praticamente ignorando o assunto. Era imensa a quantidade de informação sendo compartilhada em Mianmar, mas o Facebook não ampliara o seu quadro de moderadores para lidar com isso.

"Existem talvez cerca de uma centena de línguas faladas, sem contar os dialetos, mas para o Facebook aparentemente bastava entender o birmanês", comentou um ativista que estava em Mianmar e vira a mensagem no grupo. "Era mais ou menos como se dissessem: bem, como temos aqui alguém que fala alemão, isso é suficiente para monitorar toda a Europa."

Na sequência dos protestos de julho em Mianmar, a equipe de comunicação emitiu notas prometendo que o Facebook se empenharia mais para proteger a segurança dos usuários birmaneses. No grupo do Facebook, funcionários pediram a Schissler e outros ativistas que ajudassem a traduzir as suas normas de uso para o birmanês. Uma ONG birmanesa, a Phandeeyar, firmou uma parceria com a plataforma para levar adiante a tradução. A empresa também lançou uma campanha de utilidade pública com a difusão de "pacotes com etiquetas digitais", que os usuários poderiam acrescentar a mensagens a fim de impedir a disseminação de discursos nocivos. Os avisos incluíam figurinhas de uma menina, uma avó ou uma criança chorosa com narizinho arredondado e bochechas rosadas, que vinham acompanhadas de mensagens como "Pense antes de compartilhar" e "Não incite a violência". Os avisos, segundo o Facebook, ajudavam os moderadores a identificar as postagens perniciosas e removê-las com mais rapidez.

No entanto, Schissler e outros notaram que os alertas estavam tendo uma consequência inesperada: os algoritmos do Facebook os registravam como outra forma de as pessoas curtirem uma mensagem. Assim, em vez de reduzir a quantidade de gente que via uma mensagem odiosa, os marcadores tinham o efeito oposto de dar relevância a essas postagens.

Schissler foi ficando cada vez mais frustrado com a falta de reação da empresa e diminuiu sua participação no grupo on-line. Mesmo assim, ele ainda faria um derradeiro esforço para mobilizar o Facebook. Em março de 2015, aproveitou uma viagem pessoal à Califórnia e fez uma visita à MPK. Numa pequena sala de reuniões, com uma dúzia de funcionários do Facebook presentes e outros participando por videoconferência, fez uma apresentação com slides de PowerPoint para ressaltar a gravidade do que ocorria em Mianmar: o discurso de ódio no Facebook contribuía para fomentar a violência real e causava a morte de muita gente no país.

Mais tarde, ele se encontrou com um grupo menor de funcionários interessados em prosseguir com a discussão. Perto do final da reunião, uma funcionária voltou-se para ele. Com o cenho franzido, ela lhe perguntou se havia condições de prever o que iria acontecer em Mianmar nos meses ou anos seguintes. Era possível, indagou ela, que as pessoas estivessem exagerando nessa questão da violência? Tinha ouvido falar em *genocídio*, mas Schissler achava mesmo que isso poderia acontecer?

"Com certeza", respondeu ele. Se Mianmar continuasse naquele caminho, sem que o discurso de ódio contra os muçulmanos fosse contido, um genocídio era, sim, provável. Ninguém perguntou mais nada. Quando Schissler se afastou, dois funcionários ficaram conversando na porta da sala de reuniões. "Ele não pode estar falando sério", comentou um deles enfaticamente. "Isso é impossível."

A raiz do problema da desinformação está, é claro, na própria tecnologia. O Facebook foi concebido para lançar gasolina na fogueira de qualquer mensagem que desperte uma emoção, mesmo que seja um discurso de ódio — os algoritmos favorecem o sensacionalismo. O fato de o usuário clicar num link por estar curioso, horrorizado ou interessado era irrelevante; o sistema registrava que a postagem estava sendo muito lida e intensificava ainda mais a sua circulação entre os usuários das páginas da plataforma. A situação em Mianmar era um experimento letal sobre o que poderia ocorrer quando a internet chegava a um país onde uma rede social se tornasse a principal e a mais confiável fonte de notícias.

O Facebook estava plenamente ciente da capacidade de sua plataforma para manipular as emoções das pessoas, como o resto do mundo já sabia desde o início de junho de 2014, quando vieram a público relatos de um experimento sigiloso realizado pela empresa. Esse episódio expôs tanto o poder do Facebook para afetar camadas profundas da psique dos usuários como sua disposição para testar os limites desse poder sem o conhecimento dos envolvidos.

"Estados emocionais podem ser transferidos aos outros por meio de contágio emocional, levando as pessoas a vivenciarem as mesmas emoções sem se darem conta disso", afirmaram os pesquisadores de dados do Facebook num artigo publicado nos *Proceedings of the National Academy of Sciences*. Ali foi descrito como, no decorrer de uma semana em 2012, eles haviam manipulado o conteúdo visto por quase 700 mil usuários ao acessarem a plataforma.

No experimento, parte desses usuários recebeu conteúdos predominantemente "alegres", ao passo que outra parte teve acesso a conteúdos predominantemente "tristes". Uma postagem "alegre" poderia ser a notícia do nascimento de um bebê panda num zoológico. Uma "triste", um editorial raivoso sobre imigração. Os resultados foram impressionantes. Os usuários que receberam mensagens negativas tendiam a expressar atitudes negativas em suas próprias postagens. E, quanto mais positivo fosse o conteúdo visto pelo usuário, maior a probabilidade de que difundisse também mensagens positivas.

Para o objetivo da pesquisa, isso significava que o Facebook comprovara que o contágio emocional poderia ser obtido sem "interação direta entre as pessoas" (uma vez que os usuários estavam apenas vendo os feeds de notícias uns dos outros). Foi uma descoberta bombástica.

Assim que o artigo chegou ao conhecimento de jornalistas especializados em tecnologia e ciência, era apenas uma questão de tempo para que virasse manchete na grande imprensa. "Somos cobaias do Facebook", alertava uma chamada da CNN.[9] O experimento confirmava as afirmações dos críticos de que a empresa tinha a capacidade de influenciar ideias e incitar a violência; o Facebook vinha atuando nos bastidores, como o Mágico de Oz. Quando a imprensa e os grupos de defesa dos direitos dos consumidores começaram a pressionar a empresa por uma explicação, Sandberg, em vez disso, fez uma declaração na qual se desculpava pela canhestra atuação do departamento de relações públicas da companhia. "Isso faz parte de pesquisas que as empresas fazem continuamente para testar novos produtos, e não foi nada além disso, embora a nossa comunicação tenha sido deficiente. E por essa falha pedimos desculpa. Nunca foi nossa intenção causar tamanho alvoroço."

Mas os engenheiros do Facebook, que nada sabiam do experimento antes da publicação do artigo, reconheceram que ele revelava algo muito mais nefasto sobre a capacidade do feed de notícias para influenciar os usuários. Ao longo dos anos, os algoritmos da plataforma haviam se tornado cada vez mais sofisticados para identificar o conteúdo mais atraente para cada usuário, que recebia prioridade e lugar de destaque em seu feed de notícias, funcionando como um sensor calibradíssimo que registrava o tempo dedicado pelo usuário a contemplar uma foto ou a ler um artigo. Uma vez constatado o maior interesse do usuário por determinado tipo de conteúdo, era o que passava a ser oferecido em quantidade cada vez maior.

Os engenheiros constataram o problema e tentaram várias vezes alertar seus superiores. Em uma série de mensagens dos grupos de trabalho, eles se queixaram de que os sites de clickbaits vinham sendo regularmente alçados ao topo dos feeds de notícias e questionaram se não era o caso de reavaliar o algoritmo. Um deles postou dezenas de exemplos de relatos falsos ou indecorosos que estavam viralizando, entre os quais postagens alegando que o presidente Barack Obama havia tido um filho fora do casamento e que uma trama das elites globais queria se apossar e monopolizar o uso de um soro mágico da eterna juventude. "Será que é isso a primeira coisa que as pessoas deveriam estar vendo em seus feeds?", questionou ele.

No segundo semestre desse ano, diversos funcionários abordaram Cox e pediram que encaminhasse as suas preocupações a Zuckerberg. E insistiram para que explicasse ao CEO que havia algo muito errado no algoritmo. "Chris nos disse que entendia a nossa preocupação e que também achava que havia um problema", lembrou um dos engenheiros. "Comparamos o que o feed de notícias oferecia a junk food. Era uma porcaria, sabíamos disso, não era saudável para ninguém, e não deveríamos estar promovendo algo assim."

Mesmo assim, Cox estava dividido. Os usuários passavam cada vez mais tempo na plataforma, o que significava que o sistema estava funcionando. Junk food era viciante, isso não era novidade. Para Cox, os méritos do feed de notícias deviam ser considerados numa perspectiva de longo prazo.

Poucas semanas depois, o engenheiro voltou a cobrar Cox. A resposta foi que a empresa estava levando a questão a sério. Pesquisas em andamento previam mudanças que teriam impacto no feed de notícias.

Mais de seis meses seriam necessários para colocar em prática as alterações e, no fim, seu efeito foi insignificante. Em junho de 2015, o Facebook anunciou uma alteração no feed de notícias que enfatizava o "tempo gasto", como o critério mais relevante de atividade na plataforma.[10] O pressuposto era que os usuários logo perdiam o interesse por conteúdos caça-cliques e que, ao priorizar a duração do engajamento com o conteúdo, as matérias jornalísticas legítimas acabariam mais bem posicionadas. A empresa também começou a atribuir menor pontuação aos sites considerados "fábricas de clickbaits", aqueles que exibiam conteúdo inútil e desprovido de sentido apenas para atrair os cliques dos usuários.

No entanto, as pessoas continuaram clicando e dedicando um tempo considerável à leitura de conteúdo duvidoso, uma vez que os sites de clickbaits adaptavam manchetes e chamadas a fim de permanecerem nas melhores posições. Com isso, as postagens sensacionalistas continuavam a ser colocadas no topo do feed de notícias.

Os malefícios estavam embutidos no próprio projeto. Como observou Dipayan Ghosh, ex-especialista em privacidade do Facebook: "Estabelecemos limites éticos na sociedade, mas, quando se tem um mecanismo que prioriza o engajamento, sempre haverá incentivo para romper esses limites".

No final de setembro de 2018, Matthew Smith, o CEO da Fortify Rights, uma organização de direitos humanos com sede no Sudeste da Ásia, passou a colaborar com grupos de direitos humanos para instruir um processo sólido o bastante para ser levado à Corte Internacional de Justiça, em Haia, provando que os soldados birmaneses haviam violado leis internacionais e levado adiante um genocídio contra os ruaingas. Eles precisavam de provas, e estavam convencidos de que o Facebook dispunha dados que poderiam ajudar nesse sentido. A plataforma mantinha informações detalhadas sobre as contas de todos os seus usuários; mesmo quando as mensagens eram apagadas, o Facebook guardava um registro de tudo o que a pessoa havia escrito e de todas as imagens postadas. Além disso, no aplicativo para celular, tinha acesso a informações sobre a localização do usuário. Como a maioria dos soldados birmaneses tinha o Facebook instalado em seus aparelhos, a empresa deveria contar com os registros de localização das unidades militares e podia compará-los com os dos vilarejos ruaingas atacados.

Havia pouco tempo, o Facebook removera milhares de contas e páginas mantidas secretamente pelos militares birmaneses repletas de discursos de ódio, desinformação e temática racista. As postagens incluíam fotos de explosões de bombas ou de cadáveres, identificados pelo usuário como sendo de pessoas inocentes mortas por ataques dos ruaingas, mas na verdade eram imagens extraídas de filmes ou matérias jornalísticas feitas no Iraque ou no Afeganistão. Num desses casos, o Facebook removeu as postagens feitas após uma matéria de capa publicada na edição de 16 de outubro do jornal *New York Times*.[11]

Se pudessem acessar as mensagens apagadas, Smith e outros ativistas de direitos humanos teriam a possibilidade de elaborar uma acusação mais bem fundamentada, comprovando como os militares birmaneses haviam, ao mesmo tempo, executado um genocídio contra os ruaingas e manipulado a população para que apoiasse a matança. Smith procurou os membros das equipes de assessoria jurídica e de diretrizes e política do Facebook, solicitando cooperação para que os grupos humanitários recebessem o material necessário para o processo em Haia. "O Facebook tinha muitas informações cruciais que poderiam ser usadas na instauração de um processo criminal", disse Smith. "Havia dados que poderiam vincular os soldados aos locais em que haviam ocorrido massacres. Eu disse a eles que isso poderia ser usado pelos promotores que tentavam levar os responsáveis ao banco dos réus na Corte Internacional de Justiça."

Os advogados do Facebook recusaram o pedido, alegando que a entrega dos dados seria uma violação dos termos de privacidade. Em seguida, recorreram a tecnicalidades jurídicas. Os soldados poderiam alegar que estavam cumprindo ordens superiores e processar o Facebook por expor seus dados. O Facebook iria cooperar, disseram a Smith, mas apenas se as Nações Unidas criassem um mecanismo para investigar crimes contra os direitos humanos. Quando Smith respondeu que a onu já contava com tal mecanismo, conhecido como Mecanismo Independente para Investigação em Mianmar,[12] o representante do Facebook ficou surpreso e quis saber mais. "Fiquei chocado. Estávamos em contato com o Facebook para conversar sobre justiça internacional em Mianmar, e eles nem sequer conheciam o arcabouço jurídico básico já estabelecido pela onu", contou Smith.

Ele também ouviu dos advogados do Facebook que a empresa não dispunha de um protocolo interno para compilar o conteúdo solicitado por Smith. Era uma resposta enganosa. Durante anos, a plaforma havia colaborado com órgãos policiais americanos em processos para condenar pedófilos.

"O Facebook teve muitas oportunidades de fazer a coisa certa, mas preferiu não fazer nada. Não em Mianmar", disse Smith. "Foi deliberado. Eles decidiram não ajudar."

10. O líder em tempos de guerra

A sala de reuniões onde a Equipe M se reuniu naquela manhã em julho de 2018 era chamada de "a Filha de Ping e Pong", uma referência à sala no escritório original, que ficava perto das mesas de pingue-pongue. O grupo, que compreendia mais de uma dúzia de diretores e executivos de alto escalão, tentava manter a positividade. Haviam suportado dezoito meses de uma maré de notícias ruins. Tinham sido obrigados a defender o Facebook para amigos, familiares e funcionários furiosos. A maioria tivera pouco a ver com as controvérsias relativas às campanhas de desinformação das eleições e à Cambridge Analytica, e vários deles se ressentiam de frustrações pessoais com Zuckerberg e Sandberg.

Realizadas de duas a três vezes por ano, as reuniões da Equipe M eram o momento de fortalecer os laços. Zuckerberg dava início aos trabalhos com um serviço de bufê regado a álcool servido por um de seus restaurantes favoritos de Palo Alto. Nas sessões durante o dia, os executivos faziam apresentações exuberantes, com gráficos que mostravam crescimentos verticais no faturamento e na quantidade de usuários. Eram apresentados planos audaciosos para produtos de inteligência artificial, realidade virtual e aumentada e criptomoeda. O grupo deliberava cuidadosamente sobre os maiores problemas enfrentados pelo Facebook e discutia formas de derrotar a concorrência.

Os quarenta e tantos executivos ganharam intimidade ao longo dos anos, trabalhando na dolorosa transição do Facebook para os aplicativos móveis, em seu acidentado IPO, sua corrida pelo primeiro bilhão de usuários e, depois, o segundo bilhão. Era comum que se desviassem da pauta de negócios para partilhar experiências de casamentos, divórcios, bebês recém-nascidos ou mortes inesperadas na família. Zuckerberg coroava a reunião de dois dias com um discurso motivacional encorajador antes de mandá-los de volta para seus respectivos setores de engenharia, vendas, produtos, publicidade, diretrizes e políticas e comunicações.

Zuckerberg assumia seu lugar, como sempre, no centro de uma grande mesa em forma de U. Boz fez uma apresentação inspiradora sobre os planos para um dispositivo de teleconferência chamado Portal, a tentativa do Facebook de competir com outros aparelhos como o Echo, da Amazon, e o Home Hub, do Google. Outro executivo apresentou uma atualização para o Oculus, o headset de realidade virtual da empresa. O rosto de Zuckerberg se iluminou. A apresentação de produtos era sua parte favorita das reuniões da Equipe M — uma prova de que, em vez de dormir em cima dos louros, ele continuava fazendo a empresa inovar.

Sandberg falou em seguida. A companhia estava começando a voltar aos trilhos, disse ao grupo. Os escândalos do ano anterior eram página virada; o desempenho de Zuckerberg nas audiências do Congresso fora um sucesso. Ela lembrou todo mundo da missão declarada da empresa, lançada oficialmente pelo Facebook no ano anterior: "Proporcionar às pessoas a capacidade de construir comunidades e deixar o mundo mais unido".[1]

"Estamos pondo as coisas de volta nos eixos", concluiu.

Mas o momento de otimismo foi passageiro. Durante as apresentações, diversos executivos expressaram sua preocupação com os funcionários. Levantamentos internacionais mostravam que eles se sentiam desmoralizados com o papel do Facebook na interferência nas eleições e no escândalo da Cambridge Analytica. A taxa de rotatividade era alta, e os recrutadores tinham dificuldade em atrair novos engenheiros. Alunos recém-saídos das faculdades diziam que a ideia de trabalhar para o Facebook, antes o destino mais quente no Vale do Silício, perdera seu apelo. Na intensa competição por engenheiros talentosos, a satisfação dos funcionários era uma prioridade.

Zuckerberg escutava os colegas com seu conhecido olhar enervante. Em reuniões individuais, ficava minutos sem piscar. O resultado eram excruciantes momentos de silêncio constrangedor. Os executivos mais antigos descreviam essa mania como a mente de Zuckerberg consumindo e processando informação como se fosse um computador.

Quando chegou sua vez, Zuckerberg fez uma longa pausa. Em seguida, numa surpreendente mudança de assunto, começou a falar sobre sua filosofia de liderança. O Facebook evoluíra, disse. Era uma empresa com mais de 35 mil funcionários, setenta escritórios espalhados por 35 países, mais de uma dúzia de produtos e quinze centros de dados multibilionários no mundo todo. Até então, apesar dos obstáculos enfrentados com a concorrência, a rede social se aproveitara de um caminho desimpedido de crescimento e boa vontade do público, embalada pelo otimismo tecnológico das duas décadas anteriores. Mas esse período acabara. Consumidores, legisladores e defensores públicos haviam se voltado contra a empresa, culpando-a por tornar a sociedade viciada em celulares e por envenenar o discurso público. O Facebook se transformara no garoto-propaganda do crescimento irresponsável, obtido a qualquer preço. A empresa enfrentava mais de uma dúzia de investigações de órgãos reguladores no mundo todo. Acionistas, usuários e ativistas dos direitos do consumidor vinham abrindo processos judiciais. "Até agora, fui um líder em tempos de paz", declarou Zuckerberg. "Isso vai mudar."

Ele fora influenciado por um livro chamado *Você é o que você faz*, de Ben Horowitz, um dos cofundadores da Andreessen Horowitz, firma de capital de risco que investira no início do Facebook. (Marc Andreessen, amigo de Zuckerberg e membro do conselho administrativo do Facebook, era o outro.) Em seu livro, Horowitz argumenta que, em estágios variados de desenvolvimento, a demanda nas empresas de tecnologia era por CEOs de dois tipos: líderes em tempos de guerra e de paz. Em períodos de paz, escreveu ele, uma companhia pode se concentrar em se expandir e em reforçar seus pontos fortes. Em tempos de guerra, as ameaças são existenciais, e a empresa precisa se preparar para lutar pela sobrevivência. Eric Schmidt, CEO do Google, liderara a transformação da ferramenta de busca numa potência global durante um período de paz e de pouca competição. Mas Larry Page assumira como CEO quando a empresa percebeu novas ameaças nas mídias sociais e na tecnologia móvel. "O CEO de paz trabalha para minimizar os conflitos. O CEO de guerra intensifica as contradições", escreveu Horowitz. "O CEO de paz busca consenso dentro da empresa. O CEO de guerra não se dá ao luxo de construir um consenso nem tolera discordâncias."[2]

A ideia foi amplamente adotada por líderes do setor de tecnologia, mas não era nova. Em discursos e entrevistas, Horowitz admitia que havia se inspirado em *Só os paranoicos sobrevivem*, escrito pelo ex-CEO da Intel, Andy Grove, um sujeito famoso pela truculência com que conduzira a empresa da produção de chips de memória a processadores. Grove era conhecido no Vale do Silício por sua filosofia de intimidação dos concorrentes e adversários: jamais relaxe, porque um novo rival está logo ali.[3]

(Numa postagem em seu blog, Horowitz admitiu que se inspirara também no filme *O poderoso chefão*, mencionando a cena em que o *consigliere* Tom Hagen pergunta ao *don* da família Corleone: "Mike, por que fiquei de fora?"; e Michael Corleone responde: "Você não é *consigliere* de tempos de guerra". Para alguns funcionários do Facebook, a referência ao chefão mafioso parecia apropriada. "Não deve surpreender ninguém que Mark gostava de pensar que seu comportamento era inspirado em Andy [Grove], quando na verdade emulava o mafioso mais famoso de Hollywood", disse um ex-membro da Equipe M. "Você não vai encontrar ninguém mais implacável nos negócios do que Mark.")

Desse dia em diante, continuou Zuckerberg, ele assumiria o papel de CEO em tempos de guerra. Passaria a um controle mais direto de todos os aspectos do negócio. Não dava mais para ficar fechado em sua sala se concentrando apenas nos novos produtos. Haveria mais decisões em suas mãos.

A Equipe M ficou em silêncio. Sandberg e um punhado de executivos que sabiam de antemão o que Zuckerberg tinha preparado para falar nesse dia balançavam a cabeça em sinal de aprovação. Mas outros só conseguiam manter a expressão cuidadosamente neutra conforme tentavam avaliar o que as palavras de Zuckerberg significavam para seus departamentos e seu progresso pessoal dentro da companhia. Tecnicamente, como fundador e acionista majoritário desde os primórdios do Facebook, Zuckerberg sempre ficara no controle da empresa. Mas delegara de vontade própria muitas partes do negócio. Executivos encarregados de produtos como o WhatsApp e o Instagram podiam operar com uma dose razoável de independência, e os poderosos chefes de engenharia dentro do produto central do Facebook haviam cultivado as próprias equipes, que eram leais a eles. "Zuckerberg contratava e promovia gente que tinha grandes sonhos de carreira. Por anos, ele manteve essas pessoas felizes porque sabiam que podiam contar com relativa autonomia", observou um membro da Equipe M que compareceu à reunião. "Agora ele parecia estar dizendo que isso estava prestes a mudar."

A afinidade de Zuckerberg com o primeiro imperador romano, César Augusto, figura que ele estudara tanto em Exeter como em Harvard, era bem conhecida. Até esse momento, sua condução fora análoga à da república romana. Havia um líder incontest, mas seu poder era respaldado por uma espécie de Senado que deliberava sobre grandes decisões e políticas públicas. O que ele delineava nesse momento mais parecia a mudança de Roma da república para o império. Zuckerberg estava decretando uma autocracia.

Como era esperado, Boz foi um dos primeiros a endossar a declaração. Era melhor para o futuro da empresa centralizar todas as decisões em Zuckerberg, afirmou.

O anúncio de Zuckerberg veio na esteira de uma grande reorganização na empresa. Dois meses antes, ele submetera seus principais executivos a uma mudança generalizada de funções. Chris Cox, que comandava o departamento de produtos, supervisionaria todos os aplicativos da empresa, incluindo Blue, WhatsApp, Facebook Messenger e Instagram. O diretor de tecnologia, Mike Schroepfer, ficou encarregado do lançamento de todos os produtos novos, como realidade virtual e criptomoeda. Javier Olivan, chefe da equipe de crescimento, acrescentou segurança, publicidade e serviços a suas atribuições.[4] Sandberg seguiu como coo, mas estava menos claro se continuava, de fato, a segunda na hierarquia do Facebook depois de Zuckerberg. Ela não fora mencionada no anúncio. Agora, com Zuckerberg se autoafirmando ainda mais, ele parecia se ver como o número um — e o resto como o resto.

Os dissidentes foram partindo ao longo do ano. Jan Koum, cofundador do WhatsApp, anunciou seu afastamento em abril;[5]

mais tarde, explicou que Zuckerberg quebrara a promessa de manter o WhatsApp separado do aplicativo do Facebook e de proteger a privacidade dos usuários.[6] Kevin Systrom, cofundador do Instagram, abandonou o barco em setembro por motivos similares: Zuckerberg voltara atrás em suas promessas.[7] E, é claro, Stamos se demitira oficialmente em agosto, apesar de, na verdade, ter entregado sua demissão meses antes.

Com 34 anos, mal tendo completado catorze anos de fundação do Facebook, Zuckerberg redobrava os esforços para fazer jus à insígnia que digitara no fim do site do Facebook em 2004: "Uma produção de Mark Zuckerberg".

"A empresa sempre foi dele desde o primeiro dia", disse um executivo presente à reunião. Mas "ele ficava feliz em deixar outras pessoas fazerem as coisas em que não estava interessado. Tudo isso mudou".

Zuckerberg pode ter mudado de ideia sobre delegar responsabilidades, mas certo caráter implacável sempre esteve lá, especialmente no que dizia respeito à concorrência. Mesmo após a aquisição do Instagram, em 2012, continuara a se irritar com uma nova safra de aplicativos capazes de seduzir usuários do Facebook e ganhar fôlego na corrida pela supremacia nos aplicativos de celular. Foi quando Javier Olivan, vice-presidente de crescimento, contou-lhe sobre a Onavo, uma startup israelense de análise de aplicativos móveis. A empresa operava uma série de aplicativos diretos ao consumidor, incluindo uma rede privada virtual para usuários de celular, porém o maior interesse para Olivan era a tecnologia da Onavo, que possibilitava às empresas proprietárias de aplicativos mapear como estavam se saindo não só seus próprios produtos, mas também os da concorrência. A análise da Onavo monitorava atividades como a quantidade de vezes que um usuário visitava outros aplicativos móveis, por quanto tempo os usava e que tipo de funcionalidades eram mais populares nesses produtos. Era "muito legal para identificar alvos de aquisição", escreveu Olivan num e-mail.[8] Zuckerberg ficou intrigado e, a partir do início do segundo semestre daquele ano, Olivan viajou diversas vezes a Tel Aviv para se reunir com os fundadores da empresa e aprender mais sobre a capacidade do serviço e descobrir até que ponto a Onavo realmente proporcionava uma possibilidade competitiva. Depois de receber os relatórios de Olivan, Zuckerberg decidiu que os dados não só eram valiosos para o Facebook como também tinham potencial para ajudar os rivais.

Em 13 de outubro de 2013, a Onavo anunciou que fora adquirida pelo Facebook — junto com a tecnologia e os dados proprietários da empresa, que produziam relatórios detalhados sobre como pessoas do mundo todo usavam a internet. O Facebook absorveria os trinta e tantos funcionários da Onavo em Israel, além de seus fundadores, Guy Rosen e Roi Tiger.

Dias depois de esse acordo ter sido noticiado — que segundo as estimativas vinha com uma etiqueta de preço de 115 milhões de dólares —, Rosen, Tiger e outros executivos da Onavo se reuniram com diretores do Facebook para discutir detalhes e celebrar. Foram bombardeados com perguntas supostamente mandadas por Zuckerberg: eles tinham condições de estudar quais aplicativos eram usados na Índia, em comparação à Europa? Produzir relatórios semanais sobre os novos aplicativos que ganhavam tração com mais rapidez? Informar Zuckerberg sobre quais aplicativos as pessoas usavam mais do que o Facebook, sobretudo para trocar mensagens entre si? Tudo isso podia ser feito, os executivos da Onavo asseguraram à equipe do Facebook. "A Onavo era o brinquedo novo de Mark, e ele estava empolgado", lembrou um membro da equipe da Onavo. "Ele mesmo começou a olhar os dados todo dia."

Zuckerberg estava particularmente interessado nos dados sobre o WhatsApp, aplicativo de mensagens que ultrapassara o Facebook Messenger para se tornar o número um no mundo em volume diário geral de mensagens enviadas — estimadas em 12,2 bilhões por dia, contra 11,7 bilhões do Facebook. Os dados da Onavo também mostravam que os usuários passavam períodos mais longos no WhatsApp e que o aplicativo era mais popular do que o Messenger em todas as faixas etárias. Zuckerberg temia que o WhatsApp, empresa fundada por dois ex-engenheiros do Yahoo em 2009 e popular no mundo todo por seu compromisso com a privacidade, podia adotar facilmente recursos que a deixariam mais próxima de uma rede social. Ele via inúmeras ameaças: o aplicativo podia desafiar por si só o Facebook e seu serviço de mensagens ou ser comprado por um concorrente como o Google para viabilizar uma rede social rival. Quatro meses depois, o Facebook anunciou seu plano de adquirir o WhatsApp por 19 bilhões de dólares.

Em 2018, o interesse de Zuckerberg continuava mais voltado para o lado dos produtos. Tanto a reputação arranhada do Facebook como as crescentes complicações em Washington eram simples problemas de comunicação que podiam ser contornados. Seis meses após a violação de dados privados de usuários do Facebook vir a público nas reportagens sobre a Cambridge Analytica, Zuckerberg continuava em negação em relação às questões mais amplas sobre a quantidade de dados coletados pela empresa. Quase dois anos depois de hackers apoiados pelos russos interferirem nas eleições de 2016 com linguajar e imagens para polarizar os americanos, ele continuava reticente quanto a estabelecer um limite para o que constituía discurso de ódio. Estava claro que Zuckerberg não mudaria a plataforma do Facebook nem seus principais produtos. Em vez disso, queria que sua coo mudasse a cabeça das pessoas.

No dia 4 de setembro, Sandberg entrou no escritório do Facebook em Washington e foi direto para a sala de reuniões. Os funcionários haviam coberto os vidros com papel contact. Um segurança permanecia ao lado da porta fechada. Kaplan, seus lobistas e os advogados da WilmerHale a cumprimentaram quando entrou.

Kaplan mudara sua equipe em Washington para um novo espaço de 16 mil metros quadrados sem paredes divisórias no badalado e vibrante bairro do Penn Quarter, próximo ao Capitólio. O escritório de Washington, que também abrigava o pessoal de vendas e segurança, era projetado para reproduzir os espaços abertos da MPK, com piso de cimento queimado, instalações de arte grandes e modernas e teto sem forro expondo encanamentos e instalações elétricas.

Sandberg normalmente falava diante da equipe quando visitava o escritório em Washington. Suas visitas à capital americana eram um grande acontecimento; ela montara uma sala de guerra para se preparar para encontros com legisladores e para que a equipe ajudasse a escrever cartões de agradecimento para cada um. Mas, nessa visita, dispensou a reunião da equipe e se preparou para depor perante o Comitê de Inteligência do Senado, que supervisionava uma investigação das campanhas de desinformação da Rússia no Facebook e em outras plataformas de mídias sociais.

Dificilmente poderia haver mais coisas em jogo. Após a reprimenda de Zuckerberg pela forma como ela lidara com a repercussão da Cambridge Analytica e os escândalos da eleição de 2016, as investidas individuais de Sandberg com os parlamentares não foram tão eficazes quanto se havia esperado. A audiência perante o Congresso era uma chance de convencer não só os congressistas, mas também os jornalistas ao defender o Facebook das acusações de cumplicidade na interferência eleitoral.

Após a declaração de guerra de Zuckerberg, Sandberg começara uma intensa campanha de bastidores por conta própria. Enquanto Zuckerberg realizava uma ofensiva de relações públicas concedendo entrevistas a jornalistas veteranos, ela usava canais sigilosos para persuadir figuras poderosas em Washington a acreditar em Mark. No período que antecedeu a audiência, Sandberg insistiu que deporia apenas se os CEOs do Twitter e do Google também fossem ouvidos. Ela queria distribuir a culpa por toda a indústria da tecnologia, ainda que nenhuma outra gigante da internet estivesse em tão maus lençóis quanto o Facebook. O CEO do Twitter, Jack Dorsey, aceitou o convite, mas o CEO do Google, Sundar Pichai, se recusou a prestar depoimento. Era a cortina de fumaça perfeita para dividir a atenção da imprensa. Antes da audiência, os jornalistas publicaram notícias sobre a ausência da empresa, acompanhadas da foto de uma cadeira vazia com uma placa em que se lia "GOOGLE". Em conversas informais com jornalistas, parlamentares furiosos consideraram a decisão de Pichai uma demonstração de soberba e fizeram questão de agradecer Sandberg e Dorsey por irem a Washington.

No dia da audiência no Congresso, Dorsey foi o primeiro a entrar, com a barba mal aparada e a camisa desabotoada no colarinho. Sandberg veio em seguida, usando um sóbrio terninho preto. Enquanto Dorsey chegara de forma discreta, acompanhado de apenas alguns assistentes, Sandberg viera rodeada de mais de uma dúzia de assessores e logo começou a apertar as mãos dos congressistas. Ao sentar, abriu seu fichário de plástico preto e pôs sobre a mesa uma folha de papel que continha uma lista com o nome dos legisladores. Em letras maiúsculas, no alto da página, havia as palavras "DEVAGAR, PAUSAS, DETERMINADA".

Sandberg saiu da audiência acreditando ter sido aprovada com louvor em seu depoimento. Ao contrário da elocução serena e ensaiada da executiva do Facebook, Dorsey falou pelos cotovelos e foi espontâneo nas respostas. Mas, para a imprensa, nessa tarde ele mereceu elogios entusiasmados pela franqueza, enquanto as respostas calculadas de Sandberg deixaram a desejar.

Um diálogo em particular salientou os diferentes estilos dos dois executivos. Quando o senador republicano Tom Cotton, do Arkansas, perguntou "As suas empresas em algum momento considerariam agir de forma que privilegiasse uma potência estrangeira e hostil em detrimento dos Estados Unidos?", Sandberg encheu linguiça. "Não estou nem um pouco familiarizada com os detalhes que isso envolveria, mas, com base em como o senhor está fazendo a pergunta, acredito que não", respondeu.

Dorsey respondeu em duas palavras: "Também não".

O estilo hiperensaiado de Sandberg era familiar para os funcionários do governo que haviam interagido com ela ao longo dos anos. Uma reunião em outubro de 2010, em que se encontrou com o diretor da Comissão Federal de Comércio, Jonathan Leibowitz, para tentar impedir a investigação de privacidade das configurações de perfil e do programa Open Graph, fora particularmente memorável.

Tranquila e confiante, Sandberg começou a reunião declarando que o Facebook dera a seus usuários mais controle de seus dados do que qualquer outra empresa de internet e que o maior arrependimento da empresa era não ter comunicado com clareza como funcionava sua política de privacidade. Os funcionários da comissão imediatamente a questionaram, e Leibowitz comentou que a filha pré-adolescente tivera problemas com as configurações de privacidade no Facebook, o que facilitava que estranhos encontrassem usuários com o perfil dela. "Estou presenciando isso na minha casa", ele disse.

"Mas isso é ótimo", respondeu Sandberg. E descreveu a rede social como "empoderadora" para os jovens usuários. Ela parecia ouvir apenas o que queria.

"Esse problema é sério, e estamos levando nossa investigação a sério", retrucou Leibowitz.

Sandberg em seguida tentou desviar o rumo da conversa, dizendo que os críticos estavam equivocados a respeito dos abusos de privacidade da empresa. Em vez de responder às perguntas da comissão relacionadas à privacidade dos dados, falava em termos genéricos sobre as contribuições do Facebook para a economia.

"Ela parecia achar que estava em campanha ou algo assim, não na sessão de uma investigação federal", contou David Vladeck, diretor do departamento de proteção ao consumidor que supervisionava a investigação. "Nos surpreendeu que uma pessoa sofisticada como Sheryl Sandberg pudesse ser tão pouco observadora."

Alguns fizeram uma interpretação menos indulgente. "A arrogância é sua fraqueza, seu ponto cego. Ela acha que é capaz de encantar ou convencer qualquer pessoa", avaliou um ex-funcionário do Facebook.

Oito anos depois, ela continuava incapaz de ler a reação das pessoas a suas falas. Após a audiência, um senador brincou que Sandberg deu todas as respostas vazias que o Congresso já esperava do Facebook. "Foi uma boa performance, mas todo mundo sabia que não passava disso, uma performance."

Sandberg não foi a única pessoa no Facebook a comparecer a uma audiência de grande visibilidade nesse mês. Apenas três semanas após sua visita a Washington, o país estava sintonizado no controverso processo público de confirmação do juiz Brett Kavanaugh para a Suprema Corte. Uma colega dos tempos de escola, Christine Blasey Ford, e outras mulheres haviam acusado Kavanaugh de assédio e agressão sexual. Mas só Blasey Ford foi autorizada a prestar depoimento. Era o auge do movimento Me Too, e a audiência de confirmação de Kavanaugh se tornara um referendo sobre assédio sexual sistêmico e os abusos contra mulheres nos negócios e na política.

Estima-se que 20 milhões tenham assistido à audiência sobre a agressão sexual de Kavanaugh, que teve início na manhã de 27 de setembro. Quando ele fazia seus comentários iniciais, as câmeras o filmaram na mesa das testemunhas com a esposa, Ashley Estes Kavanaugh, aparecendo atrás de seu ombro esquerdo. Na fileira atrás dela estava Joel Kaplan.

Kaplan e Kavanaugh eram amigos íntimos, talvez até melhores amigos, por assim dizer. Suas famílias tinham laços estreitos. Quase cinquentões, ambos haviam afiado suas habilidades políticas na capital americana durante os anos George W. Bush. Eram membros da Sociedade Federalista e parte de um fechado grupo conservador da Ivy League em Washington cujos membros tinham a mesma idade dos envolvidos na campanha de Bush ou do círculo em torno dele. Kaplan via o comparecimento à audiência como um momento para apoiar um bom amigo na época mais desafiadora de sua vida. Sua esposa, Laura Cox Kaplan, estava sentada ao lado de Ashley Kavanaugh.

Os jornalistas reconheceram Kaplan na mesma hora e entraram em contato com o departamento de comunicação do Facebook para confirmar. A equipe de relações públicas meteu os pés pelas mãos; ninguém sabia que ele compareceria à audiência, e inicialmente foi dito aos jornalistas que Kaplan havia tirado o dia de folga. Quando os repórteres tuitaram que Kaplan estava em Washington por conta própria, alguns funcionários do Facebook verificaram as agendas e descobriram que o executivo não estava de folga nesse dia; então começaram as reclamações nos grupos de trabalho que sua presença na audiência parecia ser oficial. Mais para o fim do dia, os funcionários foram informados pela chefia que um equívoco fora cometido e que Kaplan havia tirado o dia de folga — o sistema apenas não fora atualizado. Mas a raiva contra Kaplan continuou a ferver. Um funcionário observou que era pouco plausível que o chefe do setor de relações governamentais da empresa não soubesse que apareceria diante das câmeras durante a audiência. "Sua escolha de onde se sentar foi intencional, ele sabia muito bem que os jornalistas identificariam qualquer figura pública que aparecesse atrás de Kavanaugh. Sabia que internamente seria uma afronta, mas também que não podia ser demitido por isso. Foi um protesto contra nossa cultura e um tapa na cara de seus colegas", postou o funcionário em um grupo de trabalho.[9] "Sim, Joel, vimos você", acrescentou ele.

Os funcionários se queixaram com seus superiores imediatos e diretamente com Sandberg e Zuckerberg. Kaplan já era impopular entre parte da equipe por sua atuação política em geral, e em especial por sua orientação nas políticas públicas relacionadas à liberdade de expressão e a Trump. O furacão do Me Too e o rancor político dentro do Facebook e por todo o país colidiram quando ele decidiu aparecer na audiência de Kavanaugh.

Kaplan decidiu que precisava explicar sua decisão à equipe. "Quero me desculpar", escreveu em uma nota interna. "Admito que o momento é bastante doloroso para mim — interna e externamente." Ele lamentava pegar os colegas de surpresa com seu comparecimento inesperado, mas não se arrependia de ter ido à audiência, e reafirmou sua lealdade ao amigo.

Em uma postagem interna, Sandberg escreveu que conversara com Kaplan e lhe dissera que comparecer à audiência tinha sido um erro, considerando seu papel na empresa. "Apoiamos o direito das pessoas de fazer o que quiserem em seu tempo livre, mas esse caso era bastante complicado."

Quando a presença de Kaplan na audiência foi comentada em uma reunião de Q&A mais tarde naquela semana, Zuckerberg disse que o vice-presidente de políticas públicas não havia violado nenhuma regra. Mas o CEO acrescentou que, em seu lugar, provavelmente teria agido de outra forma.

Ao que tudo indica, Kaplan não recebeu nenhuma punição ou reprimenda de Zuckerberg e Sandberg. ("Ninguém é mandado embora por estupidez, e sim por ser desleal", comentou um funcionário do Facebook.)

Para muitos, era um lembrete de que os interesses em proteger o negócio falavam mais alto que toda e qualquer manifestação dos funcionários da empresa. Kaplan desempenhava um papel crucial na corte imperial do Facebook e cumpria bem sua função; ele seria protegido a todo custo.

Vozes conservadoras sempre tiveram um lugar no Facebook. Sandberg e Zuckerberg defenderam o antigo diretor e investidor inicial, Peter Thiel, emissário de Trump para figuras ligadas a tecnologia, quando os funcionários e acionistas exigiram seu afastamento da diretoria pelo apoio ao presidente. O discurso hipócrita de Thiel enfurecera os funcionários. Ele exaltava a liberdade de expressão, mas ao mesmo tempo bancara o processo por invasão de privacidade de Hulk Hogan contra o Gawker, site que publicou trechos de um vídeo íntimo com o astro da luta livre. O site revelara que o investidor bilionário era um dos financiadores do processo.

Algumas mulheres na empresa expressaram particular decepção com Sandberg, cujo mantra "Faça acontecer" deveria supostamente empoderá-las no ambiente de trabalho. Os números da diversidade no Facebook avançavam a passo de tartaruga: em 2018, 30% dos cargos de liderança eram preenchidos por mulheres, contra 23% em 2014. Apenas 4% dos funcionários eram negros.[10] Kaplan simbolizava uma cultura de privilégio que estava sendo colocada no banco dos réus pelo país com o Me Too. Muitos funcionários viam o apoio de Zuckerberg e Sandberg a ele como sua cumplicidade com essa cultura.

Dias após a reunião de Q&A, Kaplan deu uma festa em sua

mansão multimilionária em Chevy Chase, Maryland, para comemorar a confirmação de Kavanaugh.

Em julho, Zuckerberg concedeu a Kara Swisher, editora do site Recode, de notícias ligadas a tecnologia, sua primeira longa entrevista em muitos anos. Para a ocasião, sua equipe de comunicações ajustou o ar-condicionado no Aquário no modo pinguim. Swisher era uma jornalista experiente, que apresentava um podcast imperdível que entrevistava líderes de primeiro escalão do Vale do Silício. Sua inteligência penetrante e suas perguntas difíceis atraíam um público amplo e influente. Muitos — e Zuckerberg estava entre eles — sentiam-se intimidados em sua presença.

Oito anos antes, Swisher o entrevistara na conferência D: All Things Digital, sobre tecnologia. Na época, o Facebook estava sob escrutínio por suas mudanças nas configurações de privacidade. Questionado por Swisher sobre a controvérsia, o jovem de 26 anos ficou paralisado e suava frio. O suor descia por sua testa e seu rosto; o cabelo grudou em suas têmporas. O desconforto de Zuckerberg era tão óbvio que Swisher fez uma pausa e sugeriu que tirasse o moletom.[11] Foi um espetáculo humilhante. Sua equipe de relações públicas mais tarde garantiu que Zuckerberg apenas sentiu calor e que o moletom era grosso demais para a quente iluminação de palco.

Depois disso, ao longo dos anos, Zuckerberg falara em conferências de desenvolvedores e fizera discursos de tempos em tempos, mas, de modo geral, deixava as entrevistas à imprensa para Sandberg. E no entanto sua equipe de comunicações agora estava lhe dizendo que era preciso que o público ouvisse o que ele tinha a dizer. O Facebook precisava mostrar que estava mudando. Zuckerberg fizera sua declaração de guerra para seus executivos. Agora precisava mostrar ao mundo que estava no comando e guiando o Facebook rumo à estabilidade.

Uma nova executiva de relações públicas, Rachel Whetstone, insistiu que Zuckerberg participasse do podcast de Swisher. Os membros mais experientes da equipe de comunicações o sabatinaram com as perguntas que Swisher provavelmente faria: interferência da Rússia nas eleições, Cambridge Analytica e políticas de privacidade. A controvérsia mais recente era sobre discursos de ódio e desinformação.

Por meses, indivíduos e grupos de interesse público atacaram o Facebook e outros sites de mídias sociais por acolher o ultradireitista apresentador de talk show Alex Jones e seu site conspiratório, o Infowars. Jones atraía milhões de seguidores no Facebook, no Twitter e no YouTube com alegações absurdas e indiscutivelmente falsas, além das acusações incendiárias contra políticos liberais. Sua declaração mais nociva era de que o massacre na escola primária Sandy Hook, em Newtown, Connecticut, em 2012, em que vinte crianças da primeira série e seis adultos foram mortos, fora uma farsa. O público de Jones acreditou nele. Os pais de uma criança morta no ataque tiveram de se mudar devido às ameaças de morte dos seguidores de Jones.[12]

Jones acumulara mais de 1 milhão de seguidores no Facebook, e sua retórica violenta era feita sob medida para os algoritmos do Facebook. Até quando as pessoas discordavam de Jones e deixavam comentários ultrajados em suas postagens ou as compartilhavam por pura revolta estavam ajudando a impulsionar seu conteúdo para o topo dos feeds de notícias. A pressão sobre a empresa para banir o Infowars e Jones aumentava. Suas postagens violavam as regras do Facebook contra o discurso de ódio e conteúdo prejudicial. Mas, durante todo o ano de 2018, o Facebook se recusou a remover as contas dele.

Previsivelmente, antes de chegar à metade da entrevista,

Swisher pressionou Zuckerberg sobre a questão. "Explique", ela pediu, ao questionar por que ele ainda permitia o conteúdo de Jones no Facebook.

Zuckerberg se ateve a sua pauta. O trabalho do Facebook era equilibrar a liberdade de expressão com a segurança. Ele não achava que informações falsas deveriam ser removidas. "Qualquer um pode entender as coisas errado, e se a gente suspender a conta das pessoas quando elas entendem algumas coisas errado, seria difícil afirmar que damos voz para as pessoas e que nos importamos com isso", ele disse. Sua solução era deixar que os usuários denunciassem as notícias falsas, possibilitando à plataforma dificultar a localização desse tipo de conteúdo. Mas, acrescentou, muita coisa que podia ser descrita como notícia falsa era discutível.

"Certo, 'Sandy Hook não aconteceu' não é discutível", disse Swisher, com firmeza. "É falso. Você não pode simplesmente remover isso?"

Zuckerberg havia se preparado para a investida. Afirmou também acreditar que os negacionistas de Sandy Hook estavam errados e que posts defendendo isso eram falsos. "Vamos falar de uma experiência mais pessoal. Eu sou judeu, e tem muitas pessoas que negam que o Holocausto ocorreu", ele disse, acrescentando que achava isso profundamente ofensivo. "Mas, no fim das contas, não acho que nossa plataforma deva remover conteúdos como esse, porque acredito que existem coisas que algumas pessoas entendem errado. Não acho que estejam entendendo errado *de propósito*." O Facebook, segundo Zuckerberg, tinha a "responsabilidade de continuar avançando para dar às pessoas ferramentas para compartilhar suas experiências, conectando-se e encontrando-se de novas maneiras. Em última instância, foi para isso que o Facebook veio ao mundo".[13]

Swisher manifestou sua discordância e passou a questioná-lo diversas vezes sobre como podia saber que os negacionistas do Holocausto não estavam enganando de propósito as pessoas sobre eventos do mundo real que, sim, haviam ocorrido. Zuckerberg não deu o braço a torcer. "Ele estava se achando tão inteligente com esse raciocínio. Não conseguia perceber como era intelectualmente superficial, nem que seu argumento era vazio", recordou Swisher mais tarde. "Eu sabia que ele ia ser trucidado."

Poucas horas após a transmissão do podcast, os comentários viralizaram.

"Mark Zuckerberg defende negacionistas do Holocausto" era a chamada de um blog de esquerda. A NPR resumiu a história com a chamada: "Zuckerberg defende direitos de negacionistas do Holocausto". Grupos judaicos nos Estados Unidos, na Europa e em Israel divulgaram notas inflamadas, lembrando Zuckerberg que o antissemitismo era uma ameaça real e imediata aos judeus no mundo todo. Negar o Holocausto é "uma tática de enganação intencional, deliberada e antiga dos antissemitas", declarou Jonathan Greenblatt, executivo chefe da Liga Antidifamação. "O Facebook tem a obrigação ética e moral de não permitir a disseminação dessa tática."

Horas mais tarde, Zuckerberg tentou esclarecer seus comentários em um e-mail para Swisher, dizendo que não pretendia defender os intentos de negacionistas do Holocausto.[14] Mas aquela não havia sido uma questão jogada em seu colo; ele mesmo havia evocado os negacionistas como exemplo de um discurso controverso que o Facebook defenderia em apoio à liberdade de expressão. Desde as eleições de 2016 e a ascensão das notícias falsas no Facebook, Mark vinha penando para encontrar uma política coerente em relação ao assunto. Whetstone, que aspirava à condição de principal assessora de comunicações de Zuckerberg, encorajou-o a mostrar firmeza e traçar um limite bem claro na questão da liberdade de expressão. Isso já era um princípio central de seu sistema de crenças, refinado ao longo dos anos em discussões com libertários como Thiel e Andreessen. Os santos padroeiros do Vale do Silício gostavam de defender posições absolutistas, o que encaravam como uma demonstração de rigor intelectual. Os furos em seus argumentos — as áreas cinzentas que pessoas como Alex Jones ou os negacionistas do Holocausto habitavam — eram ignorados. Quando Whetstone sugeriu que Zuckerberg pegasse o exemplo mais gritante em que pudesse pensar, mesmo se discordasse pessoalmente dele, estava seguindo a mesma linha de argumentação que Thiel e outros haviam usado durante anos. Era uma maneira de Zuckerberg demonstrar seu compromisso com o conceito de que o Facebook era um mercado de ideias e de que até discursos incômodos tinham um lugar no site.

Whetstone entrara para a empresa menos de um ano antes e logo ganhou um posição de maior importância dentro da equipe de relações públicas. Mesmo com mais de duzentas pessoas a essa altura, a equipe ainda enfrentava dificuldades de comunicação nas crises. Whetstone não era uma novata em conflitos. Ex-estrategista chefe do primeiro-ministro britânico David Cameron, chefiara em seguida as comunicações para Eric Schmidt no Google e depois para Travis Kalanick na Uber. Os repórteres temiam seus telefonemas, em que ela usava todas as táticas de que profissionais de relações públicas dispunham para impedir que veiculassem notícias negativas sobre seus clientes.

Assim que chegou ao Facebook, Whetstone implorou a Zuckerberg e Sandberg para mudar a cultura de relações públicas da empresa. Se Zuckerberg estava empenhado em se tornar um líder de tempos de guerra, afirmou Whetstone, precisava de uma estratégia de comunicações à altura. E insistiu que ele passasse para a ofensiva.

Zuckerberg adorou a ideia. Pessoalmente, achava os negacionistas do Holocausto repulsivos, o que os tornava um exemplo perfeito para seus propósitos. Ao permitir que criassem uma comunidade no Facebook, ele mostrava que podia pôr seus sentimentos e opiniões pessoais de lado e aderir a uma regra coerente baseada na lógica. Estava confiante de que as pessoas entenderiam seu raciocínio como um modo difícil, mas necessário, de manter a integridade da política de discursos no Facebook. Vários membros da equipe de relações públicas insistiram com ele que seria bom repensar a estratégia. Não havia necessidade de evocar um caso extremo do que o Facebook considerava ser liberdade de expressão; iria sobrar para ele. Mas Mark ignorou o conselho.

Zuckerberg encarava a questão da liberdade de expressão como quaisquer outros assuntos relacionados a programação, matemática e linguagem. Na sua cabeça, os padrões factuais eram confiáveis e eficientes. Ele queria regras claras que um dia fossem seguidas e mantidas por sistemas de inteligência artificial capazes de operar em países e idiomas diversos. Eliminar o ser humano e suas opiniões falíveis do cerne dessas decisões era fundamental: pessoas cometem erros, e Zuckerberg, especialmente, não queria a responsabilidade de tomar decisões caso a caso. Em abril, viera com a ideia de um comitê externo para decidir sobre os casos mais complexos relacionados à liberdade de expressão, uma espécie de "suprema corte" que fosse independente da empresa e tivesse a palavra final sobre as apelações às decisões do Facebook.[15]

Em muitas áreas das regras de conteúdo do Facebook, a visão de mundo de Zuckerberg em geral funcionava. A empresa vetava violência, pornografia e terrorismo — na maioria das ocorrências, os sistemas de inteligência artificial detectavam e removiam sozinhos mais de 90% do conteúdo. Mas, no caso dos discursos de ódio, os sistemas do Facebook se revelaram confiavelmente inconfiáveis. Não era fácil definir discurso de ódio; ele mudava com frequência e tinha especificidades culturais. Novos termos, ideias e slogans surgiam todos os dias, e apenas seres humanos profundamente envolvidos no mundo dos movimentos de extrema direita que alimentam esses discursos conseguiam se manter a par dessas nuances.

"No mundo ideal de Mark, havia um algoritmo neutro universalmente aplicável para decidir o que era e o que não era permitido no Facebook", recordou um antigo executivo da empresa que discutiu os méritos da liberdade de expressão com Zuckerberg. "Ele tinha certeza de que (a) era possível, e (b) o público entenderia e aceitaria."

A desastrosa entrevista no podcast claramente revelava que ele subestimara as complexidades do problema, mas Zuckerberg continuou reafirmando sua posição. O Facebook não podia ser um árbitro dos diferentes discursos.

"Ele não conseguia entender que essa não é uma questão preto no branco", disse o executivo que discutiu o assunto com Zuckerberg. "Não estava interessado nas nuances ou no fato de que, em se tratando de discursos, existem certas coisas que as pessoas simplesmente sentem, ou sabem, que são erradas."

Para mostrar a seriedade da empresa em combater a interferência eleitoral, uma sala de guerra montada na MPK servia como comando central para uma seção interdisciplinar de funcionários dos setores de segurança, engenharia, diretrizes e políticas e de comunicações. A equipe de relações públicas do Facebook selecionou alguns repórteres e os convidou a conhecer a sala para começarem a fazer matérias antes das eleições. Alguns membros da equipe ficaram constrangidos com a campanha, que consideravam excessivamente otimista e concebida apenas como um jogo de cena.

Caso alguém estivesse em dúvida quanto ao propósito daquele espaço, havia um papel na porta com as palavras "SALA DE GUERRA" impressas em uma fonte grande. Lá dentro, numa das paredes, estava a bandeira americana; em outra, relógios digitais com os fusos horários da Costa Oeste, da Costa Leste, de Greenwich e de Brasília — este último de especial interesse para o grupo, porque o Facebook testava suas novas ferramentas no Brasil, onde ocorriam eleições. Diversas telas gigantes na parede do fundo exibiam a informação sendo transmitida para um painel que o Facebook mandara construir para monitorar a disseminação de conteúdo pelo mundo. Na outra parede, as TVs estavam sintonizadas na CNN, na MSNBC, na Fox News e em outros canais a cabo.

Em entrevistas à imprensa, Zuckerberg descrevera a luta contra a interferência eleitoral como uma "corrida armamentista" contra maus atores estrangeiros e domésticos. A empresa contratara 10 mil novos funcionários para ajudar com a segurança e a moderação de conteúdo, e sua equipe de segurança dedicara mais recursos à identificação de campanhas de influência estrangeiras. No início do segundo semestre de 2018, a empresa anunciou que removera uma rede[16] de contas russas criada para influenciar os americanos antes das eleições de meio de mandato, além de uma campanha de centenas de contas e páginas iranianas e russas empenhadas em propagar desinformação em prol de seus governos em partes da Europa e do Oriente Médio.[17]

"Ver como a empresa se mobilizou para isso me deixou satisfeito com o que estamos fazendo aqui", disse aos repórteres Samidh Chakrabarti, chefe da equipe de eleições e engajamento cívico do Facebook. "Essa é provavelmente a maior reorientação da empresa desde nossa mudança do desktop para o celular."

Zuckerberg e Sandberg haviam prometido aos congressistas que a segurança eleitoral era sua prioridade número um. Entre os 10 mil novos funcionários havia algumas figuras proeminentes com grande reputação no mundo da inteligência e da segurança. Uma das pessoas procuradas era Yaël Eisenstat, uma veterana de 44 anos da CIA, para liderar a equipe de combate à interferência eleitoral na área de integridade dos negócios da empresa. Eisenstat ficou surpresa com o convite do Facebook; ela não necessariamente se via como a pessoa mais indicada para uma empresa privada de tecnologia com um péssimo histórico de segurança eleitoral. Passara quase vinte anos trabalhando mundo afora para o governo americano, combatendo o terrorismo global. Servira como diplomata e como assessora de segurança nacional para o vice-presidente Biden e atuara na área de responsabilidade corporativa para a ExxonMobil.

O Facebook fizera a proposta a Eisenstat no mesmo dia de abril em que Zuckerberg prestava depoimento sobre a Cambridge Analytica perante o Congresso. Ao assistir à audiência, seu interesse foi despertado quando ele prometeu que a segurança nas eleições de meio de mandato eram sua grande prioridade e que não pouparia recursos para assegurar a integridade do pleito. A funcionária do governo veterana sentiu que era seu dever emprestar suas habilidades à rede social para ajudar a proteger a democracia americana, e lhe prometeram uma posição de liderança nessa luta. Em seu contrato de trabalho, a descrição do cargo era "diretora de operações de integridade nas eleições globais". Ela podia contratar quantas pessoas achasse necessário. E não havia um orçamento determinado.

Em uma mensagem enviada a amigos e colegas celebrando a notícia, Eisenstat escreveu: "Tudo nesse papel cala fundo no meu coração. Passei a maior parte da carreira e da minha vida pessoal defendendo a democracia e agora vou continuar essa luta em âmbito mundial ajudando a proteger a integridade das eleições no mundo todo. Não consigo imaginar papel mais perfeito para combinar minha visão do serviço público com o impacto e a escala da maior plataforma de mídia social do mundo".

Porém, desde 10 de junho, seu primeiro dia na MPK, a incompatibilidade ficou evidente. Os cartazes motivacionais nos prédios e a ostentação de obras de arte caras eram preocupantes. Ela se sentiu entrando em uma névoa de propaganda. Os benefícios (alimentação, transporte e gadgets gratuitos) lhe pareceram exagerados.

Em seu segundo dia, foi informada de que havia um erro em seu cargo. Não era "diretora" de equipe nenhuma, recebeu o título nebuloso de "gerente". Os executivos do Facebook não só haviam deixado de informar a empresa sobre seu novo papel como também o retiraram sem nem sequer conversar com Eisenstat. "Fiquei confusa. Foram eles que me ofereceram esse cargo. Foram eles que enfatizaram que me queriam e precisavam de mim, e que ia ser importante ter alguém com minha visão por lá", recordou. "Nada daquilo fazia sentido."

Quando quis saber detalhes sobre a equipe e o trabalho que realizaria, escutou uma conversa mole sobre os valores do Facebook. Um de seus supervisores lhe disse que títulos não tinham importância e que a movimentação de pessoas entre as equipes era fluida. O Facebook a mandaria aonde fosse mais necessária, deu a entender o supervisor.

Eisenstat logo percebeu que havia duas forças paralelas operando no Facebook. Ela fora contratada para trabalhar na equipe de Sandberg, que incluía os departamentos de diretrizes e políticas e de anúncios. Mas a equipe de integridade nas eleições, composta por engenheiros e funcionários seniores, prestava contas à ala de Zuckerberg. A equipe de Zuckerberg incluía Chakrabarti, que respondia aos repórteres pelo trabalho com integridade eleitoral. A equipe de Chakrabarti relatou a Zuckerberg e outros executivos do alto escalão sobre como estavam se preparando para as eleições de meio de mandato.

Por meses, Eisenstat ouviu falar de reuniões sobre integridade eleitoral, mas não era convidada a participar. Um de seus supervisores a enviou a países onde havia eleições próximas, mas ninguém solicitou nenhum relatório ou memorando quando ela voltou. Apenas por um encontro casual com Nathaniel Gleicher, diretor de políticas de cibersegurança, ela foi informada sobre a extensão do trabalho eleitoral do Facebook. "A conversa foi breve, mas fiquei empolgada em conhecê-lo e descobrir que havia como eu contribuir para o esforço eleitoral do Facebook. Ele até fez questão de dizer: 'Puxa vida, nós deveríamos trabalhar juntos mais vezes'", disse Eisenstat. "Fiquei esperançosa, porque ainda tinha gente no Facebook tentando fazer as coisas pelas quais eu sou apaixonada."

Mas a segunda reunião com Gleicher nunca se concretizou. Excluída das discussões privadas na equipe de eleições, Eisenstat revisitou uma série de postagens que compartilhara no fórum da Tribo usado pelo departamento de integridade de negócios. Em um texto, ela perguntara se o Facebook aplicava a anúncios políticos os mesmos padrões destinados ao conteúdo orgânico — as postagens comuns — na plataforma. Se o Facebook queria assegurar que a desinformação não se espalhasse por sua plataforma nas páginas e nos grupos, não faria sentido impedir um político de comprar um anúncio que deliberadamente disseminava falsas ideias ou desinformação? Em conversas com os colegas, Eisenstat argumentou que, como o Facebook desenvolvera um sistema em que anúncios políticos podiam ser direcionados a um público muito específico, esses materiais eram potenciais disseminadores de informação falsa ou enganosa. Por exemplo, um candidato que quisesse manchar o histórico do adversário sobre o meio ambiente poderia direcionar anúncios a usuários que houvessem expressado interesse em reciclagem.

A mensagem de Eisenstat gerara debate e interesse em toda a empresa. Dezenas de funcionários deixaram comentários, discutindo quais ferramentas construídas pelo Facebook poderiam ser aplicadas aos anúncios. Eisenstat foi procurada por um engenheiro sênior interessado em começar o trabalho assim que possível numa ferramenta que permitiria ao Facebook fazer a checagem de fatos dos anúncios políticos, separando a desinformação e outros conteúdos que poderiam desrespeitar as regras da plataforma. "Um monte de engenheiros se animou com o post. Estávamos esperando para ver se poderíamos contribuir com alguma coisa para as eleições", disse um engenheiro que se recordava da mensagem de Eisenstat. "Ficamos felizes em disponibilizar nosso tempo para ajudar com sua ideia."

Então, com a mesma rapidez com que havia surgido, o assunto de repente morreu. Ninguém explicou a Eisenstat o que aconteceu ou quais executivos do Facebook rejeitaram a iniciativa, mas o recado foi claro: os engenheiros pararam de responder a seus e-mails, e o interesse em sua ideia evaporou.

Eisenstat pisara num campo minado. Após virar a política americana de cabeça para baixo com sua campanha presidencial de 2016, Trump proporcionara um fluxo incessante de desafios ao Facebook e a outras empresas de mídias sociais. Postava afirmações e fotos que incluíam inverdades descaradas. Compartilhava teorias conspiratórias amplamente desacreditadas, consideradas perigosas pelas autoridades. E endossava figuras políticas ligadas a grupos de ódio.

Zuckerberg decidira dar a Trump o tratamento especial de autoridade eleita, mas ainda havia a questão de como lidar com anúncios comprados e pagos por sua campanha. Ninguém gastou mais do que Trump com publicidade política no Facebook. A exemplo de sua campanha, os anúncios frequentemente afirmavam inverdades ou encorajavam ideias que a plataforma de outro modo teria banido. Cada vez mais, parecia que a empresa aceitava os milhões de dólares de Trump para espalhar suas ideologias perigosas por meio das ferramentas do Facebook, que lhe permitiam atingir um público-alvo bem específico.

Eisenstat achava que o Facebook cometia um grande erro ao não checar os fatos dos anúncios políticos. No último trimestre de 2018, percebeu que seus superiores diretos sempre a deixavam de fora de qualquer trabalho ligado às iminentes eleições de meio de mandato.

Ela decidiu concentrar suas energias em um projeto que tornaria as eleições americanas mais seguras e protegidas. Achou que era uma tarefa simples e o tipo exato de iniciativa que o Facebook a contratara para executar. Agora, em vez de postar em grupo de trabalho dos funcionários do Facebook, atuaria junto com sua própria equipe para elaborar um protótipo, uma pesquisa e dados para um produto que certamente asseguraria que as eleições americanas fossem mais democráticas.

Eisenstat sabia que em um aspecto a lei eleitoral americana não dava margem para dúvidas: enganar os eleitores ou impedi--los de votar no dia da eleição era ilegal. Na época em que trabalhava no governo, conhecera pessoas dedicadas a impedir os grupos que tentavam enganar os eleitores divulgando informações falsas, como horários e datas de votação incorretos ou afirmações de que o eleitor podia votar por telefone ou e-mail.

Durante várias semanas, Eisenstat se reuniu com colegas, entre eles um engenheiro e um especialista em diretrizes e políticas. Eles montaram um sistema que localizava e revisava qualquer anúncio político no Facebook com potencial para ameaçar o direito ao voto. O sistema usou muitas ferramentas que o Facebook tinha à disposição, mas mudou seu foco para procurar os tipos de palavras e expressões-chave em geral usadas para confundir as pessoas e impedi-las de votar. Quando terminaram o protótipo, Eisenstat mandou um e-mail empolgado para seus supervisores. "Na mensagem, tomei o cuidado de enfatizar que havíamos colaborado entre equipes e que o esforço partira dos funcionários, de baixo para cima. Para mim, era uma situação em que só tínhamos a ganhar, protegendo tanto a empresa como o público", disse ela. Mas os supervisores consideraram o protótipo desnecessário e mal projetado e o rejeitaram. "Logo de cara, na troca de e-mails, eles se opuseram ao que estávamos tentando fazer."

Um dos supervisores acusou Eisenstat de agir pelas costas deles e ordenou que encerrasse o projeto. Ela foi avisada de que não deveria mencionar a ideia para ninguém. "Várias vezes me falaram para não procurar ninguém acima dos meus superviso-res. Acho que respeitei isso porque, no mundo de onde eu vim, no governo, a hierarquia é rígida", disse ela. "Não pensei em passar por cima dos meus supervisores."

Eisenstat procurou o RH e solicitou uma transferência para outro setor. Eles lhe deram um chá de cadeira durante semanas e depois a mandaram embora sem mais nem menos, afirmando que não tinham encontrado outra função para ela. O Facebook, ela pensou, continuava pondo as necessidades da empresa acima do país.

Eisenstat acabou passando apenas seis meses na MPK. "Não entrei para a empresa porque tinha como objetivo trabalhar para o Facebook", ela explicou. "Aceitei o emprego porque achei que fosse uma das coisas mais importantes que podia fazer para pro-teger a democracia. Estava enganada."

Durante semanas, a equipe de comunicações do Facebook vinha monitorando uma reportagem que estava sendo apurada por jornalistas do *New York Times*. Em 14 de novembro de 2018, a matéria, que contava resumidamente como o Facebook havia recorrido a adiamentos, negações e esquivas para revelar a ver-dade sobre a interferência da Rússia nas eleições por um período de dois anos, enfim foi publicada.[18] O jornal era o primeiro a de-talhar em que momento o Facebook ficou sabendo que os russos tentaram influenciar os eleitores americanos nas eleições de 2016 e revelava como a rede social contratara uma empresa de pesquisa de oposição, a Definers Public Affairs, para perseguir seus críticos, incluindo George Soros.

Poucas horas depois que a matéria saiu, Zuckerberg e Sandberg se encontraram no Aquário com membros das equipes de comunicações e de diretrizes e políticas. Ambos haviam sido alertados de que a matéria seria publicada nesse dia, e no entanto pareciam surpresos. Sandberg achincalhou os membros da equipe. No segundo semestre de 2018, o Facebook contratara mais de duzentas pessoas para lidar com as relações com a imprensa. Ninguém podia ter feito nada para influenciar a cobertura? Ela quis saber como os repórteres haviam obtido acesso para escrever a matéria. E em seguida, diante da resposta de que o Facebook dera muito pouco acesso ao jornal, questionou se não teria sido uma estratégia melhor convidar os repórteres para entrevistas com ela e Zuckerberg.

Após a reunião, Sandberg, que tinha uma série de amigos em comum com Soros, solicitou à equipe uma resposta que negasse a reportagem com a maior veemência possível. Uma de suas principais preocupações era o material sobre a campanha de difamação da Definers. Liderada por estrategistas republicanos, era uma típica empresa de pesquisa de oposição, como tantas outras em Washington, cujo trabalho consistia em descobrir os podres dos adversários. A firma enviara para jornalistas uma pesquisa que revelava laços financeiros entre Soros e a Freedom from Facebook, uma coalizão de grupos que criticara a empresa. O argumento era de que a coalizão não atuava em nome do interesse público, e sim como uma ferramenta do famoso investidor, conhecido por sua visão partidária liberal. Mas, ao escolher Soros como alvo, o Facebook parecia fazer uso dos mesmos recursos reconhecidamente empregados por conservadores radicais que costumavam difamá-lo usando teorias de conspiração antissemitas. Um sócio na Definers insistiu que a empresa não tinha intenção de atacar a história de vida de Soros. Mas o momento para as revelações do resultado do estudo não poderia ter sido menos oportuno. Semanas antes, um dispositivo explosivo fora enviado à casa de Soros em Westchester.

A declaração preparada por Sandberg e sua equipe dizia: "Eu não sabia da contratação deles, nem sobre o trabalho que faziam, embora devesse saber". Mas, no dia seguinte, foi informada de que havia sido incluída numa série de e-mails destacando a pesquisa que a Definers realizara em nome do Facebook. Vários desses e-mails tinham acabado de ser compartilhados com os repórteres do *Times*, que estavam se preparando para escrever a continuação da matéria.

Foi solicitado a Schrage que assumisse a responsabilidade por esse desastre de relações públicas. Ele pediu um tempo para pensar e no dia seguinte se ofereceu para bode expiatório. Já anunciara que estava deixando seu cargo na empresa e assumiria o papel de conselheiro de Zuckerberg e Sandberg. Redigiu uma postagem para seu blog e o mostrou a Sandberg. No texto, assumia a culpa por ter contratado a Definers: "Eu sabia e aprovei a decisão de contratar a Definers e empresas similares. Deveria ter tomado conhecimento da decisão de ampliar o escopo do trabalho deles".

Sandberg foi uma das primeiras pessoas a curtir e comentar no blog quando a postagem foi publicada. E numa espécie de estranho epílogo para o episódio, o Facebook publicou uma resposta da COO. Ela agradecia Schrage por partilhar seus pensamentos e admitia que os relatórios da empresa de pesquisa de oposição talvez tivessem passado por sua mesa. A responsabilidade, em última instância, cabia a ela e a outros integrantes do alto escalão da empresa, escreveu.

Os comentários cuidadosamente elaborados de Sandberg

incomodaram muita gente no Facebook. Soavam como uma justificativa indiferente e defensiva. Alguns começaram a pedir que renunciasse ao cargo.

Em uma reunião de Q&A naquele mês, um funcionário perguntou a Zuckerberg se havia pensado em demitir algum de seus principais executivos por suas falhas. Zuckerberg hesitou por um instante, e em seguida respondeu que não. Lançando um pequeno sorriso na direção de Sandberg, sentada na plateia, acrescentou que ainda confiava em sua equipe de líderes para conduzir a empresa ao longo da crise.

11. A coalizão dos voluntários

Zuckerberg espumava de raiva. Cruzando as ruas de Paris em um Mercedes V-Class MPV preto com chofer, lia furiosamente um artigo em seu celular. A chuva forte do fim de tarde arrefecera, e ambas as margens do Sena eram percorridas por uma multidão de pedestres.

Estava na França para se encontrar com o primeiro-ministro Emmanuel Macron e discutir o crescimento da violência e dos discursos de ódio no Facebook. Era a última parte de uma investida diplomática global para defender a plataforma e tentar influenciar as regulamentações que vinham sendo discutidas em diversos países. Nas cinco semanas anteriores, conversara com governantes na Irlanda, na Alemanha e na Nova Zelândia.

Era visível que Zuckerberg envelhecera no último ano. Seu rosto estava mais fino, acentuado pelo corte de cabelo curto, e leves rugas circundavam seus olhos avermelhados. A visita a Macron era o último entrave a superar antes de fazer uma pausa após o ano extenuante de tumultos dentro e fora da empresa. Ele e Priscilla comemorariam o Dia das Mães no Louvre e depois viajariam à Grécia para seu aniversário de sete anos de casamento.

Mas um artigo de opinião publicado no *New York Times* frustrara seus planos. Chris Hughes, colega de quarto de Zuckerberg em Harvard e cofundador do Facebook, escrevera um texto devastador de 5 mil palavras contra a empresa que haviam criado juntos em seu dormitório, quinze anos antes. No artigo, Hughes falava sobre o idealismo dos dois ao fundar o Facebook. Mas o que criaram, escreveu, evoluíra para algo muito mais obscuro. A plataforma se transformara num perigoso monopólio, com 80% do faturamento mundial de redes sociais e um apetite insaciável pelos dados dos usuários. "Chegou a hora de desmembrar o Facebook", afirmava ele.

O problema principal era Zuckerberg, asseverou Hughes. Ele tomava as decisões importantes e detinha o controle majoritário das ações ordinárias da empresa. Mark era o Facebook, e o Facebook era Mark. E, enquanto ele permanecesse no comando, a única solução para os inúmeros problemas da empresa era a intervenção governamental e a fragmentação do Facebook em várias empresas diferentes.

"Estou furioso ao ver que seu foco no crescimento o levou a sacrificar a segurança e a civilidade por mais cliques. Estou decepcionado comigo mesmo e com a equipe inicial do Facebook por não ter pensado melhor como o algoritmo do feed de notícias podia mudar nossa cultura, influenciar eleições e empoderar líderes nacionalistas", concluía o artigo de Hughes. "O governo precisa obrigar Mark a assumir a responsabilidade pelo que fez."[1]

A expressão de Zuckerberg se endurecia conforme rolava a tela. Ele não tirava os olhos do celular e não pronunciava uma palavra. Após vários minutos de silêncio, ergueu o rosto solenemente, sem piscar. Então disse aos assessores que levara uma punhalada nas costas.

Em seguida, entrou em modo de liderança. Como o artigo tinha escapado do exército de funcionários de relações públicas responsável por farejar as menções negativas na imprensa? Quem Hughes consultara na pesquisa para sua crítica? E o que esperava conseguir?

Em uma hora, a equipe de relações públicas do Facebook partiu para a ofensiva. Hughes deixara o Facebook havia uma década, disseram aos repórteres; não sabia mais como a empresa funcionava. Questionaram suas motivações e criticaram a decisão do jornal de publicar o artigo sem dar chance de defesa a Zuckerberg e ao Facebook. "Chris quer entrar para a política", informou um porta-voz da equipe de relações públicas a um jornalista do *New York Times*.

Mas Hughes não estava agindo sozinho. Ele se unira a um número crescente de executivos do Facebook, incluindo o ex-presidente Sean Parker, que botavam a boca no trombone para censurar a rede social que tinham ajudado a construir e que os deixara ricos. Além disso, unia forças a um movimento em Washington para desmantelar a gigante das mídias sociais. Lideranças políticas, acadêmicos e ativistas pelos direitos do consumidor exigiam que o governo separasse o WhatsApp e o Instagram, os serviços do Facebook de mais rápido crescimento. Dois meses antes, a postulante a candidata presidencial democrata Elizabeth Warren prometera desmembrar o Facebook e outras gigantes da tecnologia caso fosse eleita. Bernie Sanders e Joe Biden fizeram coro, prometendo em suas respectivas campanhas um duro escrutínio em relação ao Facebook, ao Google e à Amazon. Até o presidente Trump, que usou o Facebook com mais eficácia do que qualquer outro candidato em sua campanha presidencial, advertia que as empresas de internet tinham poder demais.

O encontro com Macron foi difícil, conforme era esperado, mas produtivo em uma perspectiva de longo prazo: a ideia era construir uma relação com o governante francês capaz de alavancar a reputação do Facebook na Europa. Mesmo assim, Zuckerberg continuava furioso com a traição de Hughes. Dois dias depois, quando um repórter do telejornal *France 2* perguntou sobre sua reação ao artigo, ele abordou o assunto publicamente pela primeira vez.[2] Era uma tarde cinzenta; a chuva escorria pelas janelas da estação de TV onde ocorria a entrevista. Suas sobrancelhas se franziram ao fitar o chão. "Quando li o que ele escreveu, minha principal reação foi concluir que o que ele está propondo que a gente faça não vai ajudar em nada a resolver esses problemas", ele disse, elevando ligeiramente o tom de voz. Zuckerberg se recusava a se referir a Hughes pelo nome.

Ele não abordou nenhum dos argumentos levantados por Hughes, como o abuso do direito à privacidade do consumidor, a ameaça da desinformação para a democracia e o todo-poderoso controle que exercia como CEO. Pelo contrário, fez um alerta contra qualquer intervenção para desmantelar o poderio do Facebook. "Se as preocupações são a democracia e as eleições, é vantajoso que uma empresa seja capaz de investir bilhões de dólares por ano, como nós já fazemos, para construir ferramentas realmente avançadas para combater a interferência eleitoral."[3] Um desmembramento só pioraria as coisas, explicou.

Dois meses antes, Zuckerberg anunciara uma mudança radical na direção da empresa, dividindo os funcionários em facções de guerra. No seu blog, em uma postagem intitulada "Uma visão para a rede social focada na privacidade", revelou que o Facebook se empenharia em criar áreas seguras para conversas privadas. No passado, os usuários eram incentivados a postar em suas próprias páginas e nas dos amigos. O conteúdo então aparecia no feed de notícias, o espaço em constante atualização que constituía o coração da rede social e que na prática funcionava como uma espécie de praça pública virtual. Agora Zuckerberg pretendia que as pessoas migrassem para um ambiente com privacidade e segurança equivalentes a uma sala de estar. Era a continuação das políticas do Facebook, que cada vez mais incentivavam as pessoas a se reunir em grupos.

Zuckerberg explicava na postagem que a empresa também faria a encriptação e a integração de seus três serviços de mensagens, o Facebook Messenger, o WhatsApp e o Instagram Messaging. A ideia foi apresentada como uma medida que ajudaria os usuários do Facebook a organizar suas mensagens em um lugar centralizado, mas oferecendo uma proteção extra ao codificar as mensagens. "Acredito que o futuro das comunicações passará cada vez mais para os serviços privados, criptografados, nos quais as pessoas possam de fato confiar, sabendo que aquilo que dizem umas para as outras vai permanecer seguro e que suas mensagens e o conteúdo que postam não vão ficar por aí para sempre", escreveu Zuckerberg. "Esse é o futuro que espero que nós ajudaremos a tornar realidade."

O anúncio pegou alguns executivos de surpresa. Zuckerberg consultara apenas alguns líderes da Equipe M para formular o plano. A "guinada para a privacidade", como ficaria conhecida, disparou o alarme entre os especialistas em segurança e alguns executivos da empresa, para quem o foco na encriptação e nos grupos trazia consequências potencialmente perigosas. Zuckerberg estava na prática enfraquecendo a capacidade do Facebook de atuar como um órgão fiscalizador de suas próprias tecnologias.

Rita Fabi, diretora de segurança on-line, era uma das que se opunham ao plano com mais veemência. Desde sua contratação, em 2010, ela ajudara a supervisionar casos de conteúdo prejudicial, incluindo abuso infantil e tráfico sexual. Seu pequeno grupo dentro da equipe de segurança trabalhava para capturar abusadores. Ela lidava com o conteúdo mais perturbador do site, e seus membros eram vistos por muitos colegas de trabalho como os funcionários mais comprometidos e empenhados da empresa. Fabi organizava os processos judiciais contra abusadores identificados pelo Facebook e trabalhava em estreita conexão com as autoridades, compartilhando provas e deixando-as a par das investigações em andamento por intermédio do Centro Nacional de Crianças Desaparecidas e Exploradas. Ela havia colaborado para obter as evidências utilizadas para levar dezenas de abusadores sexuais ao banco dos réus. Nas salas ocupadas pela equipe de segurança do Facebook, havia uma parede coberta com as fotos dos criminosos que a empresa ajudara a prender. Eles a chamavam de "parede dos escalpos".

Fabi escreveu um memorando e postou em um grupo de trabalho do Facebook aberto a todos os funcionários, taggeando Zuckerberg e outros executivos. Em razão do imenso volume de conteúdo gerado diariamente no site, o Facebook dependia em grande parte dos usuários para denunciar atividades suspeitas, mas grupos privados de indivíduos com a mesma mentalidade tornariam isso bem mais difícil. De maneira semelhante, a encriptação das mensagens permitiria aos criminosos continuarem escondidos bem debaixo do nariz da equipe de segurança do Facebook. Um abusador podia se inscrever num pequeno grupo privado de fãs de um ídolo pop adolescente e atrair com bem mais facilidade membros do grupo em um chat criptografado. Um pedófilo poderia formar seu próprio grupo fechado no Facebook para outros molestadores partilharem dicas sobre como capturar crianças e usar um código de palavras para evitar detecção pela equipe de segurança do Facebook.

Chris Cox também ficou alarmado com as brechas de segurança criadas pela iniciativa de privacidade. De todos os membros da Equipe M, Cox era quem tinha um relacionamento de maior proximidade com Zuckerberg; os dois costumavam se encontrar no início da noite e nos fins de semana. Adorado pelos funcionários, ele atuava como o catequizador interno da missão da empresa, recebendo e orientando os recém-contratados, mas também desfrutava de credibilidade como programador talentoso — era um dos quinze engenheiros originais, do tempo em que a empresa ainda se chamava The Facebook.

Mas, num raro desencontro de opiniões, Cox discordou da iniciativa do chefe. Por meses, protestara calmamente em conversas privadas com Zuckerberg contra o plano de criptografar e fundir os serviços de mensagem. Muitos de seus argumentos ecoavam a preocupação de Fabi com o potencial para a atividade criminosa. Grupos privados também eram mais difíceis de policiar pela disseminação de desinformação, observou ele: o Facebook estava preparando o terreno para teorias conspiratórias e para que grupos de ódio e terroristas se organizassem e difundissem suas mensagens às escondidas, protegidos pelas ferramentas da plataforma.

Zuckerberg escutou os argumentos de Cox, mas afirmou ao amigo e confidente de longa data que considerava os grupos privados um avanço. Ele se recusou a ceder. Fabi pediu as contas, e depois Cox, um veterano com treze anos de empresa, também entregou sua carta de demissão.

A saída de Cox foi um grande golpe. Ele costumava ser descrito como a "alma" da empresa e era visto por muitos como o próximo na linha sucessória, caso Zuckerberg algum dia decidisse se afastar do Facebook. Provavelmente ganhara um cargo de CEO em outra empresa ou um cargo no governo, especularam os funcionários quando souberam da notícia.

"As pessoas não conseguiam imaginar Chris indo embora por menos que um emprego dos sonhos em outro lugar", disse um engenheiro que trabalhara com Cox por anos, em vários departamentos. "Quando as pessoas descobriram que tinha sido porque ele discordava da direção tomada por Mark, foi um verdadeiro baque. Era como se nossos pais estivessem se divorciando."

Em sua página no Facebook, Cox compartilhou a notícia em uma postagem que incluía uma foto sua com o braço sobre os ombros de Zuckerberg. O anúncio da nova política de privacidade marcou um novo capítulo na direção de produto, escreveu ele, e o Facebook "precisará de líderes que estejam animados para avançar nesse novo caminho".

Cox acrescentou que naquela semana fizera pela última vez a orientação dos novos funcionários e repetiu para eles uma frase que dissera centenas de vezes: "A história das mídias sociais ainda está por ser escrita, e seus efeitos não são neutros".

Mesmo depois que Chris Hughes deixou o Facebook, ele e Zuckerberg continuaram amigos. Um esteve presente ao casamento do outro, e ambos se mantinham atualizados dos marcos importantes em suas vidas. No início do segundo semestre de 2017, Hughes passou na casa de Zuckerberg em Palo Alto para visitar Mark, Priscilla e a filha deles, Max, na época dando seus primeiros passos. Puseram a conversa em dia sobre a família, o Facebook e a vida em extremidades opostas do país.

Hughes vinha acompanhando a evolução do Facebook com apreensão. A interferência da Rússia nas eleições, o escândalo da Cambridge Analytica e o crescimento dos discursos de ódio transformaram sua apreensão em raiva e culpa. Então, em 24 de abril de 2019, ele leu em um relatório de ganhos do Facebook que a Comissão Federal de Comércio estava prestes a multar a empresa em 5 bilhões de dólares pelo vazamento de dados privados para a Cambridge Analytica.[4] Seria uma punição recorde, exponencialmente maior do que qualquer ação anterior contra uma empresa do Vale do Silício, e um repúdio às práticas que estavam no cerne do gigantesco negócio de publicidade comportamental do Facebook. A maior multa por violação de dados privados contra uma empresa de tecnologia até então fora a pena de 22 milhões de dólares imposta ao Google em 2012. Hughes considerava o acordo com a comissão uma punição justa. "Meu Deus", murmurou consigo mesmo, lendo o anúncio em seu escritório, um loft no West Village, em Manhattan. "Agora é pra valer."

Curioso para ver como as ações do Facebook despencariam com a notícia da multa iminente da Comissão Federal de Comércio, Hughes abriu uma aba do Yahoo Finance. Para seu espanto, o preço estava nas alturas. Ao contrário do que previra, a multa tinha sido uma notícia bem-vinda em Wall Street; os investidores ficaram contentes com o fato de que a investigação da comissão estivesse resolvida. Além do mais, o Facebook anunciara naquele mesmo dia seu relatório de ganhos trimestrais: o faturamento com publicidade subira 26%; a empresa tinha uma reserva de 45 bilhões de dólares e um faturamento anual de 71 bilhões. A multa recorde, de apenas 3,5% dos lucros, não seria um revés muito sério.

"Fiquei indignado", disse Hughes. "As violações de privacidade eram só uma parte dos custos dos negócios."

Em 2016, Hughes fundara um think tank progressista, o Economic Security Project, que propunha uma reforma tributária federal e local a fim de garantir uma renda mensal para os americanos mais pobres. O projeto era parte de um movimento crescente entre acadêmicos e políticos de esquerda contra a concentração de poder das Big Techs; o movimento apontava o Facebook, a Amazon e o Google como os titãs implacáveis de uma nova era dourada, como a dos grandes magnatas da indústria perto da virada do século XX. O coro era crescente: Elizabeth Warren e Bernie Sanders foram acompanhados em seus protestos contra o monopólio das Big Techs pelo ex-secretário do Trabalho, o progressista Robert Reich, por George Soros e outros.

Mas Hughes admitia que os embriões dos problemas do Facebook estavam lá desde o começo: a mentalidade de crescimento urgente, o modelo de negócios dos anúncios e o poder centralizador de Zuckerberg. Nenhum indivíduo — nem o amigo, que ele descrevia como "uma boa pessoa" — deveria ter tanto controle sobre uma instituição tão poderosa. As repetidas violações de privacidade de dados do Facebook eram os sintomas de um problema maior. Nem uma punição recorde da Comissão Federal de Comércio impediria as perigosas práticas da empresa. Com 2,3 bilhões de usuários e uma avaliação de mercado de 540 bilhões de dólares, o Facebook se tornara grande demais para ser restringido apenas por regulamentações.

"Obviamente, minha vida toda foi transformada por um dos maiores monopólios dos Estados Unidos atuais", disse Hughes. "Portanto, eu precisava me distanciar para aceitar o fato de que o Facebook era agora um monopólio. Precisava conseguir admitir isso e explicar por que tinha acontecido, como tinha influência em todos os seus erros e as razões da crescente indignação cultural e política", recordou ele. "E então tentar entender o que pode ser feito a respeito."

Dois meses antes do artigo de Hughes, Zuckerberg anunciara o plano para derrubar as fronteiras entre os serviços de mensagem do Facebook, do Instagram e do WhatsApp. A empresa integraria melhor as tecnologias dos aplicativos e permitiria aos usuários enviar mensagens e postar conteúdo em todos eles.[5] Tornar os aplicativos "interoperáveis" seria um tremendo benefício para os consumidores, segundo Zuckerberg.[6] Se um usuário encontrasse um pequeno negócio no Instagram, poderia usar o WhatsApp para mandar uma mensagem. Os engenheiros criptografariam o tráfego de mensagens de todos os aplicativos, proporcionando mais segurança para os usuários.

"As pessoas deveriam ser capazes de usar qualquer um de nossos aplicativos para encontrar seus amigos e poder se comunicar com facilidade e segurança entre as redes", escreveu Zuckerberg. Na realidade, porém, o que ele estava fazendo era fortalecer a empresa. O Blue, o Instagram e o WhatsApp eram três dos sete principais aplicativos nos Estados Unidos,[7] somando um total de 2,6 bilhões de usuários no mundo todo.[8] O Facebook poderia fundir dados de cada aplicativo e obter informações mais ricas sobre seus usuários. As equipes de engenharia trabalhariam com mais proximidade para motivar maior tráfego entre aplicativos, mantendo os usuários dentro da família de produtos Facebook por mais tempo e com maior exclusividade. Era como misturar os aplicativos numa omelete.

Zuckerberg estava voltando atrás nas concessões que fizera a funcionários do governo para obter os acordos de aquisição originais mediante a revisão regulatória. Também deixaria de cumprir as promessas feitas aos fundadores do Instagram e do WhatsApp de manter os aplicativos independentes. Em 2012, ele havia assegurado a Kevin Systrom e Mike Krieger que não interferiria na aparência, nas características ou nas operações comerciais do Instagram. Os fundadores eram obcecados com o estilo e o projeto do aplicativo e temiam que o Facebook, que conservava mais ou menos a mesma aparência desde os primórdios, alterasse o DNA do Instagram. Após a fusão, o Instagram tinha permanecido a uma distância segura de Zuckerberg e Sandberg, em seu próprio espaço na MPK, que recebera uma decoração diferente do resto do Facebook.[9]

O vice-presidente de desenvolvimento, Amin Zoufonoun, disse que as promessas feitas aos fundadores do Instagram se restringiam à marca — que o Facebook não mexeria na aparência ou nas características do aplicativo de compartilhamento de fotos — e, desde o início das discussões de fusão, havia uma conversa sobre como o Instagram "se beneficiaria da infraestrutura do Facebook".

"Com o tempo, o Instagram cada vez mais compartilhava infraestrutura com o Facebook, e foi ficando claro que precisávamos de uma estratégia mais unificada por toda a empresa", disse Zoufonoun. Segundo outros funcionários, porém, as relações estavam mais tensas.

O Instagram era popular entre uma faixa etária mais jovem, ao passo que o público médio do Blue tendia a ser mais velho. O contraste entre a faixa etária dos usuários incomodava Zuckerberg, que temia que o Instagram acabasse canibalizando o aplicativo do Facebook.[10] Em seis anos, ele começou a interferir nas decisões de tecnologia do Instagram e tentou introduzir uma ferramenta que conduzisse o tráfego do Instagram para o Facebook. Sandberg, por sua vez, insistia em mais anúncios no aplicativo. O Instagram introduziu seus primeiros anúncios em novembro de 2013, feitos por não mais do que algumas poucas grandes marcas. Em junho de 2015, o aplicativo de compartilhamento de fotos foi aberto a todos os anunciantes.[11] O Instagram se transformara num imenso sucesso nos sete anos sob controle do Facebook, com um valor estimado de 100 bilhões de dólares e 1 bilhão de usuários.[12] "Mark percebeu o potencial do Instagram desde o início e fez tudo ao seu alcance para ajudá-lo a ir para a frente", afirmou Adam Mosseri, diretor do Instagram. "Não teria lógica o Facebook fazer alguma coisa para atrapalhar esse sucesso."

Mas, para os fundadores do Instagram, o envolvimento de Zuckerberg e Sandberg se tornou insuportável.[13] Systrom e Krieger saíram em setembro de 2018, afirmando que planejavam "tirar um tempo para explorar nossa curiosidade e criatividade outra vez".

A história foi semelhante com o WhatsApp. Jan Koum e seu cofundador, Brian Acton, venderam o aplicativo sob a condição de que operasse de forma independente do restante do Facebook. Zuckerberg assegurou a Koum, que temia a vigilância governamental via aplicativos, que faria da privacidade uma prioridade. Ambas as condições foram um argumento para convencer também os órgãos reguladores. Acton afirmou que foi instruído pelo Facebook a explicar às autoridades reguladoras europeias que a fusão seria um desafio. "Era para eu explicar que seria realmente difícil fundir ou misturar os dados entre os dois sistemas", disse ele.[14] Mas, no fim, Zuckerberg e Sandberg se impuseram sobre o WhatsApp e pressionaram Acton e Koum a lucrar com o aplicativo de mensagens. Acton afirmou que, numa reunião com Sandberg, propôs um modelo de precificação mensurada que cobrava uma pequena fração de centavo dos usuários por certa quantidade de mensagens. Sandberg rejeitou a ideia, afirmando: "Não tem escalabilidade".

Em dezembro de 2017, Acton pediu demissão, protestando contra os planos de Zuckerberg e Sandberg de introduzir publicidade direcionada ao usuário. O acordo fez dele um bilionário; posteriormente, admitiu que fora ingênuo e lamentou ter confiado em Zuckerberg. Os negócios vinham primeiro, e eles eram bons negociantes. "No fim das contas, vendi a empresa", disse Acton, em uma entrevista à *Forbes*. "Vendi a privacidade dos meus usuários por um benefício maior. Fiz uma escolha e um acordo. E preciso conviver com isso todos os dias."

Tim Wu e Scott Hemphill, professores de direito nas Universidades Columbia e de Nova York, respectivamente, viram a integração dos aplicativos como uma manobra para evitar ações antitruste. Zuckerberg podia argumentar que o processo de desmembramento seria complicado demais e prejudicial para a empresa. O Facebook teria um bom motivo para tentar essa estratégia: os órgãos reguladores eram relutantes em revisar fusões anteriores, em especial acordos que não tivessem sido embargados. Reverter uma fusão era uma tarefa complicada que podia causar mais mal do que bem.

Mas os professores de direito haviam estudado a história

de aquisições do Facebook. Eles viram o anúncio de Zuckerberg como uma estratégia defensiva para proteger seu império. Wu conhecia o governo por dentro. Trabalhara na Comissão Federal de Comércio, na Casa Branca de Obama e para a promotoria pública de Nova York. É mais conhecido por cunhar o termo *neutralidade da rede*, o princípio de que os provedores de telecomunicações devem manter suas redes de internet de alta velocidade abertas a todos os conteúdos. O Google e o Facebook aplaudiram suas teorias contrárias às práticas das empresas de telecomunicações e uniram-se a ele na investida por regulamentações para os provedores de serviços de banda larga. Nos últimos anos, porém, ele mudou de lado e passou a criticar o poder dessas suas parceiras do ramo da tecnologia.

As aquisições do Instagram e do WhatsApp eram parte de um padrão do Facebook para criar e manter um monopólio de mídias sociais, comprando ou eliminando concorrentes, argumentavam os professores. Eles estabeleciam um paralelo histórico com a Standard Oil, que se tornou um monopólio durante a era industrial por meio de aquisições, controlando no fim mais de quarenta empresas. O truste do petróleo, estabelecido em 1882 por John D. Rockefeller, manteve assim seu monopólio trabalhando com sócios para sufocar a concorrência, finalmente elevando-se a uma posição de dono ou voz influente em todas as partes da cadeia de fornecimento. Em seu auge, a companhia controlava quase toda a produção, o processamento, a comercialização e o transporte de petróleo nos Estados Unidos.

Até 2019, o Facebook já tinha adquirido quase setenta empresas, a grande maioria delas avaliada em cerca de 100 milhões de dólares e isenta de aprovação pelos órgãos reguladores. Quando a compra do Instagram foi avaliada pela Comissão Federal de Comércio em 2012, o Facebook argumentou que o aplicativo de compartilhamento de fotos não era um concorrente direto. A empresa apresentou argumento similar em defesa da aquisição do WhatsApp em 2014: o aplicativo não competia com o negócio principal do Facebook como rede social. As autoridades reguladoras não barraram os negócios porque não havia evidências suficientes de que o Facebook estivesse eliminando a concorrência. O Instagram e o WhatsApp não tinham anúncios na época; a Comissão não levou em conta como, no processo de absorção dos aplicativos, o Facebook obteria mais dados para seus negócios de publicidade e consolidaria seu predomínio nas mídias sociais. "As lições da história estavam todas lá, e contudo trilhávamos o mesmo caminho da Era Dourada", disse Wu. "Essa era nos ensinou que concentração econômica extrema produz desigualdade brutal e sofrimento material, estimulando um apetite pela liderança nacionalista e extremista."

O Facebook tentou também sufocar a concorrência, afirmaram os professores de direito. Em 2013, e-mails internos revelaram que a empresa cortou o acesso do Vine, serviço de vídeos curtos do Twitter, ao recurso de encontrar amigos do Open Graph, segundo documento liberado pelo Digital, Culture, Media and Sport Committee do Reino Unido, que investigava o Facebook por supostas violações de privacidade. Os analistas da indústria mantiveram que a decisão prejudicou o Vine, que teve suas atividades encerradas em 2016. "Os arquivos mostram evidências de que o Facebook assumia posturas agressivas contra aplicativos, e a consequência de negar a eles o acesso aos dados levou à falência dos negócios", declarou Damian Collins, o membro do comitê que liberou os documentos.[15]

Em conversas com conhecidos e concorrentes, Zuckerberg usava a frase: "Agora você sabe com quem está brigando", citação do filme *Troia*, segundo um amigo. Como o herói grego Aquiles, autor da fala no filme, ele sinalizava sua intenção de destruir o adversário.

Wu registrou muitas das ideias que ele e Hemphill haviam desenvolvido em *The Curse of Bigness: Antitrust in the New Gilded Age*, que publicou em novembro de 2018. Hughes lera o livro de Wu durante as férias em família no México, logo que fora lançado. Quando voltou a Nova York, os dois se encontraram e começaram a trocar ideias. Em seguida, procuraram aliados entre as suas redes de contatos, que incluíam políticos democratas e lideranças do mundo dos negócios.

No fim de janeiro de 2019, Wu encontrou Jim Steyer, fundador da Common Sense, em uma recepção no festival de cinema Sundance, em Park City, Utah. Wu explicou suas teorias antitruste sobre o Facebook para Steyer, que ficou interessadíssimo no assunto.

Eles decidiram chamar outros agitadores, incluindo Roger McNamee, colega de Exeter de Steyer e antigo investidor do Facebook que estava escrevendo um livro intitulado *Zucked*, com críticas ácidas à empresa. Também procuraram se aconselhar com Bruce Reed, consultor de políticas públicas da Common Sense e ex-chefe de gabinete do vice-presidente Joe Biden, que enfrentara o Facebook para aprovar uma lei de privacidade na Califórnia.

As opiniões contrárias à empresa nunca haviam estado em um patamar tão alto. As organizações de direitos civis e os defensores da privacidade dos consumidores achincalhavam a companhia, considerando-a uma violadora brutal dos direitos humanos e da privacidade de dados. Legisladores de ambos os lados do espectro político publicavam críticas regularmente; Trump acusara o Facebook e o Twitter de censura. O grupo de Wu abria outra frente contra a empresa, sinalizando que se preparava para dar início a um processo antitruste. "Eu chamo a gente de a Coalizão dos Voluntários", disse Wu, numa alusão às forças multinacionais lideradas pelos Estados Unidos na invasão do Iraque, no governo George W. Bush.

Wu e Hemphill fizeram uma apresentação de PowerPoint

com seus argumentos e, em fevereiro, foram à luta. Começaram por uma série de reuniões com funcionários nos escritórios de onze procuradores-gerais, incluindo representantes de Nova York, Califórnia e Nebraska. Hughes se juntou a Wu e Hemphill em uma teleconferência para uma reunião com o Departamento de Justiça e a Comissão Federal de Comércio, onde imploraram às principais autoridades antitruste da nação que o Facebook fosse desmembrado.

12. Ameaça existencial

Um dia antes de Hughes publicar seu artigo, Sandberg se encontrou com a presidente da Câmara dos Representantes, Nancy Pelosi. A ocasião coroava dois dias de reuniões complicadas com parlamentares republicanos e democratas encarregados dos Comitês de Comércio e Inteligência nas duas casas. Os legisladores questionaram Sandberg sobre abusos de privacidade e as tentativas de impedir a desinformação durante as eleições de 2020, e exigiam sinais de progresso.[1]

Foi um período difícil para Sandberg. Suas responsabilidades no trabalho eram esmagadoras: os amigos diziam que ela sentia uma pressão tremenda, além de um pouco de culpa, pela torrente de escândalos enfrentada pela empresa.

Quando Pelosi apareceu na sala de espera, Sandberg a cumprimentou com um sorriso. A presidente da Câmara reagiu friamente, convidando a COO a sentar-se com ela nos sofás da área de reuniões do gabinete. A atmosfera tensa estava em gritante contraste com a visita de Sandberg ao gabinete de Pelosi em julho de 2015 para discutir liderança feminina. Na época, poucos meses após a morte de Goldberg, Sandberg começara a viajar outra vez e foi acolhida pelos parlamentares. "Um grande prazer receber a visita de Sheryl Sandberg e sua equipe em minha sala no Capitólio", derretera-se Pelosi em um post no Facebook acompanhando uma foto de ambas diante de um grande espelho de moldura dourada e da bandeira americana. "Obrigada, Sheryl, por inspirar mulheres do mundo todo a acreditarem em si mesmas. Como a gente sabe, quando as mulheres fazem acontecer, as mulheres conseguem!"[2]

Agora, quatro anos depois, Sandberg ignorava sua frieza enquanto descrevia as tentativas de derrubar contas estrangeiras falsas, a contratação de milhares de moderadores de conteúdo e a implementação de inteligência artificial e outras tecnologias para rastrear e derrubar rapidamente postagens que disseminassem desinformação. Ela assegurou Pelosi de que o Facebook não se oporia às regulamentações. Comentou sobre o artigo de Zuckerberg no *Washington Post* em abril defendendo a regulamentação da privacidade e a criação de leis exigindo transparência financeira em anúncios eleitorais on-line e parâmetros legais para possibilitar aos usuários do Facebook tirarem seus dados da rede social e os usarem em sites rivais.

As duas conversaram por quase uma hora. Sandberg admitia que o Facebook tinha problemas, e ao que tudo indicava a empresa ao menos estava tentando corrigi-los. Pelosi continuava desconfiada, mas eles pareciam estar avançando em seus esforços. Até que enfim. Parece que entenderam, disse Pelosi aos assessores, após a reunião.

Duas semanas mais tarde, imagens da presidente da Câmara viralizaram.

Em 22 de maio de 2019, uma quarta-feira, um vídeo do Facebook mostrava Nancy Pelosi no palco de uma conferência realizada um dia antes pelo Centro para o Progresso Americano, um think tank liberal sediado em Washington. Na filmagem, ela está claramente de bom humor. Nesse mesmo dia, tivera um atrito com Trump na Casa Branca por sua insistência no impeachment, e ela contava a história para uma plateia lotada no hotel Renaissance, no centro da cidade. O público a aplaudiu de pé.

Mas, no vídeo do evento que foi postado, algo parecia muito errado. As palavras de Pelosi começavam a ficar arrastadas: "Queremos dar a esse presidente a *o-por-tu-ni-da-de* de fazer algo histórico", dizia ela, demorando-se em cada sílaba. Parecia embriagada. Quando contava como o presidente abandonara intempestivamente a reunião, sua voz entrou em rotação lenta. "Foi muito... muito... muito... estranho."

O vídeo foi reproduzido e compartilhado muito depressa. Em uma página chamada Politics Watchdog, atraiu 2 milhões de visualizações e foi compartilhado dezenas de milhares de vezes.[3] Foram deixados mais de 2 mil comentários em que os usuários chamavam Pelosi de "bêbada" e "perturbada". A partir daí, o material foi compartilhado com centenas de grupos privados do Facebook, muitos deles em páginas com alto teor partidário. Em 24 horas, o advogado pessoal de Trump e ex-prefeito de Nova York, Rudy Giuliani, também havia tuitado o link, junto com a mensagem "Qual o problema com Nancy Pelosi? Seu padrão de fala é bizarro".[4] A hashtag #DrunkNancy começou a bombar.

Mas Pelosi não estava embriagada. Ela não bebe.[5] Na transmissão original do evento, no canal público da tevê a cabo C-SPAN, aparentava lucidez e falava em um ritmo regular.[6] O vídeo que circulava no Facebook e em outras mídias sociais fora manipulado: a filmagem original havia sido alterada com técnicas de edição simples que desaceleraram o pronunciamento de Pelosi para cerca de 75% da velocidade normal. Uma adulteração assustadoramente barata e fácil que abriu uma nova frente na batalha da indústria da tecnologia contra a desinformação política.

Eram os grupos de Facebook privados que Zuckerberg defendera como parte de sua guinada à privacidade dois meses antes os responsáveis por viralizar o vídeo. Dentro de seus pequenos grupos, os usuários do Facebook não só faziam piadas sobre como editar o material, mas também partilhavam dicas sobre como assegurar que "pegasse" e chegasse ao máximo de pessoas possível.

A equipe de Pelosi ficou possessa. Questionaram por que as redes sociais haviam permitido que o vídeo adulterado repercutisse. A presidente da Câmara também ficou frustrada. As empresas de internet haviam lhe assegurado que estavam trabalhando para limpar seus sites. Menos de três semanas antes, Sandberg estivera em sua sala e dissera exatamente isso.

Liguem para elas e digam que é para tirar o vídeo, falou aos seus assessores.

Horas depois, o YouTube removera o conteúdo, mencionando que violava sua política contra desinformação.[7] Nesse meio-tempo, a imprensa se debruçara sobre o vídeo adulterado. Matérias no *Washington Post* e em outros jornais explicaram a manipulação técnica envolvida. Acadêmicos e legisladores declararam que o vídeo era uma prova de fogo para as plataformas de mídia social antes da eleição presidencial de 2020.

Quando foi informada da remoção do vídeo no YouTube, Pelosi perguntou à sua equipe: "E o Facebook?". O vídeo continuava sendo exibido em diversos lugares, incluindo sites de notícias de extrema direita e fóruns frequentados por extremistas, mas era no Facebook que ganhava tração significativa.

O Facebook, disseram seus assessores, estava calado. Ninguém atendia a suas ligações.

Pelosi ficou em choque. Seu gabinete tinha relações particularmente fortes com a empresa. Catlin O'Neill, ex-chefe de gabinete de Pelosi, era uma das mais antigas lobistas democratas do Facebook. Outros membros da equipe vinham do governo Obama e haviam trabalhado para a senadora Feinstein e o ex-senador

John Kerry. Pelo que começava a parecer, esses laços talvez não significassem nada.

Os políticos democratas haviam rapidamente acorrido em defesa de Pelosi. O deputado David Cicilline, de Rhode Island, tuitou logo após o vídeo ser postado: "Ei @Facebook, vocês estão pisando na bola. Outra vez. Arrumem isso logo!".[8] O senador Brian Schatz acusou a plataforma de hipocrisia: "O Facebook atende meu gabinete bem depressa quando quero conversar sobre legislação federal e agora faz boca de siri quando queremos saber como vão lidar com um vídeo falso. Não é que não conseguem resolver; é que se recusam a fazer o que for necessário".[9]

Na terça-feira, com Zuckerberg e Sandberg em Menlo Park e Kaplan em Washington, os três se reuniram em uma teleconferência para elaborar a resposta. As checagens de fatos e a inteligência artificial que Sandberg decantara para Pelosi não denunciaram o vídeo por falso conteúdo, tampouco impediram sua disseminação. Como se viu, com simples gambiarras era fácil driblar os filtros e as ferramentas de detecção do Facebook. Apenas alguns meses antes, os sistemas da plataforma haviam falhado em encontrar e remover uma aterrorizante filmagem captada do ponto de vista de um atirador em Christchurch, Nova Zelândia, que em 17 de março abriu fogo contra fiéis reunidos em duas mesquitas, matando 51 pessoas. O vídeo fora filmado e pensado para viralizar, e o atirador incluíra nele diversas referências a conspirações e grupos de ódio no Facebook cujos membros, como ele bem sabia, certamente promoveriam a filmagem da carnificina assim que a postasse.

Por 24 horas, o Facebook lutou para acompanhar a disseminação do vídeo em postagens no site. De 1,5 milhão de cópias que as pessoas tentaram subir para a plataforma, o Facebook flagrou e removeu 1,2 milhão. Restaram portanto 300 mil versões do vídeo, algumas das quais permaneceram na plataforma por minutos, e outras, por horas. Embora o Facebook afirmasse com orgulho ter conseguido remover mais de 90% dos vídeos descarregados, as cópias remanescentes que exaltavam um massacre brutal eram muitas. E deixavam bem claro como os usuários conseguiam contornar os sistemas de captura e remoção de vídeos da empresa. Com a inclusão de pequenas alterações, como reduzir a velocidade de reprodução em um milissegundo ou inserir uma marca-d'água sobre parte da imagem, as pessoas conseguiam driblar a tão falada inteligência artificial do Facebook. Alguns usuários simplesmente fizeram novos vídeos do vídeo. Os vídeos subiram ao topo do feed de notícias e geraram milhões de comentários e compartilhamentos dentro de grupos privados.

O massacre em Christchurch demonstrou até que ponto a confiabilidade das soluções tecnológicas de Zuckerberg era insuficiente. Autoridades da França, do Reino Unido e da Austrália criticaram duramente o Facebook por permitir que suas ferramentas fossem usadas como armas. Diversos países propuseram leis sobre o discurso público após o massacre. Macron e Jacinda Ardern, primeira-ministra da Nova Zelândia, assumiram a linha de frente e defenderam uma cúpula global para pôr um fim a conteúdos que promoviam ódio e violência na internet.[10]

Mas o vídeo adulterado de Pelosi revelava mais do que o fracasso da tecnologia do Facebook em impedir sua disseminação: desnudava a confusão interna e as discordâncias em relação a conteúdos políticos controversos. Executivos, lobistas e a equipe de comunicações passaram o dia seguinte num debate em câmera lenta. Sandberg afirmou achar que havia um bom argumento para derrubar o vídeo com base nas regras contra desinformação, mas deixou por isso mesmo. Kaplan e os lobistas republicanos defenderam a posição de "abertura máxima" de Zuckerberg sobre o assunto e enfatizaram que era importante parecerem neutros politicamente e se manterem coerentes com seu compromisso de liberdade de expressão.

As discussões se transformaram em torturantes exercícios de argumentações do tipo "e se". Zuckerberg e outros membros da equipe de diretrizes e políticas analisaram se o vídeo podia ser definido como paródia. Nesse caso, talvez fosse uma importante contribuição para o debate político; a sátira sempre tivera um lugar crucial no discurso público. Alguns membros da equipe de comunicações argumentaram que o mesmo tipo de tiração de sarro com Pelosi poderia ter aparecido no programa de comédia *Saturday Night Live*. Outros da equipe de segurança discordaram e disseram que o público sabia claramente que o *SNL* era uma paródia, e que o vídeo de Pelosi não fora identificado como tal. "Todos ficaram frustrados com a demora daquela reunião", explicou um funcionário envolvido na discussão. "Mas quando você está tentando redigir uma diretriz para bilhões de pessoas, tem de abstrair isso e pensar em todas as consequências não intencionais."

Enquanto isso, Monika Bickert e a equipe de diretrizes e política de conteúdo começaram uma análise técnica das imagens. Eles queriam determinar se o vídeo se encaixava na definição de que a empresa se valia para barrar conteúdos *deep fake* — o uso do aprendizado de máquina ou de inteligência artificial para alterar sinteticamente o conteúdo. A edição amadora do vídeo não se encaixava nesse critério.

Na sexta-feira, 48 horas após o vídeo vir à tona, Zuckerberg deu a palavra final. Disse para mantê-lo.

Pelosi estava longe de ser tão crítica do Facebook quanto alguns de seus colegas; sempre vira a indústria da tecnologia, no quintal de seu distrito na Califórnia, como importante para a economia. Mas o mal estava feito. "Não atendam ligações, não marquem reuniões, não se comuniquem de forma nenhuma com o Facebook", ela orientou sua equipe. A empresa perdera o apoio da resistência mais importante dentro do Partido Democrata.

Os lobistas do Facebook insistiam que Zuckerberg e Sandberg tinham de ligar a Pelosi para explicar a decisão da empresa. Ela se recusou a atender. Na semana seguinte, fez uma avaliação dura da rede social. "Nós sempre dissemos: 'Coitado do Facebook, foi involuntariamente explorado pelos russos'. Acho que foi voluntariamente, porque agora mesmo estão divulgando algo que sabem que é falso", declarou em entrevista a uma estação de rádio pública de San Francisco. O Facebook, acrescentou, estava contribuindo para o problema da desinformação em seu site. "Acho que eles provaram — ao não derrubar algo que sabiam ser falso — que foram facilitadores voluntários da interferência russa na nossa eleição."

Em particular, Sandberg falou a pessoas próximas que a decisão de Zuckerberg a deixara arrasada. A seu ver, havia uma forte evidência de que o vídeo adulterado violava as regras da empresa contra desinformação, e a recusa em retirá-lo inviabilizava suas tentativas de recuperar a confiança na empresa. Nas videoconferências, porém, ela não se manifestou em contrário, como notaram alguns colegas. Isso frustrou quem achava que ela era a pessoa em melhores condições de desafiar Zuckerberg. Dentro do Facebook, ela claramente seguia as ordens de seu CEO. "Só uma opinião importa", dizia muitas vezes aos assessores.

Semanas mais tarde, durante um debate na conferência de marketing Cannes Lions, em Cannes, na França, perguntaram a Sandberg sobre o vídeo. Ela admitia que a decisão de mantê-lo havia sido "difícil, e continua sendo". Mas não mencionou o nome de Pelosi, e repetiu a então já conhecida posição do patrão quanto à liberdade de discurso. "Quando é desinformação, significando que é falso, não derrubamos", disse, com ar ausente, desinteressado. "Porque acreditamos que a liberdade de expressão exige que a única maneira de combater informação ruim é com boa informação."[11]

Zuckerberg estava preocupado que a proposta de desmembramento estivesse ganhando impulso. No primeiro semestre de 2019, um estudioso do assunto realizou uma série de pesquisas de opinião sobre regulamentar e desmembrar o Facebook e outras empresas de tecnologia. Os entrevistados disseram que, de todas as opções, sentiam-se mais confortáveis com uma ordem do governo para fragmentar a gigante das mídias sociais.

O Facebook empregou o substituto de Schrage, Nick Clegg, para atacar essa ideia. Clegg escreveu seu próprio artigo de opinião no *New York Times* para refutar a caracterização feita por Hughes do Facebook como um monopólio, apontando a competição com o Snapchat, o Twitter e com o TikTok, serviço de vídeos curtos chinês que representava uma ameaça em ascensão. Ele alertou: "Picotar uma história de grande sucesso americana não fará esses problemas sumirem".[12]

Ao contrário de Schrage, Sir Nicholas Clegg tinha um talento natural para falar em público e atuava como embaixador da empresa junto aos líderes globais. O antigo vice-primeiro-ministro deixara a política britânica derrotado. Como líder dos democratas liberais, de centro, Clegg se unira ao Partido Conservador do primeiro-ministro David Cameron numa coalizão em torno da austeridade, mas atraiu críticas pela forma como lidou com as mensalidades universitárias, introduzidas sob sua gestão, e por sua ênfase em reduzir a dívida mediante cortes nos gastos públicos. Mas era um rosto novo para os políticos americanos, e um orador talentoso. Aconselhou Zuckerberg e Sandberg a assumirem uma postura política mais proativa. Disse que as regulamentações eram inevitáveis, e portanto o Facebook precisava liderar as empresas de tecnologia numa campanha pública para criar regras tolerantes, e não leis mais severas.

Clegg e Kaplan se entenderam bem. Tinham uma visão similar da liberdade de expressão, e ambos viam o negócio do Facebook pelo prisma da política. Eles elaboraram uma estratégia cujo resultado foi desviar o escrutínio a que a empresa vinha sendo submetida apontando para as ameaças à economia e à segurança representadas pela China. Zuckerberg praticamente desistira de entrar no mercado chinês; em uma postagem interna, em março, disse que não abriria centros de dados em países que praticavam censura e vigilância.[13] Zuckerberg e Sandberg começaram a criticar a China nos discursos e entrevistas.

Kaplan transmitiu o recado a Washington. Durante aquele primeiro semestre, enquanto faziam seu giro pelos grupos de lobby da tecnologia, ele e seus lobistas propuseram a criação de uma associação comercial separada para apoiar as empresas de tecnologia domésticas, liderada por ex-oficiais do Exército americano. A ideia era que o sucesso das empresas de tecnologia americanas consistia na melhor defesa contra o poderio militar e industrial chinês. Os lobistas do Facebook se aproximaram de líderes da Internet Association, uma associação comercial, para descobrir se algum membro — como o Google, a Amazon e a Microsoft — entraria para a nova associação comercial que chamou de American Edge. Ele não obteve apoio. "Ninguém queria se associar ao Facebook", confirmou um executivo da indústria. Kaplan lançou o American Edge de qualquer maneira, com o Facebook como seu único membro corporativo.

No decorrer de duas semanas no início de junho, foram lançadas três investigações sobre as práticas da plataforma. A Comissão Federal do Comércio abriu uma investigação sobre o poder de monopólio do Facebook.[14] Liderados por Nova York, oito procuradores estaduais também começaram sua própria investigação antitruste conjunta da rede social.[15] A subcomissão antitruste da Comissão de Justiça da Câmara iniciou uma investigação separada sobre o Facebook e outras gigantes da tecnologia.[16]

As diversas investigações do governo, um fato extraordinário para qualquer corporação, pegaram muita gente desprevenida no escritório de Washington do Facebook. Mas Zuckerberg não tirou o pé do acelerador. Em junho, anunciou a Libra, um sistema monetário baseado em blockchain para substituir sistemas financeiros regulamentados. O plano de moeda virtual atraiu a crítica imediata de órgãos reguladores de todo o mundo, alertando que um sistema controlado por uma empresa privada — sobretudo o Facebook — poderia abrigar atividade ilegal. O Congresso imediatamente convocou a empresa para depor. A resposta de Kaplan foi injetar mais recursos no escritório de Washington. Entre julho e outubro, contratou cinco escritórios de lobby a mais para ajudar na luta contra a intervenção governamental na Libra.

A sensação de ameaça iminente se espalhou pela empresa. Os funcionários na MPK ficaram cada vez mais preocupados com a ação antitruste. Nas duas reuniões de Q&A em julho, Zuckerberg foi questionado sobre os pedidos em Washington de desmembramento do Facebook, incluindo a promessa específica feita pela postulante à candidatura presidencial, Elizabeth Warren, de fragmentar a empresa.

Caso Warren fosse eleita, o Facebook podia se preparar para lutar por sua sobrevivência, disse Zuckerberg. "Afinal, se alguém ameaça sua vida de algum modo, você entra no tatame e luta."[17]

13. A interferência do Salão Oval

Zuckerberg chegou discretamente ao Salão Oval na tarde de 19 de setembro de 2019. O compromisso não fazia parte da agenda oficial da Casa Branca; o grupo de jornalistas que cobria o presidente apenas informou que "não tinham visto o presidente" o dia inteiro. A reunião entre dois dos homens mais poderosos do mundo foi realizada em segredo.

Trump estava inclinado para a frente, com os cotovelos apoiados sobre a escrivaninha oitocentista ricamente trabalhada do navio *Resolute*. Ele se vangloriava do desempenho da economia sob seu governo, com um copo gigante de coca diet suando no porta-copos diante de si. Zuckerberg estava sentado do outro lado da mesa, numa cadeira de madeira de espaldar reto, entre Kaplan e Jared Kushner, genro e principal assessor de Trump. Dan Scavino, diretor de mídias sociais de Trump, se acomodava na ponta do grupo. Atrás de Zuckerberg, uma pequena estátua de ouro de Poseidon, o deus grego dos mares, repousava sobre a cornija da lareira.[1]

Praticamente só o presidente falava. Apesar de todo o sucesso de sua equipe no uso do Facebook, Trump mostrava ceticismo com a rede social. Alegava que a empresa turbinara seus algoritmos para censurar seus apoiadores. Também estava com o Vale do Silício atravessado na garganta pelo apoio declarado a Hillary Clinton na eleição de 2016, que incluía o endosso de Sandberg e outros executivos do Facebook. "O Facebook sempre foi anti-Trump", postara o presidente no Facebook em setembro de 2017.[2] Trump e sua campanha publicavam com frequência no Facebook, embora o presidente preferisse o Twitter para esbravejar contra os rivais políticos e a mídia. Mas precisava da plataforma para chegar às pessoas tanto quanto o Facebook precisava estar no centro do debate público, que nos últimos três anos fora consumido pelo presidente.

A introdução de Zuckerberg na Casa Branca de Trump viera por intermédio de Kaplan e Peter Thiel. Zuckerberg já conhecia Kushner, formado em Harvard no ano em que Zuckerberg entrou. Ele também marcou um horário com o principal assessor do presidente pouco antes da reunião no Salão Oval para deixar um cumprimento: "Vocês foram muito bem no Facebook", falou para Kushner, que ajudara a conduzir a campanha eleitoral de Trump.

O objetivo da reunião era neutralizar a animosidade de Trump em relação ao Facebook, portanto Zuckerberg fez uma espécie de massagem em seu ego. Sua equipe analisara os números usando dados proprietários internos, e o presidente obteve maior engajamento com o Facebook do que qualquer outro governante no mundo, afirmou Zuckerberg; a conta pessoal de Trump, com 28 milhões de seguidores, era um sucesso estrondoso. O ex-apresentador de reality show ficou visivelmente satisfeito.

Zuckerberg se preparara para uma ampla variedade de assuntos que poderiam ser abordados por Trump, inclusive sua opinião em relação à China. Era o assunto preferido do presidente. Trump estava empenhado numa guerra comercial contra o país asiático, como parte de sua agenda nacionalista para fortalecer a capacidade das empresas americanas contra a dominação crescente das gigantes mundiais chinesas. Ele proibira as empresas de telecomunicações Huawei e ZTE de vender dispositivos nos Estados Unidos e pressionara os aliados na Europa a rejeitar equipamentos e serviços de tecnologia e telecomunicações chineses. Quando Trump deu uma brecha, Zuckerberg aproveitou para concordar, afirmando que as rivais chinesas do Facebook exibiam um crescimento perigoso. Aplicativos como TikTok e WeChat estavam entre os principais do mundo, com mais downloads nas lojas da Apple e do Android do que a maioria dos competidores americanos. A expansão do setor tecnológico chinês, que era patrocinado pelo governo, ameaçava a liderança americana em inovação e tecnologia, concordaram os dois.

A conversa de uma hora terminou num tom amigável. Mais tarde, Trump revelou a reunião no Facebook e no Twitter, publicando uma foto dos dois apertando as mãos. Havia um sorriso largo no rosto do CEO. "Agradável reunião com Mark Zuckerberg do @Facebook no Salão Oval hoje", dizia a legenda.

O encontro no Salão Oval foi considerado um sucesso por Kaplan e Nick Clegg, convictos de que o alto escalão do Facebook precisava interagir mais com o governo então em exercício. Uma reunião com Trump era fundamental para a estratégia. Zuckerberg se mostrara cauteloso em tratar diretamente com o presidente, mesmo depois que outros CEOs da tecnologia tinham visitado a Casa Branca. Em conversas privadas, afirmou a assessores próximos que estava revoltado com a detenção de imigrantes ilegais e a retórica anti-imigração de Trump. Zuckerberg era um antigo apoiador dos direitos dos imigrantes, incluindo os *dreamers*, filhos de imigrantes sem documentação. Priscilla era filha de refugiados étnicos chineses do Vietnã; quando lecionava em East Palo Alto, sugeriu que Zuckerberg a ajudasse como orientador de seus alunos do ensino médio. Ele fora profundamente afetado pela experiência e se tornara um defensor da imigração. Em 2013, Zuckerberg formou o Fwd.us, um grupo de lobby por reformas legislativas pró-imigração, incluindo cotas maiores para trabalhadores qualificados. Com exceção de comentários feitos logo após a eleição, porém, Zuckerberg não se pronunciou sobre a posição de Trump em relação à imigração.

O fosso cultural entre o escritório em Washington e a MPK estava aumentando. A reunião no Salão Oval desagradou muitos funcionários em Menlo Park, mas, para os colegas em Washington, Kaplan estava simplesmente seguindo a cartilha do lobby utilizada pelo mundo corporativo do país. Seu objetivo principal era preservar o status quo e impedir regulamentações que obstruíssem a lucrativa máquina de coleta de dados e anúncios direcionados da empresa. Alguns funcionários de Kaplan disseram que o antigo oficial de artilharia dos fuzileiros navais encarava seu trabalho como uma variação da guerra tática, seguindo um princípio de liderança aprendido com os fuzileiros conhecido como "JJDIDTIEBUCKLE", acrônimo mnemônico de catorze letras em inglês para qualidades como justiça, discernimento, confiabilidade e iniciativa. Não fazia muita diferença quem estava no poder, e seria um erro pensar em Kaplan como um ideólogo político, segundo seus colegas. Se ele podia ser culpado de seguir alguma ideologia, era a adesão incondicional ao lobismo. Sua equipe se dividia quase igualmente entre republicanos e democratas. "Eram negócios. Ele faria o mesmo por um democrata na Casa Branca se fosse democrata", explicou um funcionário da equipe de diretrizes e políticas.

Durante o verão, Kaplan começara a organizar para Zuckerberg jantares e reuniões com conservadores influentes, incluindo a senadora Lindsey Graham, da Carolina do Sul, uma aliada-chave de Trump, e Tucker Carlson, o apresentador incendiário da Fox News que descrevera a supremacia branca como um "embuste".[3] Kaplan orientou seus lobistas democratas a marcar jantares similares com os maiores críticos democratas do Facebook. Na noite anterior à reunião de setembro no Salão Oval, Zuckerberg se encontrou com os senadores Mark Warner, da Virginia, Richard Blumenthal, de Connecticut, e três outros legisladores no restaurante Ris DC, no centro da capital americana. Diante de pratos de salmão grelhado e couve-de-bruxelas assadas, Zuckerberg os atualizou sobre as contas estrangeiras que o Facebook derrubara por disseminar desinformação.

Mas os funcionários na Costa Oeste viam as táticas de Kaplan como profundamente cínicas; Trump não era só mais um político. Eles queriam que o Facebook estabelecesse uma diretriz clara para seu governo. E alguns consideravam questionáveis as medidas de Kaplan para preservar a empresa. Como explicou um funcionário de nível intermediário da MPK: "Se você realmente quer proteger o negócio, precisa proteger os usuários — a segurança e os interesses deles, não só os lucros".

Trump se preparava para concorrer a um segundo mandato usando as mesmas táticas de mídias sociais de 2016. Do outro lado do rio Potomac, a alguns quilômetros da Casa Branca, sua campanha montara uma dispendiosa operação de mídia, com o Facebook mais uma vez no centro da estratégia. No décimo quarto andar de uma torre de escritórios em Rosslyn, Virginia, que anteriormente abrigara uma empresa de importação e exportação, Brad Parscale, coordenador de campanha de Trump, contratara uma legião de especialistas em mídias sociais e campanhas políticas.[4] Eles planejavam gastar no mínimo 100 milhões de dólares em anúncios no Facebook,[5] mais do que o dobro da quantia de 2016.[6]

A estratégia da equipe de campanha de Trump era inundar o eleitor com postagens de seu candidato e anúncios do Facebook. Eles criaram dezenas de versões de um mesmo anúncio, mudando cores e ajustando uma palavra aqui e ali para atingir públicos e eleitores específicos de forma extremamente direcionada. Os anúncios do Facebook eram com frequência respostas às narrativas negativas sobre Trump na mídia tradicional. Seu rival político de fato era menos importante, explicara o antigo assessor principal de Trump, Stephen Bannon, numa entrevista ao *Bloomberg* em fevereiro de 2018. "Os democratas não importam. A verdadeira oposição é a mídia", ele disse. "E o jeito de lidar com ela é inundar a área de merda."

Sandberg não vinha participando dos jantares de Kaplan. Seu foco era melhorar as relações com outros opositores. Em setembro de 2019, uma semana após a détente de Zuckerberg e Trump no Salão Oval, ela viajou a Atlanta como oradora principal da Civil Rights vs. Tech Town Hall, conferência de um dia para tratar da discriminação na tecnologia.[7]

Por anos, líderes dos direitos civis haviam acusado o Facebook de direcionamento ideologicamente enviesado de publicidade e censurado a empresa por quase não aumentar sua porcentagem de funcionários negros e latinos, que nunca ultrapassou um dígito da força total de trabalho. A eleição de 2016 expusera como a plataforma também permitia a agentes russos explorar causas como Black Lives Matter, visando ao eleitorado negro. O ódio no site prosperava. Funcionários de todas as raças haviam se tornado mais eloquentes sobre a discriminação dentro da empresa e críticos de sua cúpula diretiva quase inteiramente branca.

Sandberg disse aos assessores que essa era uma das questões mais difíceis para ela, em especial as crescentes acusações de antissemitismo no site. Em maio de 2018, após pressões de líderes dos direitos humanos e civis, ela iniciara uma auditoria na empresa e recrutara Laura Murphy, famosa líder de direitos civis saída da ACLU, para conduzir o processo. Também pusera

Gene Sperling, ex-diretor do Conselho Econômico Nacional da gestão Obama e membro de seu gabinete informal de assessores, em contato com Murphy e líderes de direitos civis externos para ajudar na investigação interna e elaborar políticas de proteção para o próximo recenseamento populacional e a integridade do eleitor. Em 30 de junho de 2019, ela havia liberado uma atualização lúcida da auditoria sobre o registro de direitos civis da empresa, confirmando um histórico de discriminação em anúncios de moradia e outros.

Mas a companhia começava a tratar alguns de seus problemas. Em março de 2019, o Facebook fechara acordos em processos por direcionamento discriminatório na publicidade de moradia, emprego e finanças.[8] A empresa implementou uma nova política que proibia a segmentação por faixa etária, gênero e código postal nesse tipo de anúncios. Nesse mesmo mês, a plataforma anunciara a proibição de grupos e discursos supremacistas louvando o nacionalismo branco. Sandberg anunciou a criação de uma força-tarefa de direitos civis e diversidade e destinou recursos a um programa para prevenir a desinformação sobre o Censo 2020.

"Desde que iniciei a auditoria, tenho observado uma disposição maior do Facebook em escutar, se adaptar e intervir na questão dos direitos humanos", concluiu Murphy em seu relatório. "Acredito que a empresa hoje está em situação diferente de um ano atrás nessa área — vi funcionários fazendo as perguntas certas, pensando sobre as coisas da perspectiva dos direitos civis e identificando falhas nos produtos e nas diretrizes e políticas."

A conferência de Atlanta, à qual Sandberg compareceu com seu filho e sua mãe, era para ser o ponto alto de um ano difícil, em que aos poucos vinham se restabelecendo as relações com os líderes dos direitos civis, que ela consultava com frequência. "Apreciamos os esforços de Sheryl e a convidamos ao palco para mostrar que queríamos trabalhar juntos", recordou Rashad Robinson, presidente do grupo de direitos civis Color of Change e um dos organizadores da conferência.

Mas, dois dias antes do evento em Atlanta, quando falava em um painel do festival Atlantic, em Washington, Clegg soltou a bomba: o Facebook daria plena voz, sem restrições, a qualquer liderança política. Era um esclarecimento sobre uma nebulosa isenção concedida a certos tipos de conteúdo por seu "valor jornalístico", até então usada apenas algumas vezes, e surgira para justificar a preservação do vídeo em que Trump defendia a proibição de muçulmanos no país. Para embasar a questão, havia a decisão da Suprema Corte, em setembro de 2016, de reintegrar a icônica foto da Associated Press intitulada *O terror da guerra*, de uma garota nua de nove anos fugindo do ataque com napalm a sua aldeia, durante a Guerra do Vietnã. O Facebook de início removera a foto por violar sua política contra exploração infantil. O propósito de Clegg nesse dia era declarar publicamente que a empresa decidira expandir o uso de uma isenção que quase nunca concedia e transformá-la no padrão geral para o discurso político, exceto para conteúdo que levasse a violência e outros tipos de ações nocivas.

"Nosso papel é assegurar a imparcialidade, mas sem que sejamos participantes políticos", proclamou Clegg em seu sofisticado sotaque de Oxbridge. Espiando o público através dos óculos retangulares de armação preta, ele falava bem devagar, enfatizando a seriedade de suas palavras. "Por isso quero deixar bem claro para vocês aqui hoje — não submetemos os discursos políticos aos nossos especialistas independentes em checagem de fatos e de modo geral os permitimos na plataforma mesmo quando em outros aspectos violam nossas regras de conteúdo normais", acrescentou.[9]

A categoria de discursos políticos, confirmou mais tarde o porta-voz do Facebook, incluía anúncios pagos por candidatos e suas campanhas. Clegg confirmava pela primeira vez que os anúncios políticos não passavam pela checagem de fatos, permitindo aos políticos e suas campanhas pagar para publicar mentiras no site.

Quando Sandberg subiu ao palco na prefeitura em Atlanta, a plateia ainda estava enfurecida com o discurso de Clegg de dois dias antes. A diretriz anunciada por ele era perigosa e podia abrir caminho para uma onda de desinformação e levar à supressão do direito ao voto, afirmavam algumas pessoas. A história americana era repleta de exemplos sobre como, desde o fim do século XIX, os líderes do governo americano usaram as leis Jim Crow, testes de alfabetização e declarações de imposto de renda para impedir os afro-americanos de votar. "Meus colegas e eu chegamos preparados para discutir soluções — não para combater políticas públicas novas e flagrantemente prejudiciais", disse Vanita Gupta, presidente da Conferência de Liderança em Direitos Civis e Humanos. "Tínhamos viajado confiantes para Atlanta e partimos preocupados que a isenção do Facebook fosse desfazer nosso progresso."

No evento, os funcionários do Facebook tentaram dissipar a raiva, insistindo que essas políticas não eram novas e que as críticas na imprensa contra o pronunciamento de Clegg eram desproporcionais. "Aquilo foi uma distorção da verdade", disse um líder de direitos civis. "Estava claro que a política era nova, porque nunca tínhamos ouvido falar nisso antes."

O momento não poderia ter sido pior para Sandberg. Quando subiu ao palco, ela reconheceu a decepção da plateia. "Então, se tem uma coisa que não posso fornecer nesse instante são respostas perfeitas", disse, levantando as mãos. "Não temos nenhuma." Mas isso não queria dizer que deixaria o público na mão, acrescentou. "O que podem esperar de mim, hoje e sempre, é o compromisso de continuar com meu empenho pessoal de permanecer próxima a vocês e assegurar que não apenas eu, mas também minha empresa, estejamos escutando."[10]

Robinson, da Color of Change, contratara uma equipe para filmar a conferência de Atlanta, que pretendia promover em seu site sem fins lucrativos. Na manhã do evento, cancelou os planos de filmagem. "No fim das contas, a mensagem era de que o Facebook é um negócio e de que é assim que o Facebook faz negócios", afirmou.

Para alguns líderes dos direitos civis, Sandberg pareceu surpreendida com o anúncio de Clegg. Segundo uma pessoa próxima à COO que compareceu ao evento, Sandberg alegou que vinha acontecendo tanta coisa na época que talvez tivesse deixado escapar os detalhes, mesmo se alguém houvesse chamado sua atenção para isso. Mas os funcionários do Facebook disseram que Sandberg tinha conhecimento da fala de Clegg e que ela concordava com essa política.

Vinte e quatro horas após o evento de Atlanta, um vídeo granulado de 32 segundos atacando o candidato presidencial democrata e antigo vice-presidente Joe Biden surgiu no Facebook. O anúncio, financiado por um super PAC pró-Trump, começava com um vídeo de má qualidade de Biden se encontrando com funcionários ucranianos durante sua passagem pelo governo Obama. "Joe Biden prometeu 1 bilhão de dólares à Ucrânia se demitirem o promotor que investiga a empresa do seu filho", alegava uma voz ominosa; o vídeo então cortava para um evento do Conselho de Relações Exteriores em que Biden fazia uma referência à soma. O anúncio punha a situação num contexto inteiramente diferente: "Mas, quando o presidente Trump pede à Ucrânia para investigar a corrupção, os democratas querem seu impeachment", dizia, fazendo uma referência enviesada à infame ligação presidencial de 25 de julho para o presidente ucraniano recém-eleito, Volodymyr Zelensky, em que Trump prometeu liberar fundos destinados pelo Congresso à guerra da Ucrânia com a Rússia apenas se Zelensky lançasse uma investigação de Joe Biden e seu filho Hunter. A campanha de Trump estava expondo os acontecimentos de uma forma deturpada. Não havia evidências de que Biden pressionara pelo afastamento de um promotor ucraniano para ajudar seu filho.

O anúncio viralizou por dias na rede social, onde obteve mais de 5 milhões de visualizações. Em 4 de outubro, a campanha de Biden preparou uma carta para Zuckerberg e Sandberg, solicitando que fosse removido. Nenhum dos dois respondeu.

Em 7 de outubro, Katie Harbath, diretora de engajamento em campanhas políticas do Facebook, escreveu uma resposta. "O discurso político já é considerado o discurso mais exposto ao escrutínio público que existe", comentou ela, acrescentando que o anúncio enganoso não passaria pela checagem de fatos e continuaria no site.

Em 17 de outubro, Zuckerberg chegou ao campus da Universidade Georgetown, em Washington, para fazer seu primeiro pronunciamento público importante sobre a responsabilidade do Facebook como plataforma de discursos. Estava ali para defender sua nova diretriz contra a desinformação política, respondendo em tom desafiador às críticas vindas da campanha de Biden e dezenas de legisladores.

Ele iniciou sua fala com uma mentira.

Zuckerberg se posicionou diante do atril de madeira perante 740 alunos, professores e jornalistas no ornamentado Gaston Hall, um auditório de vários andares onde presidentes, líderes religiosos e a realeza inglesa haviam discursado. Murais datando de séculos atrás, representando jesuítas e heróis gregos míticos, adornavam as paredes. O público fazia silêncio, e o clima era solene. Ele foi educadamente aplaudido, mas ninguém se levantou — bem diferente de quando o senador Bernie Sanders ou o presidente Obama discursaram no campus. Nessas ocasiões, os alunos ficaram de pé, e os aplausos puderam ser ouvidos do lado de fora do prédio.

Zuckerberg, com as mangas do suéter preto arregaçadas, começou a ler os teleprompters. Ofereceu uma análise revisionista da gênese do Facebook. Quando estava em Harvard, disse ao público, os Estados Unidos tinham acabado de entrar em guerra no Iraque: "O clima no campus era de descrença", afirmou, acrescentando que ele e outros alunos estavam ansiosos para escutar diferentes perspectivas sobre a guerra. "Aqueles anos iniciais moldaram minha convicção de que dar voz a todos empodera os desempoderados e força a sociedade a melhorar com o tempo."

No Twitter, jornalistas e acadêmicos acusaram Zuckerberg de tentar reescrever a história de origem do Facebook. Como qualquer um sabia, a plataforma começara como um projeto para classificar garotas bonitas em Harvard, algo bem distante desse empreendimento sério que ele descrevia quinze anos depois, no palco da Georgetown. E, embora protestos tenham acontecido em Harvard e outras universidades dos Estados Unidos após a invasão do Iraque em 2003, Zuckerberg não falara sobre a guerra nem manifestara o menor interesse pelo assunto, e seu site era usado para questões mais mundanas, recordavam os amigos. "Fiquei muito surpreso ao ouvir aquela versão", disse Chris Hughes. "As pessoas usavam [TheFacebook] na maior parte para compartilhar recomendações de filmes e música — não para protestar contra guerras no exterior."

Essa narrativa era um lembrete de quanto tempo se passara desde que o mundo fora apresentado ao Facebook. Antes visto como um herói hacker entre os colegas de universidade, Zuckerberg agora era um homem rico de 35 anos e pai de dois filhos. Os estudantes ali reunidos eram quase uma geração mais novos do que ele. Nem usavam o Facebook, um site popular entre o público mais velho. Muitos usavam o Instagram, porém cada vez mais gastavam seu tempo no Snapchat e no TikTok.

Georgetown foi uma escolha deliberada. A equipe de diretrizes e políticas e os lobistas do Facebook queriam encontrar um local para o discurso de Zuckerberg em que suas palavras transmitissem uma importância intelectual e histórica. Queriam que o evento fosse em Washington, com o público mais importante de Zuckerberg poucos quilômetros a leste dali, na Casa Branca e na Colina do Capitólio. A equipe do Facebook tratou a ocasião como um acontecimento político de grande relevância, enviando uma equipe avançada para orquestrar a entrada de Zuckerberg no auditório. Eles montaram os teleprompters junto ao atril, no centro do palco. E o CEO do Facebook trabalhara no discurso por semanas.

Em seguida, Zuckerberg descreveu a importância da liberdade de expressão para o movimento dos direitos civis. Junto com todo movimento social, vem a repressão da liberdade de expressão. Ele evocou o movimento Black Lives Matter, Frederick Douglass e Martin Luther King Jr., que fora preso por protestar pacificamente. "Em tempos de tensões sociais, nosso primeiro impulso muitas vezes é abrir mão da liberdade de expressão. Porque queremos o progresso que vem da liberdade de expressão, mas não queremos as tensões", ele falou em seu discurso.

A internet criara uma poderosa nova forma de liberdade de expressão, continuou. Eliminara os intermediários, as empresas de mídia tradicionais, dando a todo indivíduo uma voz que podia ser amplificada no mundo inteiro. Ao contrário do "quarto poder", a mídia que chamava reis e presidentes à responsabilidade, o Facebook era parte de uma nova força que ele descreveu como "o quinto poder", provendo uma voz sem filtro nem edição a seus 2,7 bilhões de usuários. Zuckerberg advertiu contra a remoção de opiniões dissidentes. A cacofonia de vozes sem dúvida era frustrante, mas o debate era essencial para uma democracia saudável. O público atuaria na checagem de fatos para flagrar as mentiras dos políticos. Não era papel de um empreendimento comercial tomar decisões de governança tão importantes, afirmou.

Ele encerrou seu discurso sem abrir para perguntas.

A reação foi imediata. "Ouvi o discurso de 'liberdade de expressão' de #MarkZuckerberg, em que se referiu a meu pai", tuitou a filha de Martin Luther King Jr., Bernice King. "Gostaria de ajudar o Facebook a compreender melhor os desafios enfrentados por #MLK com as campanhas de desinformação lançadas pelos políticos. Essas campanhas criaram uma atmosfera em torno de seu assassinato."

Zuckerberg não se envolvera na relação da empresa com os direitos civis. Quando Vanita Gupta, que vinha insistindo por mudanças para combater a desinformação na plataforma, perguntou durante uma conversa telefônica dias antes do discurso na Georgetown se ele tinha especialistas em direitos civis na equipe, Mark respondeu que contratara um pessoal do governo Obama. Parecia dar a entender que os direitos humanos e os direitos civis eram causas democratas. Em sua preocupação em equilibrar questões republicanas e democratas, os direitos civis eram colocados em sua lista de causas liberais. "Os direitos civis não são uma questão partidária. Era preocupante ouvir isso", disse Gupta.

Parlamentares, grupos de defesa do consumidor e ativistas pelos direitos civis advertiram que teriam de combater o Facebook para proteger as eleições de 2020. Sherrilyn Ifill, presidente do Fundo de Defesa Legal da Associação Nacional para o Progresso de Pessoas de Cor (NAACP, na sigla em inglês) e uma especialista renomada no direito ao voto, alertou que Zuckerberg mostrara uma "perigosa incompreensão da paisagem política e digital que habitamos no momento". O movimento pelos direitos civis evocado por Zuckerberg lutara acima de tudo para proteger a cidadania e os direitos humanos garantidos a pessoas negras sob a Décima Quarta Emenda. Não era exatamente um movimento para proteger os direitos da Primeira Emenda, observou ela. Zuckerberg também interpretara mal a Primeira Emenda, de proteção da livre expressão contra a censura do governo. As pessoas que Zuckerberg visava proteger, figuras políticas de destaque, eram as que podiam causar maior dano: "A empresa se recusa a reconhecer por completo a ameaça da supressão do voto e da intimidação do eleitor que acontece aqui no país, sobretudo por parte de usuários a quem se refere como 'vozes autênticas' — políticos e candidatos a cargos públicos".[11]

Os acadêmicos viam essa postura como desonesta. O direito à liberdade de expressão não incluía o direito à "amplificação algorítmica", explicou Renée DiResta, que se tornara uma especialista amplamente reconhecida em empresas de mídias sociais e desinformação na internet após seu trabalho sobre a interferência da Rússia nas eleições americanas. A tecnologia criava câmaras acústicas de indivíduos com mentalidade semelhante compartilhando as mesmas histórias. Zuckerberg estava sendo contraditório. O Facebook se tornara tão poderoso quanto um Estado-nação, maior do que o país mais populoso do mundo. Mas as nações eram governadas por leis, e seus governantes investiam em serviços públicos como corporações de bombeiros e policiais para proteger seus cidadãos. Zuckerberg não assumia a responsabilidade de proteger os membros do Facebook.

Dentro da empresa havia quem concordasse com DiResta. "Liberdade de expressão e discurso pago são duas coisas diferentes", dizia uma carta aberta assinada por centenas de funcionários do Facebook e endereçada a Zuckerberg. "A desinformação afeta todos nós. Nossas atuais políticas quanto à checagem de fatos relacionada a ocupantes de cargos públicos, ou das pessoas que concorrem a eles, são uma ameaça ao que o FB representa. Nós nos opomos fortemente a essa política da maneira como está formulada. Ela não protege vozes, mas, pelo contrário, permite aos políticos usar nossa plataforma como arma direcionada a pessoas que acreditam que o conteúdo postado pelos políticos é confiável."[12]

Uma semana depois, Zuckerberg estava de volta a Washington para uma audiência perante a Comissão de Serviços Financeiros da Câmara dos Representantes sobre seu projeto predileto, o Libra. Para ele, o blockchain um dia substituiria as moedas existentes, deixando o Facebook na vanguarda dos sistemas monetários. Durante sua viagem, ele se encontrou com Trump novamente, dessa vez para um jantar secreto na Casa Branca. Priscilla o acompanhou, e entre os presentes estavam a primeira-dama Melania Trump, Jared Kushner, Ivanka Trump, Peter Thiel e seu marido, Matt Danzeisen. Era um jantar amigável para os casais se conhecerem.[13] A Casa Branca mostrava seu apreço por Zuckerberg, que parecia ter coragem para ignorar a pressão dos críticos do Facebook.

Maxine Waters, democrata da Califórnia e presidente da comissão, abriu seu discurso defendendo o fim do projeto de criptomoeda, que segundo ela era repleto de riscos de privacidade, segurança, discriminação e criminais. O Facebook já tinha problemas de sobra; a insistência de Zuckerberg em prosseguir com o projeto, segundo ela, refletia a cultura agressiva da empresa. Zuckerberg estava disposto a "passar por cima de qualquer um, a ignorar qualquer um, incluindo concorrentes, mulheres, pessoas não brancas, seus próprios usuários e até nossa democracia, para conseguir o que quer". Durante as cinco horas seguintes, os parlamentares condenaram veementemente a liderança de Zuckerberg e sua decisão de permitir o que chamaram de mentiras políticas. Se havia algum aliado do Facebook presente, ele não se manifestou em sua defesa.

A nova deputada democrata Alexandria Ocasio-Cortez, de

Nova York, perguntou até onde um político podia ir com suas mentiras no Facebook. "Posso publicar anúncios atacando republicanos nas primárias e dizendo que votaram no Green New Deal?", perguntou. "Você percebe o problema em potencial aqui, com a completa ausência de checagem de fatos nos anúncios políticos?" A resposta de Zuckerberg foi que ele achava as mentiras "ruins". Mas, acrescentou, acreditava "que as pessoas deveriam ser capazes de ver por si mesmas o que os políticos em quem podem ou não votar estão dizendo".

Joyce Beatty, democrata de Ohio, questionou-o sobre abusos dos direitos civis no Facebook. Ele não conseguiu responder sua pergunta sobre quantos afro-americanos usavam o site, número amplamente divulgado pelo Pew Research. Ela perguntou sobre as recomendações contidas na auditoria de direitos civis da própria empresa. Ele gaguejou e tomou um longo gole de sua água mineral. Quando afirmou que havia a recomendação de formar uma força-tarefa que incluísse Sandberg, Beatty zombou. "Sabemos que Sheryl não é uma pessoa ligada aos direitos civis", falou com uma risada desdenhosa, e acrescentou: "Acho que nunca teve nada a ver com os direitos civis — e conheço Sheryl muito bem". Ela acusou Zuckerberg de tratar discriminação e abusos de direitos civis como preocupações triviais. "É chocante e revoltante para mim", disse Beatty.

Parecia que Zuckerberg caíra em desgraça também entre o público geral. Um levantamento conduzido pelo Factual Democracy Project em março de 2018 revelara que apenas 24% dos entrevistados mantinham uma opinião favorável em relação ao CEO.[14]

Em uma entrevista a Lester Holt, da NBC News, mais tarde nessa mesma semana, Zuckerberg refletiu sobre a evolução de sua liderança em quinze anos. "Por um bom tempo, tive um monte de assessores [...] me dizendo que meu foco deveria ser em não ofender ninguém quando fizesse um comunicado", ele disse. "Parte do processo de amadurecimento para mim foi simplesmente perceber que é mais importante ser compreendido do que estimado."

As aparições públicas vinham se tornando cada vez mais difíceis para Sandberg, mas a New Establishment Summit da *Vanity Fair* parecia uma escolha segura. O evento — anunciado como uma reunião de "titãs da tecnologia, política, negócios, mídia e artes para conversas inspiradoras sobre as questões e inovações que estão moldando o futuro" — era visto mais como um ostentoso encontro de networking do que como um evento de grande impacto na imprensa. O programa de dois dias, de 21 a 23 de outubro de 2019, apresentava convidados como Gwyneth Paltrow — atriz e empresária do ramo do bem-estar —, Bob Iger — o CEO da Disney — e o ex-diretor de comunicações de Trump, Anthony Scaramucci. Contribuindo para a sensação de conforto, havia o fato de que a entrevistadora de Sandberg era uma antiga amiga e confidente: a veterana jornalista da TV Katie Couric. A ligação entre as duas vinha de compartilhar a experiência de serem jovens viúvas; Couric perdera o marido de 42 anos para o câncer de cólon e ajudara a promover o livro de Sandberg, *Plano B*, dando entrevistas em eventos públicos.

Enquanto aguardavam nos bastidores, as duas punham a conversa em dia. Couric conhecia o novo namorado de Sandberg, Tom Bernthal. Antes de fundar uma empresa privada de consultoria, Bernthal trabalhara como produtor de notícias na NBC, onde sua estada coincidiu com a de Couric, que passou quinze anos no ar como apresentadora e âncora principal. Quando Sandberg e Couric entraram no palco, continuaram o papo relaxado, fazendo piadas sobre os avatares ilustrados promocionais de ambas projetados no telão elevado atrás de suas cadeiras.

Mas, assim que a entrevista começou, o tom mudou. Couric

queria saber: a nova postura de Zuckerberg quanto aos anúncios políticos não sabotava diretamente as tentativas de combate à interferência eleitoral? "A Corporação Rand na verdade tem um termo para isso, que é 'deterioração da verdade'. E o próprio Mark defendeu essa decisão ao mesmo tempo que expressava preocupação com a erosão da verdade na rede", acrescentou. "Qual a explicação para isso?"

Por quase cinquenta minutos, a ex-âncora de TV pressionou Sandberg com um leque amplo de questões difíceis e intensas. Ela perguntou sobre a reação negativa dos líderes de direitos civis ao discurso de Zuckerberg na Georgetown. Perguntou sobre bullying no Instagram e no Facebook. Questionou Sandberg sobre as câmaras de eco criadas pelo Facebook e sobre os algoritmos que operavam contra políticos mais centristas, como Joe Biden. Forçou a COO a defender o Facebook contra o pedido da senadora Warren de desmembrar a empresa e perguntou ceticamente se o trabalho prometido por Sandberg seria efetivo contra o modelo de negócios baseado em anúncios virais do Facebook.

Sandberg gaguejou um pouco e deu algumas respostas-padrão. Várias vezes admitiu que as questões eram difíceis e que o Facebook se sentia responsável, mas faltou dizer que a empresa faria a checagem de fatos nos discursos. Comentou que conhecia Bernice King pessoalmente e que conversara com ela sobre seu tuíte criticando o discurso de Zuckerberg na Georgetown. Apontou para a discordância entre King e Zuckerberg como um exemplo de debate civil importante, enfatizando a crença do Facebook na liberdade de expressão e no confronto de ideias antagônicas. Tentando restabelecer o tom ameno da conversa, acrescentou que só era uma pena King ter publicado sua opinião no Twitter, não no Facebook. A piada foi recebida em silêncio pelo público.

No fim da entrevista, Couric trouxe à tona o questionamento que poucos tinham coragem de fazer diretamente a Sandberg:

"Considerando como você é associada ao Facebook, até que ponto está preocupada com seu legado pessoal devido à sua ligação com a empresa?".

Sandberg não perdeu um segundo e voltou à mensagem que transmitira em seus primeiros dias de Facebook. Por dentro, ardia de humilhação, contou depois aos assessores, mas manteve a voz serena e um leve sorriso no rosto. "Acredito realmente no que disse sobre as pessoas terem voz. Há um monte de problemas para consertar. Eles são reais e tenho uma responsabilidade real de fazer isso. Me sinto honrada por isso."

A verdade não era tão simples assim. Com amigos e colegas, Sandberg tentava se dissociar das posições de Zuckerberg, mas, dentro da empresa, executava suas decisões. Quando Zuckerberg fez seu discurso na Georgetown, a Liga Antidifamação o criticou por encorajar racistas e antissemitas no Facebook. Grupos de direitos civis, incluindo a LAD, advertiram que sua nova política estava sendo introduzida no exato momento em que o discurso de ódio no site explodia. Nem mesmo as generosas doações a instituições de caridade conseguiam apagar o estrago que o Facebook estava causando.

Não havia muito que ela pudesse fazer para mudar o pensamento de Zuckerberg, confidenciou Sandberg a pessoas próximas. Quando um consultor externo publicou uma série de e-mails furiosos sobre o discurso do CEO na Georgetown, Sandberg respondeu que ele deveria encaminhar os e-mails a Clegg e outros capazes de influenciar a opinião de Zuckerberg. Sua inação enfureceu os colegas e alguns de seus braços direitos. As decisões dele estavam em direta contradição com os valores centrais que ela promovia em público.

Sandberg se justificou apontando para o controle absoluto do poder detido por Mark no papel de líder do Facebook. "Ela tomava muito cuidado ao escolher suas batalhas com ele", disse um ex-funcionário. Em teoria, era a segunda na linha de comando, mas os escalões superiores tinham muita gente: Clegg, Kaplan e executivos como Olivan assumiam papéis maiores, junto com Adam Mosseri, diretor do Instagram, e Guy Rosen, antigo cofundador da Onavo e atual diretor de integridade no Facebook. Clegg estava dando mais entrevistas na televisão, e Sandberg abria mão disso de bom grado, segundo seus assessores.

Ela também se tornara menos confiante. A mídia pegava pesado com Sandberg, enfatizando suas falhas em termos de liderança. Ela estava se retraindo para o segundo plano, mostrando-se cada vez mais na defensiva. "Seu desejo de parecer perfeita interfere em sua capacidade de se defender", comenta uma amiga.

Uma organização que Sandberg apoiou por anos também atacou o Facebook. Em novembro, o comediante britânico Sacha Baron Cohen falaria em uma cúpula da LAD. Baron Cohen planejava denunciar o discurso de ódio e o antissemitismo que inundavam as mídias sociais. Procurou Steyer, da Common Sense Media, e outros na "Coalizão dos Voluntários", o grupo reunido pelos professores de direito Tim Wu e Scott Hemphill, para ajudarem em seu discurso.

No dia 21 de novembro, Baron Cohen falou por 24 minutos, repudiando as "Seis do Silício" pela disseminação de ódio. Ele desdenhou do discurso de Zuckerberg na Georgetown como "pura bobagem": "A questão não é limitar a liberdade de expressão de ninguém", disse. "A questão é dar às pessoas, incluindo algumas das pessoas mais repreensíveis do mundo, a maior plataforma da história para atingir um terço do planeta."

Todo mês de janeiro, por mais de uma década, Zuckerberg postara uma resolução pessoal para o ano seguinte. Em 2010, ele se determinou a aprender mandarim. Em 2015, resolveu ler um livro a cada duas semanas. Em 2016, afirmou que programaria a inteligência artificial de sua casa e correria um quilômetro e meio por dia.[15]

Quando 2018 chegou, suas resoluções demonstravam maior peso e urgência. Nesse ano, ele prometeu se dedicar a consertar a infinidade de problemas do Facebook: "proteger nossa comunidade de abuso e ódio, defender contra a interferência de Estados-nações ou assegurar que o tempo gasto com o Facebook seja produtivo".[16] Em 2019, anunciou que promoveria uma série de debates com pensadores influentes sobre o papel da tecnologia na sociedade e no futuro.

Para 2020, anunciou um objetivo mais audacioso. Em vez de um desafio anual, Zuckerberg abordaria alguns dos problemas mais intratáveis enfrentados pelo mundo na década seguinte. Em uma postagem de 1500 palavras, refletiu sobre seu papel como pai e seu trabalho com filantropia para a cura de doenças e o prolongamento da expectativa de vida. Apresentava-se como um estadista mais velho, a exemplo de seu mentor, Bill Gates, que o aconselhara sobre trabalhos de impacto social e cujos passos ele esperava seguir, fazendo a mudança radical de CEO a filantropo global. Zuckerberg sentia-se frustrado havia muito tempo com a falta de credibilidade e atenção que seus esforços de caridade recebiam, segundo falou a assessores e pesquisadores que monitoravam sua reputação em levantamentos públicos regulares. Sua instituição filantrópica com a esposa Priscilla, a Chan Zuckerberg Initiative, era um exemplo. Fora anunciada em dezembro de 2015 com grande alarde na mídia. Apesar disso, os elogios iniciais pela fundação, à qual dedicava a maior parte da sua fortuna, foram eclipsados por notícias céticas obcecadas com a decisão de estabelecê-la como sociedade limitada, observando que a designação proporcionava um paraíso fiscal para o jovem casal bilionário. Atacado por vários dias de matérias negativas, Zuckerberg convocou Sandberg e Elliot Schrage, que haviam ajudado a preparar a estratégia de cobertura midiática em sua casa de veraneio no Havaí, e aos berros acusou os dois de terem posto tudo a perder. Foi uma exibição de fúria pouco característica, refletindo a frustração de Zuckerberg com sua dificuldade em cair nas graças do público. "Ele estava muito puto com a imprensa por causa da czi", recordou um ex-funcionário. "Ele falava: 'Por que as pessoas não me veem como veem o Bill Gates?'."

Em 31 de janeiro de 2020, Zuckerberg falou na Silicon Slopes Tech Summit, uma conferência de tecnologia realizada em Salt Lake City. Admitiu que não era um bom comunicador; durante a maior parte da história do Facebook, conforme falou, vinha evitando pôr suas intenções em primeiro plano. Mas o Facebook se tornara importante demais e, como seu líder, ele era obrigado a apoiar publicamente suas posições. Sua empresa era dedicada ao ideal absoluto da liberdade de expressão, explicou. "Precisamos estabelecer o limite em algum momento", acrescentou. "Essa é a nova abordagem, e acho que vai deixar muita gente irritada. Mas, se querem saber, francamente, a abordagem antiga também estava irritando um monte de gente, então vamos tentar outra coisa."

Quando perguntaram se achava que estava pagando o pato "por toda a internet", Zuckerberg explodiu numa gargalhada. Levou alguns segundos para se recompor. "Humm. Isso sim é induzir uma resposta", disse.

14. Bom para o mundo

Muito antes que as autoridades do governo americano e grande parte do mundo tomassem consciência do fato, Zuckerberg sabia que o vírus da covid-19 se espalhava perigosamente rápido. Em meados de janeiro, ele começou a receber relatórios de inteligência sobre a disseminação global da doença preparados pelos principais especialistas no assunto da Chan Zuckerberg Initiative. O dr. Tom Frieden, ex-diretor dos Centros de Controle e Prevenção de Doenças, e Joe DeRisi, copresidente da Biohub, financiada pela czi, informou que o governo chinês e Trump estavam minimizando o risco da doença e que o vírus se espalhara por meia dúzia de países. O Facebook tinha potencial para desempenhar um papel fundamental no que parecia ser a primeira pandemia global na era da internet.

Em 26 de janeiro, Zuckerberg mandou seus chefes de departamento largarem todo trabalho não essencial e se prepararem. A equipe de engajamento civil, que desenvolvera uma série de novos recursos antes da eleição presidencial, incluindo um eixo centralizado para compartilhar informações eleitorais, mudou seu foco para criar um centro de informação a partir dos Centros de Controle e Prevenção de Doenças (CDC, na sigla em inglês) e da Organização Mundial da Saúde. As ferramentas de checagem de fatos para assinalar a desinformação seriam usadas para corrigir teorias conspiratórias sobre a covid-19. As equipes de recursos humanos do Facebook começariam elaborando orientações para trabalhar em casa, enquanto os escritórios do Facebook por toda a Ásia eram incumbidos de obter informação sobre o que de fato acontecia na China. E a relação pessoal de Zuckerberg com os médicos e especialistas em saúde mais famosos do mundo seria usada para promover figuras de autoridade. Zuckerberg instruiu suas equipes a se reportar a ele em 48 horas. "Isso vai ser muito importante e temos de estar preparados", disse.

Quando a OMS decretou que a covid-19 era uma emergência de saúde pública, em 30 de janeiro,[1] a equipe de relações públicas do Facebook tinha um post preparado para o blog. Em algumas horas, a empresa divulgou seu plano de remover a desinformação prejudicial, levar ao público informações embasadas sobre o vírus e conceder créditos ilimitados em anúncios publicitários para a OMS e os CDC divulgarem os serviços públicos contra o novo coronavírus. O Facebook foi a primeira empresa do Vale do Silício a reagir à crise.

Zuckerberg também foi um dos primeiros CEOs americanos a fechar escritórios e autorizar o trabalho remoto. Ele enviou um memorando para os funcionários detalhando como o coronavírus afetaria cada aspecto do negócio do Facebook. A empresa provavelmente perderia receita de publicidade à medida que a pandemia fosse paralisando os negócios em todas as áreas da economia. A infraestrutura do Facebook, incluindo seus centros de dados, seria testada ao limite quando bilhões de pessoas ficassem on-line ao mesmo tempo.

As manchetes positivas sobre a resposta da empresa serviram para elevar o moral dos funcionários. Zuckerberg tinha uma oportunidade de melhorar sua reputação como líder. Ao lado de Priscilla, que exercera a medicina em San Francisco por anos, ele recebeu o dr. Anthony Fauci para uma entrevista no Facebook Live, vista por mais de 5 milhões de pessoas, e em seguida gravou vídeos ao vivo com outros nomes, incluindo o governador da Califórnia, Gavin Newsom, e o dr. Don Ganem, virologista e especialista em doenças infecciosas. Os noticiários começaram a convidar Zuckerberg para dar sua opinião sobre as reações à crise de saúde pública.

Com um mês de pandemia, Zuckerberg recebeu dados revelando que a blitz de relações públicas estava fazendo diferença para a reputação do Facebook. Durante anos, a empresa realizava pesquisas diárias, em que fazia aos usuários uma série de perguntas sobre como se sentiam em relação à rede social. Zuckerberg monitorava duas questões em particular: se a pessoa achava que o Facebook era "bom para o mundo" e se achava que o Facebook "se importa com o usuário". Citava as estatísticas sobre essas questões com tanta frequência que, nas reuniões, eram mencionadas pelas respectivas iniciais, GFW [good for the world] e CAU [care about users]. No início de abril, o número de pessoas que via o Facebook como "bom para o mundo" começou a mostrar acentuado crescimento pela primeira vez desde o escândalo da Cambridge Analytica.

Mas, em uma coletiva de imprensa na Casa Branca em 23 de abril, Trump pôs o Facebook à prova quando sugeriu que desinfetantes e luz ultravioleta eram possíveis tratamentos para o novo coronavírus. Seus comentários, refutados de imediato por médicos e profissionais de saúde, viralizaram. Mais de mil grupos e páginas do Facebook passaram a promover os tratamentos. Horas após os comentários de Trump, mais de 5 mil postagens sobre o assunto apareceram no Facebook e no Instagram, vistas por dezenas de milhões de pessoas. O Facebook removeu algumas, porém a origem da informação falsa e perigosa, a conta do presidente Trump, permaneceu intocada. Trump mais uma vez se revelara o oposto perfeito do que Zuckerberg entendia como uma postura bem-intencionada. Em cada suposição de Zuckerberg sobre como um líder político com a quantidade de seguidores de Trump podia ou iria usar uma plataforma como o Facebook, o presidente o desafiou, driblando as regras da rede social e atraindo engajamento recorde no processo.

Por mais de um dia, a equipe de comunicações se esquivou às perguntas da imprensa. Os jornalistas observaram que Zuckerberg previamente incluíra desinformação médica entre as poucas exceções à liberdade de expressão no discurso político. Não seria aquele exatamente o tipo de situação a respeito da qual o Facebook afirmara que tomaria uma atitude a respeito?

As equipes de diretrizes e políticas e de conteúdo do Facebook se reuniram para debater como proceder. Kaplan apoiou sua equipe, segundo a qual Trump estava simplesmente *especulando* a respeito dos efeitos de alvejantes e raios ultravioleta, não fornecendo uma *orientação*. As equipes de relações públicas do Facebook apontaram a distinção para os jornalistas e emitiram uma declaração: "Continuamos a remover afirmações peremptórias sobre falsas curas da covid-19, incluindo as relacionadas a desinfetantes e raios ultravioleta".

"A gente, todo mundo dentro no Facebook, simplesmente não conseguia aceitar a ideia de que era o presidente divulgando curas absurdas para a covid", disse um executivo sênior do Facebook. "Acabamos numa posição insustentável. Aquilo significava defender a decisão de deixar o presidente espalhar uma informação médica absolutamente absurda no meio de uma pandemia."

Em 29 de maio de 2020, o Twitter tomou a medida sem precedentes de aplicar uma etiqueta de advertência a um tuíte de Trump.

À uma da manhã, o presidente postara uma mensagem em suas contas no Facebook e no Twitter sobre as manifestações ocorrendo nas cidades americanas. Os cidadãos foram às ruas para protestar contra a morte de George Floyd, um homem negro de 46 anos imobilizado por um policial de Minneapolis, que permaneceu com o joelho em seu pescoço durante mais de oito minutos, após comprar um maço de cigarros com uma nota falsa de vinte dólares. Trump descreveu sua preocupação com os protestos e afirmou que entrara em contato com o governador de Minnesota, Tim Walz, para oferecer a assistência do Exército americano. "Se houver qualquer dificuldade assumiremos o controle, mas, quando os saques começam, os tiros começam", dizia uma postagem. Somadas as contas do Facebook e Twitter, as palavras de Trump chegaram a mais de 100 milhões de americanos. Nenhuma empresa jamais removera ou marcara suas postagens, compartilhando da opinião de que o presidente integrava uma classe especial de discurso protegido.

A expressão "quando os saques começam, os tiros começam" evocava o linguajar usado por um chefe de polícia de Miami no fim da década de 1960, após tumultos na cidade. Era um duplo insulto, comparando milhares de manifestantes pacíficos a saqueadores e sugerindo que a polícia deveria abrir fogo contra uma multidão reunida com fins pacíficos. Para o Twitter, aquilo havia ido longe demais. Horas depois, a plataforma incluíra uma etiqueta de advertência no tuíte do presidente, indicando que Trump glorificava a violência. Trump contra-atacou ameaçando com regulamentações e a anulação de uma importante salvaguarda legal para as empresas de internet conhecidas como Seção 230. "O Twitter não está fazendo nada sobre todas as mentiras & propaganda disseminadas pela China, pela Esquerda Radical ou pelo Partido Democrata. Eles atacam os republicanos, os conservadores e o presidente dos Estados Unidos. A Seção 230 deveria ser revogada pelo Congresso. Enquanto isso não acontece, regulamentações neles!", tuitou.

No ano anterior, o Twitter vinha pouco a pouco divergindo do Facebook nas políticas sobre liberdade de expressão. A rede social proibira a publicidade política logo após a declaração de Zuckerberg na Georgetown sobre proteger todo discurso político e passara a sinalizar tuítes em que Trump espalhava informação falsa ou enganosa sobre as eleições; no início daquela semana, a empresa assinalara com uma etiqueta de checagem de fatos duas postagens do presidente que questionavam a integridade da votação pelo correio. Mas as etiquetas de advertência nos tuítes sobre as manifestações do Black Lives Matter representavam uma guinada: não era questão de corrigir uma inverdade, e sim de denunciar o perigo em potencial das palavras de Trump. O Twitter claramente afirmava ter consciência de que o presidente estava usando sua plataforma para divulgar ideias ou mensagens capazes de causar danos no mundo real.

A decisão do Twitter aumentou a pressão sobre o alto escalão do Facebook para assumir uma posição contra a retórica perigosa do presidente. Os suspeitos de sempre se reuniram mais uma vez para discutir suas opções relativas à conta do Facebook de Trump. A equipe de diretrizes e políticas, inclusive Kaplan, repetiu o argumento usado para defender os comentários sobre alvejantes: não havia uma diretiva clara; na prática, o presidente não mandara ninguém abrir fogo contra os manifestantes. A equipe enviou sua decisão para Zuckerberg e informou a Casa Branca de que estava revisando o post de Trump e avaliando as opções.

Nesse mesmo dia, Trump ligou para Zuckerberg. O presidente queria defender sua conduta e assegurar que sua conta do

Facebook estava a salvo. Zuckerberg explicou que estava preocupado com a natureza divisionista e inflamatória da postagem. Disse ao presidente que ficara decepcionado com o uso da retórica dos "saques" e "tiros". "Zuckerberg na maior parte só escutou, enquanto Trump prosseguia em seu habitual discurso em círculos", recordou um funcionário do Facebook que foi inteirado da conversa. "Não diria que Trump se desculpou pela postagem. Ele fez o mínimo necessário para não ser removido do Facebook." Zuckerberg tentou fazer a discussão girar em torno da responsabilidade e do poder do público de Trump no Facebook, lembrando o presidente de seu dever pessoal de usar sua imensa audiência na plataforma de forma responsável. Mas também deixou claro que não removeria a postagem nem tomaria qualquer medida a respeito da conta de Trump.

O que começara como decisões isoladas assumira a forma de uma conduta que tornava políticos e figuras públicas uma classe especial e protegida no Facebook. Zuckerberg justificou a posição numa postagem em sua página do Facebook. Ele considerava os comentários de Trump pessoalmente ofensivos, escreveu. "Mas sou responsável por responder não só em minha capacidade pessoal, como também enquanto líder de uma instituição comprometida com a liberdade de expressão."

A postagem de Zuckerberg foi amplamente compartilhada dentro da empresa, assim como um excerto de uma entrevista à Fox News no início do mês em que parecia criticar o modo como o Twitter lidava com Trump. "Parece que nós e o Twitter temos uma política diferente a esse respeito", dissera Zuckerberg. "Só realmente acho que o Facebook não deveria ser o árbitro da verdade de tudo que as pessoas dizem na internet."[2]

O contraste entre as duas empresas era desmoralizante para os funcionários do Facebook. Em seus fóruns das Tribos, os funcionários perguntavam se havia vagas abertas no Twitter. Um engenheiro foi além, perguntando por vagas em "qualquer empresa que mostrasse estar disposta a assumir uma posição sobre sua responsabilidade moral no mundo — porque não parece ser o caso do Facebook". Outro postou uma pesquisa interna feita para descobrir se os funcionários do Facebook concordavam com a decisão de Zuckerberg. Mais de mil pessoas responderam que a empresa tomara a decisão errada.

Na segunda-feira, centenas de funcionários ensaiaram uma paralisação virtual e mudaram seus avatares do grupo de trabalho para um punho em preto e branco. Alguns tomaram a atitude sem precedentes de publicar mensagens em suas contas nas mídias sociais e em e-mails para fora da empresa, criticando o Facebook diretamente por sua decisão. "A retórica de ódio do presidente americano defendendo a violência contra os manifestantes negros não justifica a defesa sob o disfarce da liberdade de expressão", escreveu Robert Traynham, um funcionário negro sênior, diretor de comunicações do setor de diretrizes e políticas, escreveu no grupo da Tribo Black@Facebook. "Junto com os funcionários negros da empresa, e todas as pessoas com consciência moral, peço que Mark remova imediatamente a postagem do presidente defendendo a violência, o assassinato e a ameaça iminente contra pessoas negras." A postagem de Traynham era resultado de anos de frustração dos funcionários negros, e muitos deles sequer tinham confiança suficiente no chefe para usar o fórum da Tribo Black@Facebook para ventilar queixas sobre a empresa. Muitos passaram a se reunir pessoalmente ou a discutir os problemas em aplicativos criptografados; agora estavam unidos em torno da paralisação e da pressão que isso imporia sobre os executivos do Facebook. "Por anos, a empresa tentara nos apaziguar alegando que trabalhava pela diversidade e era comprometida com a justiça racial. Isso tudo não significa nada quando Mark está disposto a dar ao presidente dos Estados Unidos carta branca para atacar pessoas negras no Facebook", escreveu outro membro do grupo Black@Facebook. "Pare de permitir que as pessoas sejam racistas no Facebook, quem sabe então vamos acreditar que você apoia a justiça racial."

Três dias depois, 33 ex-funcionários assinaram e distribuíram para a mídia uma carta aberta de protesto, afirmando que o Facebook estava irreconhecível: "É com o coração partido que escrevemos esta carta. Estamos arrasados por ver como algo que construímos e que acreditávamos ser capaz de fazer do mundo um lugar melhor pôde se perder tão profundamente. Entendemos que é difícil responder a essas questões em uma escala tão grande, mas também foi difícil construir a plataforma que criou esses problemas". A carta terminava com um apelo direto a Zuckerberg: "Por favor, reconsidere sua posição".[3]

Nas reuniões semanais de Q&A daquele mês, Zuckerberg parecia visivelmente abalado. A inquietação em sua empresa vinha sendo vazada para a imprensa numa velocidade recorde. Repórteres de vários veículos, incluindo o *New York Times*, o *Washington Post* e a Verge, publicavam vazamentos das Q&A havia anos. Mas, recentemente, um repórter do BuzzFeed, Ryan Mac, tuitara observações sobre a reunião em tempo real.

Por 85 minutos, Zuckerberg respondeu perguntas sobre sua decisão de manter a postagem de Trump sem se afastar de seu roteiro sobre a importância da liberdade de expressão. Quando perguntaram se consultara algum funcionário negro para tomar sua decisão, ele mencionou Maxine Williams, membro do círculo íntimo de Zuckerberg e Sandberg que servira como diretora de diversidade do Facebook desde 2013. Mas poucos nos quadros de funcionários do Facebook tinham motivo para confiar em Williams, já que sob seu comando pouca coisa mudara. Em 2014, o Facebook informara que 2% de seus funcionários eram negros; cinco anos após a empresa prometer priorizar a diversidade, esse número crescera para apenas 3,8%. E Williams não defendia os funcionários negros durante as paralisações, lembraram vários membros da Tribo Black@Facebook. A menção a ela não acalmou ninguém na reunião. "Se estivéssemos pessoalmente lá, vocês teriam escutado os resmungos na sala", recordou um funcionário.

Zuckerberg então anunciou que Williams prestaria contas diretamente a Sandberg, uma decisão tomada para demonstrar o compromisso da empresa com a diversidade e os funcionários negros. Mas, para muita gente dentro e fora do Facebook, o plano soou como uma estratégia interna de relações públicas. Alguns funcionários haviam perdido a fé em Sandberg, que desde o começo prometera aumentar a diversidade nas contratações e fora encarregada de lidar com os abusos em questões relacionadas aos direitos civis na plataforma. Mas seus esforços, que incluiriam auditorias de ampla divulgação e tentativas de recrutamento em faculdades e universidades historicamente negras, não renderam resultados significativos. Seu papel na empresa se tornara menos claro de modo geral ao longo dos anos de crise; muitos funcionários e observadores externos sentiam que ela estava em segundo plano. Diversos pronunciamentos ao público e entrevistas nos noticiários tinham sido assumidos por Nick Clegg e Zuckerberg; Sandberg não comentava publicamente quando discordava das políticas do ceo sobre liberdade de expressão. "Foi uma enorme decepção", recordou um ex-funcionário. "Esperávamos que dissesse alguma coisa sobre Trump, especialmente a postagem sobre 'saques e tiros', e ela não abriu a boca. Ou ela não tem poder, ou é cúmplice — ou as duas coisas."

Trabalhando alternadamente de sua casa em Palo Alto e de seu rancho à beira-mar no Havaí, Zuckerberg via os protestos tomarem conta do país enquanto Trump redobrava seus esforços para questionar a legitimidade da votação pelo correio na eleição que se aproximava. Em julho de 2020, Zuckerberg confidenciou a Vanita Gupta, da Conferência de Liderança em Direitos Civis e Humanos, que estava preocupado com a polarização e a desinformação e com os efeitos do uso que Trump fazia da plataforma. "Estou bem preocupado com a nossa democracia", disse ele num telefonema. As postagens de Trump estavam "sabotando nossas políticas públicas e promovendo o autoritarismo". A pessoa que mais se beneficiava do posicionamento do Facebook quanto à liberdade de expressão abusava desse privilégio. Zuckerberg pediu a Gupta, que estava frustrada com ele por sua morosidade em tratar da desinformação eleitoral, para reforçar a aplicação de diretrizes e políticas com maior rigor antes de novembro. Afirmou que se envolveria pessoalmente: "Sinto que é uma coisa da maior urgência".

Parte do problema era que o comportamento mais extremo ocorria em grupos fechados ou privados. O Facebook exacerbou isso quando, anos antes, iniciou sua investida para incentivar as pessoas a entrar em novos grupos. Segundo a pesquisa, pessoas que faziam parte de múltiplos grupos tinham maior probabilidade de passar mais tempo no Facebook, e Zuckerberg os elogiava como uma espécie de sala de bate-papo privada e da qual acreditava que os usuários iriam gostar de participar com mais frequência. Mas ele estava cada vez mais aflito com a quantidade de gente entrando para grupos dedicados a teorias da conspiração ou movimentos políticos radicais, e não clubes de caminhada ou comunidades de pais e mães, como ele imaginara. "Ele parecia pela primeira vez abalado de verdade, tanto no nível pessoal como filosófico", disse Gupta.

Sem dúvida ajudava ter uma voz no ouvido de Zuckerberg contradizendo Kaplan nessa época. Cox, que no mês anterior regressara ao Facebook como diretor de produto, vinha tocando na questão do discurso político em conversas com Zuckerberg. Durante seu ano longe da empresa, Cox prestou consultoria a uma organização democrata sem fins lucrativos para o impeachment de Trump e declarou abertamente sua convicção de que conteúdo nocivo viralizado deveria ser proibido e de que anúncios políticos exigiam checagem de fatos.[4] "As empresas de mídias sociais e de mensagens deveriam assumir a responsabilidade por coisas que recebem muita distribuição", afirmara não muito depois de sua saída do Facebook, numa palestra à South Park Commons, uma comunidade de tecnologia fechada fundada por sua cocriadora de feed de notícias, Ruchi Sanghvi.[5] Cox passara muito tempo em meditação em seu período longe do Facebook, e seu pensamento evoluíra radicalmente em relação a seus primeiros tempos como engenheiro, quando via as críticas ao lançamento do feed de notícias e outros produtos como exageradas. "Estou achando esses problemas de desinformação e privacidade, esse tipo de capacidade de agregar um punhado de dados, como sendo realmente problemáticos e assustadores porque criam uma concentração assimétrica de poder que pode ser sujeita a abusos por parte de maus atores."

Muita gente sabia que Zuckerberg e Cox continuaram em contato após a saída do diretor de produto, portanto não foi surpresa para ninguém no Facebook quando os dois silenciosamente negociaram sua reintegração ao quadro de executivos. Mas o fato de Zuckerberg ter chamado Cox de volta mesmo depois de tantas críticas à plataforma também era significativo. Na verdade, alguns funcionários se perguntavam se o convite não se devia a seu ponto de vista conflitante. "Mark confiava em Cox para ter um ponto de vista externo, porque sabia que no fundo Cox queria que o Facebook fosse bem-sucedido tanto quanto ele", disse um executivo. "Tê-lo de volta ao Facebook foi de enorme ajuda para Zuckerberg, na verdade. Seu principal interlocutor estava de volta."

De sua parte, Cox sentia a responsabilidade, como um dos primeiros engenheiros da empresa, de tentar conter os danos da tecnologia que ajudara a criar. "O Facebook e nossos produtos nunca foram tão relevantes para nosso futuro. É o lugar que conheço melhor, é um lugar que ajudei a construir, e é o lugar ideal para eu arregaçar as mangas e dar minha contribuição", escreveu ele numa postagem do Facebook em que explicava seu retorno.

Ele foi rapidamente conduzido de volta ao círculo íntimo de executivos de Zuckerberg e entrou na refrega das discussões mais prementes sobre as diretrizes e políticas do Facebook. Em 7 de julho, Zuckerberg, Sandberg, Clegg e Cox realizaram uma videoconferência com os organizadores da Stop Hate for Profit, iniciativa liderada por um amplo grupo de críticos, que incluíam Jim Steyer, da Common Sense, Sacha Baron Cohen e líderes da defesa dos direitos civis que haviam usado suas redes de contatos com empresários para participar de um boicote à publicidade no Facebook por um mês. No início de julho, Verizon, Starbucks, Ford e Walgreens haviam anunciado que se juntariam ao protesto.[6] Sandberg ligara desesperadamente para os CEOs e diretores de marketing das mais de cem empresas envolvidas para tentar fazer com que mudassem de ideia, mas foi em vão.

Os defensores dos direitos civis repreenderam os executivos do Facebook pelo crescimento do discurso de ódio no site. Jonathan Greenblatt, da Liga Antidifamação, questionou Zuckerberg por permitir que negacionistas do Holocausto continuassem a divulgar suas opiniões na plataforma. Rashad Robinson, da Color of Change, insistiu que a empresa pelo menos seguisse o exemplo do Twitter de policiar a conta de Trump por discurso de incitação à violência e disseminação de desinformação sobre a votação pelo correio.

Zuckerberg deu conta da maioria das perguntas. Defendeu os esforços do Facebook, dizendo que a inteligência artificial da plataforma agora conseguia detectar 90% dos discursos de ódio e outros discursos nocivos. Era uma grande melhora e um testemunho da capacidade dessa ferramenta e de sua equipe ampliada de moderadores de conteúdo. Mas, com centenas de milhões de conteúdos produzidos todos os dias, os 10% que permaneciam e precisavam ser encontrados manualmente ou por outros meios ainda representavam milhões de posts repletos de discurso de ódio. Greenblatt retrucou que a matemática de Zuckerberg era perigosa: ninguém diria que um café composto por apenas 10% de carcinógenos era seguro.

Robinson mirou em Kaplan, que não participava da conversa. "Poderíamos continuar insistindo por diretrizes e políticas melhores, mas você não vai implementá-las porque tem uma estrutura de incentivo baseada em não irritar Trump e assim evitar a regulamentação", observou. "Seu escritório em Washington e Joel estão tomando essas decisões."

A franqueza de Robinson pareceu incomodar Zuckerberg. Ele não gostava de ficar encurralado contra a parede. Também sentiu que devia proteger Kaplan, escolhido como vilão em inúmeras matérias da imprensa, retratado como um mercenário político dedicado a empoderar Trump na plataforma. "Sei que você está querendo aparecer", disse Zuckerberg, segundo Robinson, elevando o tom de voz. "Mas sou eu que tomo as decisões aqui."

Sandberg, Cox e outros vinham pressionando Zuckerberg a reconsiderar sua posição sobre o material do Holocausto. Havia mérito nas preocupações levantadas pela LAD e outros grupos de direitos civis; a empresa precisava fazer mais para suprimir discursos nocivos e de ódio. A dimensão gigantesca do Facebook e sua tecnologia amplificavam vozes da direita radical em sua rede numa escala sem precedentes. Zuckerberg defendera o conteúdo como questão de princípio, porém não era mais um problema isolado, e uma reavaliação se tornava necessária.

Zuckerberg também vinha recebendo dados novos que eram preocupantes. Um relatório interno revelou que as teorias da conspiração e o negacionismo do Holocausto estavam crescendo no Facebook e que os millennials adotavam essas ideias em peso. Alguns usuários acreditavam que os detalhes sobre o Holocausto haviam sido exagerados; outros afirmavam que o episódio todo, quando 6 milhões de judeus foram sistematicamente perseguidos e assassinados pela Alemanha nazista e nações aliadas, fora inventado. Zuckerberg ficou chocado sobretudo com o dado sobre os millennials. Para ele, era incompreensível que sua geração, criada com todo o acesso à informação proporcionada pela internet, pudesse de repente regredir a ponto de negar o Holocausto. Sandberg e outros o pressionaram a refletir se essa era uma posição que continuava a defender, sobretudo à luz dos crescentes ataques antissemitas nos Estados Unidos e em outros lugares.

No início do segundo semestre de 2020, Zuckerberg ordenou que a equipe de diretrizes e políticas do Facebook começasse a elaborar uma diretriz para remover da plataforma os negacionistas do Holocausto. "Foi uma reviravolta completa, mas Zuckerberg estranhamente não encarou a coisa dessa forma. Ele falou a respeito como uma 'evolução'", comentou um membro da equipe de comunicações do Facebook que recebeu instruções sobre como explicar a decisão de Zuckerberg para a mídia. "Estávamos anunciando todas essas mudanças em políticas de longa data, mas tratando como decisões ad hoc, isoladas."

Outros dados eram igualmente alarmantes. Relatórios internos também mostravam o crescimento consistente de grupos extremistas e movimentos conspiratórios. A equipe de segurança do Facebook mencionou incidentes de violência no mundo real, além de comentários assustadores feitos em grupos privados do Facebook. Os analistas de dados e funcionários de segurança do Facebook notaram um aumento de 300%, de junho a agosto de

2020, em conteúdo relacionado à teoria da conspiração do QAnon, cujos adeptos perpetuavam um boato de que as elites liberais e celebridades como Bill Gates, Tom Hanks e George Soros comandavam uma rede mundial de tráfico de crianças. Sua base de seguidores fora erguida com o "Pizzagate", uma teoria da conspiração segundo a qual Hillary Clinton e outros democratas proeminentes cometiam abusos contra menores no porão de um restaurante em Washington. Por mais que o boato fosse repetidamente desmentido — a pizzaria em questão nem sequer tinha porão —, a ideia de uma conspiração engendrada pelas elites globais persistiu e cresceu no governo Trump.

Em 19 de agosto, Zuckerberg concordou em remover parte do conteúdo relacionado ao QAnon com a justificativa de que poderia levar à violência. Era uma mudança de caráter limitado nas diretrizes e políticas da plataforma, dirigida a uma pequena parte de todo o conteúdo que disseminava essa teoria conspiratória. E, num aceno ao que alguns membros da equipe chamaram de lobby interno incessante de Kaplan pela equivalência política, o Facebook anunciou também que removeria outros 980 grupos, como os relacionados ao movimento antifa de extrema esquerda, uma fonte de irritação para Trump e os republicanos, que jogavam a culpa pelas manifestações violentas nos grupos de esquerda. "Não consigo explicar. Não estamos dizendo que os dois são o mesmo tipo de grupo violento. A única coisa que posso dizer é que tínhamos de anunciar os dois no mesmo dia", afirmou um engenheiro do Facebook em uma conversa exasperada com um repórter no dia do anúncio do Facebook. "É um problema político, entendeu? Não podemos anunciar o QAnon sem anunciar alguma coisa na esquerda."

A equipe do Facebook dedicada a encontrar e remover conteúdo extremista no site considerou a decisão de Zuckerberg um bom primeiro passo, mas monitorava de perto a reação do

QAnon e outros grupos de direita. Eles sabiam que, à medida que as eleições se aproximassem, o potencial para a violência se tornaria mais acentuado. Na manhã de 25 de agosto, seus temores se concretizaram quando a ira crescente da extrema direita no site transbordou. Às 10h44, o administrador de uma página do Facebook chamado "Kenosha Guard" convocou os membros em Ohio e estados vizinhos a "pegar em armas e defender nossa cidade desses marginais". Nessa noite, um evento chamado "Cidadãos Armados para Proteger Nossas Vidas e Propriedades" foi postado. Mais de trezentos usuários marcaram sua intenção de comparecer, e mais de 2300 manifestaram interesse. "Estou planejando matar saqueadores e manifestantes hoje à noite", comentou um usuário na página.[7] "Chegou a hora de usar balas de verdade e dar um basta aos tumultos dessas crianças impetuosas", comentou outro. Outros usuários incluíam detalhes sobre que tipos de armas (fuzil AR-15) e de munição (balas de ponta oca, que se expandem com o impacto) causariam mais estragos.

Ao longo do dia, o Facebook recebeu 455 denúncias sobre a página, destacando os comentários específicos que violavam as regras do Facebook sobre incitação à violência. Mas, conforme a hora do protesto se aproximava, a página continuava no ar.

Os choques entre manifestantes e um grupo de homens armados que se identificava como "Guarda de Kenosha" começaram ao cair da noite. Às 23h45, horário local, em Kenosha, duas pessoas foram baleadas e mortas e uma terceira foi ferida por um jovem que, segundo testemunhos, portava um fuzil estilo AR-15.

Zuckerberg foi notificado nessa noite sobre os tiros e a possível ligação com o Facebook. Ele pediu a suas equipes de diretrizes e políticas para investigar. Seis dias antes, a plataforma aprovara uma diretriz para banir exatamente esse tipo de grupos e milícias extremistas. Por que a página de Kenosha não fora removida?, Zuckerberg quis saber.

Na manhã seguinte, como veículos de mídia de todos os Estados Unidos procuravam o Facebook para comentários, ele recebeu sua resposta. A página de Kenosha violava as regras do Facebook, mas seus moderadores ainda não haviam sido orientados sobre como lidar com esse tipo de conteúdo.

As equipes de relações públicas do Facebook disseram aos jornalistas que o Facebook removera a página de Kenosha e que o atirador não era membro dela. Os dois pronunciamentos não condiziam com a verdade. Embora o atirador não fosse membro da página, era ativo no Facebook e costumava visitar e deixar comentários em sites dedicados a forças policiais. E, ainda que o Facebook tivesse removido o evento na noite de 25 de agosto, não tomara nenhuma medida de fato em relação à página em si. Foi um membro da Guarda de Kenosha com privilégios administrativos para a página que a apagou.[8]

Na reunião de Q&A do dia seguinte, Zuckerberg disse que fora um "erro operacional" envolvendo moderadores de conteúdo que não haviam sido orientados a direcionar esse tipo de posts para as equipes especializadas. Ele acrescentou que na segunda revisão os encarregados de lidar com organizações perigosas perceberam que a página violava suas diretrizes e políticas, e "nós a derrubamos". A explicação de Zuckerberg não foi bem aceita pelos funcionários, que acreditavam que ele estava usando os moderadores de conteúdo, a base da pirâmide salarial do Facebook, como bodes expiatórios. E, quando um engenheiro postou em um fórum da Tribo que Zuckerberg não estava sendo honesto sobre quem removera de fato a página, muitos se sentiram enganados. "Mais uma vez, Mark tratou a questão como um erro isolado. Ele estava tentando jogar a culpa nos outros. Não conseguia perceber que havia alguma coisa sistematicamente errada com o Facebook para que um grupo como esse simplesmente existisse, o que dizer então de criar um evento e ter gente postando coisas pedindo de modo explícito para atirar nas pessoas e matá-las", escreveu um engenheiro, que expressou suas preocupações para seu supervisor, mas ouviu como resposta apenas que fosse "paciente" enquanto o Facebook implementava suas novas políticas.

Nas semanas seguintes, porém, grupos de direita começaram a se juntar em torno do atirador de Kenosha. Páginas de fãs no Facebook foram criadas em sua homenagem, e suas ações foram celebradas como as de um patriota. O Facebook removeria mais de 6500 páginas e grupos dedicados a milícias no período de um mês. Assim que uma página era derrubada, uma dúzia aparecia em seu lugar, contornando os sistemas automatizados programados para detectá-las.

A crise de Kenosha expôs todas as vulnerabilidades da plataforma. Ao incentivar as pessoas a formar grupos, o Facebook possibilitava que movimentos extremistas, incluindo milícias e teóricos da conspiração, se organizassem e recrutassem seguidores no site. Mesmo quando o Facebook instituiu um bloqueio total, muitos conseguiram passar despercebidos, com consequências fatais. Zuckerberg e o Facebook continuariam a lidar com os grupos caso a caso, mas isso muitas vezes significava agir só depois que um grupo já havia se tornado um problema.

O comentário de um engenheiro veterano no fórum da Tribo chegou a Zuckerberg após circular entre os executivos da empresa. "Se a gente arruinar a democracia, não vamos ser lembrados por nada além disso", escreveu em uma postagem, lamentando a virulência dos discursos de ódio, do hiperpartidarismo e da desinformação que tomavam conta do Facebook. "É isso que queremos deixar como legado?"

No decorrer de seis dias em outubro de 2020, o Facebook fez dois importantes anúncios. Em 6 de outubro, anunciou um banimento em termos mais amplos de conteúdo do QAnon. E, em 12 de outubro, anunciou sua diretriz contra a desinformação do Holocausto. Silenciosamente, agindo nos bastidores, a empresa removia milhares de grupos de milícias. Zuckerberg dava uma guinada radical em relação a suas antigas crenças sobre liberdade de expressão, mas ninguém no Facebook, incluindo ele, comunicou isso como uma mudança coerente nas diretrizes e políticas da empresa. Em uma reunião de Q&A com funcionários em 15 de outubro, ele discordou da ideia de que seus princípios estavam mudando: "Muita gente pergunta, bem, por que estão fazendo isso agora? Qual o motivo, e isso reflete uma mudança na filosofia subjacente? Assim, eu queria ter certeza de ter uma chance de falar abertamente sobre a questão. Basicamente, a resposta é que isso não reflete uma mudança na nossa filosofia subjacente nem no nosso apoio veemente à liberdade de expressão. É um reflexo, a nosso ver, do risco cada vez maior de violência e inquietação".

Tanto Zuckerberg como o departamento de relações públicas do Facebook deram a entender que as medidas eram decisões isoladas que por acaso aconteceram ao mesmo tempo. "Todo mundo no Facebook meio que aceitou isso, mas esse é exatamente o tipo mentalidade de seita que existe no círculo íntimo de Mark. Não havia ninguém dizendo: 'Espera aí, nós mudamos nossa posição sobre o que é permitido no Facebook? Não deveríamos explicar o que estamos pensando?'. Ninguém parou para fazer isso", disse um funcionário que participou de reuniões com Zuckerberg na época. "Isso foi um mês antes das eleições, e parecia que a gente tinha acabado de entrar em modo de emergência."

Alguns grupos, que iam da LAD ao Comitê de Assuntos Públicos Americano-Israelense, elogiaram os banimentos, mas disseram que não bastava; pressionaram a plataforma a bloquear a publicidade política uma semana antes das eleições e a tomar medidas enérgicas contra a desinformação, sobretudo as declarações de vitória por parte de um candidato antes da contagem oficial. Zuckerberg concordou. O Facebook passara os últimos anos introduzindo recursos para atacar a desinformação eleitoral, como trabalhar com checadores de fatos externos, sinalizar conteúdo falso ou enganoso e derrubar dezenas de milhares de contas que tentavam repetir o "comportamento coordenado inautêntico" tentado pelos russos em 2016. Também discutia a criação de um "botão de desligar" para remover a publicidade política após 3 de novembro se o candidato questionasse os resultados da votação. "Ficou muito claro que, quanto mais perto das eleições chegávamos, poderíamos ter na nossa mão uma situação em que um candidato usava o Facebook para anunciar que era o vitorioso", disse um membro da equipe de eleições do Facebook, composta por centenas de pessoas espalhadas por toda a empresa. "Não usamos a palavra *Trump*, mas obviamente estávamos falando de Trump." Zuckerberg participava de reuniões diárias com a equipe das eleições e dissera a pessoas próximas que 3 de novembro era um momento "ou vai ou racha" para a empresa. "Ele disse que, se a gente errasse a mão, ninguém mais iria confiar no Facebook", afirmou o membro da equipe.

O Facebook sabia que, não importando o que a empresa fizesse, Trump conquistara uma base de seguidores obstinadamente leais e engajados. Nos meses anteriores às eleições, seu público na plataforma só crescia. Só em setembro, o presidente tinha quase 87 milhões de interações em sua página do Facebook — mais do que CNN, ABC, NBC, *New York Times*, *Washington Post* e Buzz-Feed combinados.[9]

No início da manhã de 3 de novembro de 2020, Alex Stamos andava de um lado para outro junto às mesas em T que dispusera cuidadosamente na sala de sua casa. Dois anos após deixar o Facebook, continuava enfrentando problemas com a plataforma. Em Stanford, onde formara uma Equipe de Integridade Eleitoral que incluía acadêmicos, pesquisadores e outros especialistas, Stamos ajudou a publicar relatórios regulares sobre países estrangeiros que comandavam redes de desinformação no Facebook e estabeleceu um sistema de notas para classificar como a plataforma, além de outras empresas de mídias sociais, estava se preparando para as eleições. No dia da votação, permaneceu em alerta máximo para qualquer coisa, incluindo e-mails hackeados surgindo de repente em algum Estado estrangeiro ou um ataque à infraestrutura eleitoral dos Estados Unidos. Mas nada o deixava mais preocupado do que a desinformação doméstica divulgada por americanos para americanos.

"Era óbvio que nosso problema de desinformação se tornara totalmente interno", afirmou Stamos, observando que nas semanas e meses anteriores às eleições uma série de sites e empresas de mídia haviam conseguido espalhar falsas narrativas sobre a votação nas mídias sociais. Num único dia, a equipe de Stamos enviava centenas de relatórios para Facebook, Twitter, YouTube e outras empresas de mídias sociais sobre a desinformação encontrada. O Facebook foi a primeira empresa a responder e remover conteúdo problemático.

Mesmo assim, os rumores de que as urnas eletrônicas mudavam o voto de Trump para Biden, de que os fiscais eleitorais deixavam as pessoas votar usando o nome de seus gatos e cachorros (ou parentes falecidos) e de que certos estados adulteraram a contagem viralizavam. Eram todos sem fundamento, mas, disseminados pelo presidente Trump e seus apoiadores, começaram a perpetuar uma narrativa on-line de que a eleição poderia ter sido roubada. "No dia das eleições e no dia seguinte, presenciamos uma tentativa coordenada ser feita pelo presidente e seus apoiadores de um modo que foi muito mais bem-sucedido do que a tentativa dos russos em 2016", observou Stamos. "De certo modo, foi além até da expectativa dos russos."

Os funcionários do Facebook sentiram que lutavam contra uma maré incontrolável de desinformação. Foram instruídos a aplicar etiquetas de advertência a todos os posts contendo informação falsa sobre as eleições. Mas as advertências, muitas delas apenas direcionando as pessoas ao Centro de Informação Eleitoral do Facebook, não surtiram efeito. Poucos as liam ou paravam de compartilhar conteúdo marcado como impróprio, segundo revelaram os dados. "Imagine se a indústria do tabaco pusesse um selo nos cigarros dizendo: 'As autoridades de saúde têm uma opinião sobre o cigarro. Leia este panfleto a respeito!'. O que estamos fazendo equivale a isso. Ninguém pôs a boca no mundo para dizer: 'Isso é mentira. Não há provas disso. A verdade é tal e tal'", comentou um membro da equipe de segurança do Facebook. "Ou, quem sabe, após anos permitindo a Trump dizer o que bem entendesse, as pessoas simplesmente se acostumaram a ver coisas malucas no Facebook."

À medida que a noite avançava, e ficava claro que a vitória de qualquer lado seria apertada, a equipe de eleições do Facebook percebeu que seu trabalho não terminara. Alguns estados ainda podiam levar dias ou até semanas para anunciar o vencedor. Era um cenário para o qual a equipe havia se preparado, mas que torcia para não acontecer. No dia seguinte às eleições, houve uma reunião virtual com Zuckerberg em que foi pedida sua aprovação para novas medidas de emergência, entre elas uma mudança urgente no algoritmo do feed de notícias do site, que punha mais ênfase nas pontuações de "qualidade do ecossistema de notícias", ou NEQs, na sigla em inglês. Tratava-se de um ranking interno secreto que o Facebook atribuía a editores de notícias baseado em sinais sobre a qualidade de seu jornalismo. Em um extremo do espectro havia os veículos que o Facebook considerava como mais confiáveis, como o *New York Times* ou o *Wall Street Journal*. No outro, sites como o *Daily Caller*, repetidamente citado pelos profissionais de checagem de fatos do Facebook por publicar matérias falsas ou enganosas. Com a mudança, o Facebook fazia um ajuste fino nos algoritmos, de modo que as pessoas vissem mais conteúdo de veículos confiáveis do que dos que promoviam notícias falsas ou conspirações sobre os resultados da eleição.

Zuckerberg aprovou a mudança. Por cinco dias após as eleições, o Facebook pareceu um lugar mais calmo, menos dividido. "Passamos a nos referir a isso como 'o feed de notícias mais bonzinho'", disse um membro da equipe. "Foi um breve lampejo do que o Facebook podia ser." Diversas pessoas na equipe perguntaram se o "feed de notícias bonzinho" viera para ficar.

Mas, no fim do mês, o algoritmo antigo pouco a pouco retomou seu lugar. Guy Rosen, diretor de integridade do Facebook, confirmou que as mudanças haviam sido planejadas para ser temporárias, uma medida de emergência tomada em meio a uma eleição de caráter crítico. Em reuniões privadas, os executivos se preocupavam em saber como os conservadores reagiriam caso uma série de veículos proeminentes da direita fossem removidos em caráter definitivo. Também havia a preocupação de que as mudanças do Facebook tivessem levado os usuários a passar menos tempo na plataforma. Ao longo do ano anterior, os analistas de dados da empresa haviam realizado experimentos discretos para testar como os usuários do Facebook reagiam quando viam conteúdo numa de duas categorias: bom para o mundo ou ruim para o mundo. Os experimentos, publicados no Facebook sob a linha de assunto "P (Ruim para o mundo)", reduziram a visibilidade de posts que as pessoas consideravam "ruins para o mundo". Mas, embora os tenham removido com sucesso do feed de notícias, habilitando assim o usuário a ver mais posts "bons para o mundo" ao entrar no Facebook, os analistas de dados descobriram que o usuário abria o Facebook bem menos vezes após a introdução das mudanças.

A métrica das sessões permanecia o santo graal para Zuckerberg e as equipes de engenharia. O grupo foi orientado a voltar atrás e fazer um pequeno ajuste no experimento. Eles passaram a ser menos agressivos na remoção de posts considerados ruins para o mundo e, lentamente, o número de sessões se estabilizou. A equipe foi informada de que Zuckerberg aprovaria uma forma moderada de alterações, mas só depois de confirmar que a nova versão não levava à redução de engajamento do usuário.

"O balanço final foi que a gente não podia prejudicar nosso balanço final", observou um analista de dados do Facebook que trabalhou nas mudanças. "Mark continuava querendo que as pessoas usassem o Facebook o máximo possível, com a maior frequência possível."

Sheryl Sandberg sentava no jardim ensolarado em sua residência de Menlo Park cercada por câmeras de alta resolução para a transmissão de uma entrevista ao vivo com a conferência de mídia Reuters Next. Era 11 de janeiro de 2021 e, em alguns dias, Joseph Biden seria confirmado como o 46º presidente dos Estados Unidos. Mas o país ainda se recuperava de uma semana tumultuada, em que centenas de manifestantes invadiram o Capitólio em Washington, no que parecia ser um ato de insurreição em nome de Trump. A cada dia que passava, os repórteres revelavam mais pegadas on-line deixadas pelos manifestantes nas mídias sociais e pintavam o retrato de uma rede violenta de extremistas de direita que acreditavam servir o 45º presidente.

Sandberg já imaginava que seria questionada sobre as medidas tomadas pelo Facebook pouco antes das manifestações. Fora preparada para a entrevista por seus assessores e pela equipe de comunicações. A empresa não queria uma repetição de comentários como os de Zuckerberg em 2016, chamando a interferência eleitoral russa de "uma ideia muito bizarra". Era preciso enfatizar o que o Facebook fez para melhorar o nível das discussões na plataforma e remover os discursos de ódio, instruíram Sandberg. Destacar os imensos esforços que têm sido feitos.

Quando veio a pergunta sobre os eventos que levaram ao cerco do Capitólio em 6 de janeiro, Sandberg insinuou que a culpa não era deles, mas das novas empresas de mídias sociais que se tornaram o lar da extrema direita, como Parler e Gab. "Acho que esses eventos foram na maior parte organizados em plataformas que não têm nossa capacidade de excluir o ódio, não têm nossos padrões e nossa transparência", afirmou.[10] Suas palavras foram citadas por centenas de veículos de notícias no mundo todo. Congressistas ultrajados e pesquisadores que estudavam grupos de direita acusaram o Facebook de tentar se eximir da responsabilidade. "Sheryl Sandberg, demita-se", dizia a manchete da *New Republic*.

Dias depois, manifestantes que participaram dos ataques começaram a ser indiciados. Os procuradores incorporaram como evidência aos processos contas do Facebook, Twitter e outras mídias sociais, expondo como os organizadores e participantes dos eventos de 6 de janeiro haviam utilizado a plataforma do Facebook.

Numa das acusações era revelado que, nas semanas que antecederam 6 de janeiro, Thomas Caldwell e membros de seu grupo de milicianos, os Oath Keepers, falaram abertamente no Facebook sobre quartos de hotel, passagens aéreas e outras questões logísticas envolvendo a viagem a Washington. Em 24 de dezembro, Caldwell respondera ao post de um amigo no Facebook descrevendo a rota que faria até a capital do país. Em 31 de dezembro, tentou convencer os amigos a se juntar a ele, dizendo que estava pronto para a "mobilização nas ruas. Essa chaleira vai ferver". Em 1º de janeiro, discutiu a localização de um possível hotel em

Washington que lhe permitiria sair à noite para "caçar" membros do grupo de esquerda antifa, que ele e outros milicianos acreditavam que estariam presentes em Washington.

Outros inquéritos mostravam membros dos Oath Keepers, Proud Boys e outros grupos trocando mensagens no Facebook sobre seus planos de levar armas a Washington para os violentos confrontos que esperavam encontrar. Uma página do Facebook chamada "Red-State Secession" postou em 5 de janeiro: "Se você não está preparado para usar a força para defender a civilização, esteja preparado para aceitar a barbárie", recebendo dezenas de comentários, além de fotos dos armamentos que planejavam levar ao comício presidencial em 6 de janeiro.

As equipes de segurança e de diretrizes e políticas do Facebook tinham consciência dessa atividade e ficaram cada vez mais alarmadas. Quando os jornalistas denunciaram o grupo Red-State Secession à empresa, na manhã de 6 de janeiro, a resposta chegou horas depois, afirmando que a equipe de segurança começara a analisar a página e ela seria removida imediatamente. Mas, ainda que na manhã do comício a plataforma tenha agido com rapidez para remover grupos e páginas que defendiam a violência, não conseguiu impedir o transbordamento da raiva fervilhada por meses em milhares de páginas do Facebook. Sob a bandeira do "Parem o Roubo", bordão enfatizando uma alegação inespecífica de que a vitória fora roubada do presidente Trump, milhares de pessoas haviam se mobilizado para viajar a Washington e protestar.

Uma vez na capital, as pessoas celebraram livremente sua manifestação na manhã de 6 de janeiro, postando fotos no Facebook e no Instagram da multidão reunida para escutar o presidente Trump discursar. E minutos após ele encerrar seu discurso, conclamando os seguidores a "caminhar pela Pennsylvania Avenue" para chegar ao Capitólio, onde estavam centenas de membros do Congresso, dezenas de pessoas na multidão usaram seus celulares para transmitir ao vivo os confrontos com a polícia e o ataque às barricadas diante do edifício. Muitos, incluindo Caldwell, estavam recebendo mensagens no Facebook Messenger de aliados que assistiam de longe ao avanço.

"Todos os membros [do Congresso] estão no túnel sob a capital", dizia a mensagem que Caldwell recebeu ao se aproximar do prédio. E acrescentava: "Tranquem eles dentro. Liguem o gás".

Momentos depois, Caldwell postou uma rápida atualização no Facebook, informando: "Entrei".

Ele começou imediatamente a receber instruções detalhadas numa enxurrada de mensagens pelo Facebook, encorajando-o a "tomar conta dessa porra". "Tom, todos os deputados estão nos Túneis, três andares abaixo", dizia uma mensagem. Outra instruía Caldwell a ir de andar em andar, "começando pelo de cima", e lhe dava orientações sobre quais corredores usar. Ele estava à caça de congressistas, numa missão que ele e outros membros de grupos da extrema direita nos Estados Unidos viam como um ato de insurreição e revolução.

A milhares de quilômetros de casa, nos verdejantes subúrbios em torno da MPK, os executivos do Facebook assistiam a tudo horrorizados. Por conselho da equipe de segurança, que advertira sobre o potencial para a violência em Washington nesse dia, o grupo criara uma reunião virtual pela manhã para discutir planos de contingência. Fazia dois meses que a eleição presidencial terminara, mas, para os executivos, era como se estivessem prendendo a respiração coletivamente desde 3 de novembro. "Ninguém teve chance de suspirar de alívio. Continuávamos acordando todo dia com a sensação de que a eleição ainda não tinha terminado, e todos os olhares estavam voltados para nossa resposta à recusa de Trump em admitir a derrota para Biden", recordou um dos executivos.

Uma das questões mais preocupantes da reunião era como Trump usaria sua conta do Facebook. Ao longo da semana anterior, a plataforma começara a sinalizar diversos posts seus sobre fraude eleitoral. Mas havia a questão do que fazer se ele fosse longe demais e usasse a plataforma para anunciar que não deixaria o cargo. O grupo debateu também como reagir se Trump conclamasse diretamente os milhares de seguidores reunidos em Washington a partir para a violência. Zuckerberg, embora não presente à videoconferência, recebeu um relatório sobre as conversas. A certa altura, o grupo sugeria a ideia de Zuckerberg ligar para Trump e descobrir o que o presidente diria. Mas acabaram desistindo, receosos de que a conversa provavelmente seria vazada à imprensa e poderia tornar o Facebook cúmplice de fosse lá o que Trump fizesse nesse dia.

Assim, em vez de fazer alguma coisa, eles apenas aguardaram para ver se Trump repetiria em um post no Facebook o que afirmara em seu discurso — que a eleição fora roubada. Tinham visto os manifestantes invadirem o Capitólio e os âncoras esbaforidos nos noticiários transmitindo imagens de parlamentares sendo conduzidos às pressas para fora do prédio. A equipe de segurança do Facebook os informou de que parte dos manifestantes estava usando suas contas do Facebook e do Instagram para transmitir ao vivo seu avanço pelos corredores do Capitólio. As denúncias de conteúdo violento dos usuários haviam decuplicado desde o começo da manhã, com quase 40 mil notificações de conteúdo ou comentários violentos chegando por hora.[11] Zuckerberg incentivou o grupo a tomar medidas de emergência e remover qualquer vídeo violento mostrando manifestantes no Capitólio.

O grupo continuava a acompanhar a situação enquanto Trump punha a culpa no vice-presidente Pence por não concordar com seu esquema para fazer o Congresso lhe conceder um segundo mandato à força e dizia aos manifestantes que os "amava". No Facebook, dezenas de milhares repercutiram as palavras do presidente, incumbindo os manifestantes de caçar o vice-presidente.

Enquanto Zuckerberg e seus executivos debatiam o que fazer, um coro crescia em diferentes fóruns de Tribos — engenheiros, gerentes de produto, designers e membros da equipe de diretrizes e políticas pediam todos pelo banimento definitivo de Trump da plataforma.

"Não é mais na teoria, ele incitou a violência de verdade", escreveu um engenheiro. "Não entendo como podemos justificar sua conta ativa."

"Segurem as pontas, todo mundo", escreveu Mike Schroepfer, diretor de tecnologia do Facebook, em um fórum de Tribo para toda a empresa.

"Com todo o respeito, mas não tivemos tempo de descobrir como administrar o debate sem gerar violência?", respondeu um funcionário, uma das inúmeras vozes insatisfeitas que rapidamente ganhavam centenas de curtidas dos colegas. "Pusemos lenha nessa fogueira por tanto tempo que não deveríamos ficar surpresos por estar fora de controle agora."

No meio da tarde da quarta-feira, quando os últimos manifestantes eram escoltados para fora do Capitólio, Zuckerberg decidiu remover dois posts de Trump e proibir o presidente de fazer novas postagens por 24 horas.

Era o passo que ele nunca quisera dar, e poucos no grupo sabiam se estava estabelecendo um precedente ou reagindo a uma situação sem precedentes. O debate entre sua equipe fora exaustivo e intenso. "A certa altura, alguém disse a Zuckerberg que se fizesse isso teríamos de responder por que fizemos isso só agora", recordou um executivo, acrescentando que o grupo observou que em outros países, incluindo Filipinas, Índia e Etiópia, o Facebook não removera nem banira chefes de Estados, nem quando suas palavras pareciam incitar a violência. "Então temos uma regra para os Estados Unidos e outra para o resto? Estamos dizendo que só agimos quando acontece aqui? Isso não pega bem."

Entre a tarde e o cair da noite, Zuckerberg protelou as medidas adicionais que tomaria contra Trump. Na quinta-feira, decidira que o Facebook estenderia sua suspensão de Trump até o momento da posse. Também mandou a equipe de segurança tomar uma medida de caráter amplo contra diversos grupos pró-Trump na plataforma que haviam ajudado a organizar o comício de 6 de janeiro, incluindo a campanha WalkAway e centenas de grupos com o slogan "Parem o Roubo".

"Acreditamos que o público tem direito ao mais amplo acesso possível ao discurso político", postou Zuckerberg no Facebook, explicando a decisão. "Mas o presente contexto hoje é fundamentalmente diferente, envolvendo o uso de nossa plataforma para incitar a insurreição violenta contra um governo que foi eleito de forma democrática." Ele acrescentou que "os riscos de permitir que o presidente continue a usar nosso serviço durante esse período são simplesmente grandes demais".

Era a ação mais contundente contra Trump tomada por qualquer plataforma de mídia social. Mas Zuckerberg encerrou a postagem com uma mensagem dúbia: estava estendendo o cancelamento das contas de Trump no Facebook e Instagram "indefinidamente", o que especificou em seguida como "pelo menos nas próximas duas semanas, até a transição pacífica de poder ser completada".

Em outras palavras, o Facebook manteria suas opções em aberto.

Epílogo

Pensando adiante

Em maio de 2020, o Facebook anunciou a indicação dos primeiros vinte membros de um painel independente criado para decidir sobre os casos mais espinhosos de liberdade de expressão enfrentados pela plataforma. O Conselho de Supervisão do Facebook era composto por acadêmicos do mundo todo, incluindo também antigas lideranças políticas e especialistas em direitos civis, que escolheriam entre pedidos do público para apelar das decisões do Facebook sobre conteúdo, incluindo a remoção de posts individuais e contas de usuários. Zuckerberg vinha incubando a ideia havia anos; na sua visão, seria como uma Suprema Corte que votasse os casos e divulgasse um parecer. O conselho era financiado pelo Facebook, mas tinha autoridade para emitir determinações peremptórias que não poderiam ser revogadas por Zuckerberg nem por nenhum outro executivo da empresa. "Nós do Facebook não devemos tomar tantas decisões importantes sobre liberdade de expressão e segurança", explicou Zuckerberg em um post de apresentação do conselho.

Uma das primeiras decisões do conselho envolvia uma postagem sobre Mianmar que o Facebook a princípio removera por ter sido considerada "pejorativa ou ofensiva" em relação aos muçulmanos. Em sua análise, o Conselho de Supervisão concluiu que a postagem não pregava o ódio nem representava um perigo iminente, embora tenha reconhecido o risco que a plataforma representara ao país em anos anteriores.

A decisão chegou em um momento estranho para o Facebook, já que a companhia tinha apertado o cerco recentemente contra o discurso de ódio em Mianmar, ampliando sua equipe de moderadores falantes de birmanês e trabalhando de forma mais próxima com ONGs locais. Em agosto de 2020, quase dois anos depois de a empresa ter se negado a entregar possíveis evidências de crimes de guerra por parte das forças militares de Mianmar a ser encaminhadas à ONU, o Facebook forneceu diversos registros documentais à organização.

Muitos dos casos iniciais selecionados pelo grupo foram queixas relativamente menores, questões que iam da remoção de uma foto de mamilo para a conscientização sobre o câncer de mama a remédios para a covid-19 na França. Mas, em 21 de janeiro de 2021, Zuckerberg lhes entregou uma batata quente. Em vez de tomar a decisão final de expulsar Trump permanentemente após a posse de Biden, ele encaminhou o caso ao Conselho de Supervisão do Facebook, com um prazo até abril para chegar a um veredicto.

O conselho era uma saída perfeita para o Facebook. Zuckerberg na prática terceirizava a complicada e premente decisão sobre o que fazer com Trump. Era uma estratégia conveniente, que cobria muitos flancos. Após o banimento de Trump, grupos de sociedade civil no mundo todo exigiram igual tratamento a autocratas como o presidente da Turquia, Recep Tayyip Erdogan, e o presidente da Venezuela, Nicolás Maduro, por incitar o ódio e disseminar a desinformação. Como a insurreição no Capitólio americano podia ser pior do que o genocídio e a violência em Mianmar, no Sri Lanka ou na Etiópia? Muitos funcionários e usuários também questionaram por que Trump era punido por postagens incitando a violência na manifestação do Capitólio, mas não quando pedia "tiros" para os manifestantes do Black Lives Matter. A bola agora estava com o conselho.

Mais uma vez, o Facebook encontrara um modo de se eximir de sua responsabilidade sob o pretexto de fazer o que era melhor para o mundo. A empresa não tinha nenhum interesse em implementar uma reforma real e, em vez disso, se concentrava em "mudanças performáticas", como a senadora Elizabeth Warren descreveu as diferentes decisões da plataforma sobre o discurso político.[1]

Os processos antitruste abertos em dezembro em nível federal e estadual seriam mais difíceis de evitar. A gravidade e a abrangência das alegações e os clamores pelo desmembramento da empresa pegaram todos de surpresa. Dois meses antes, seus advogados haviam publicado um relatório afirmando que, se o Facebook fosse desmembrado, o custo de manter sistemas separados seria da ordem dos bilhões de dólares, a segurança seria enfraquecida e a experiência do usuário no uso dos aplicativos seria arruinada. "Um 'desmembramento' do Facebook, portanto, não tem a menor chance de sucesso", concluíam os advogados.[2]

No início do segundo semestre de 2020, Zuckerberg e Sandberg haviam prestado depoimento à Comissão Federal do Comércio e às instâncias estaduais, e os assessores acharam suas mensagens inquestionáveis. Depondo por vídeo, sentada em sua casa, Sandberg casualmente tirou os sapatos e dobrou as pernas sob o corpo, como costumava fazer nas reuniões, mexendo a espuma de seu cappuccino com a colher conforme ouvia as perguntas. Ela se ateve ao roteiro: o Facebook tinha uma porção de concorrentes e não era um monopólio. Além disso, tudo o que era possível havia sido feito para ajudar o Instagram e o WhatsApp a prosperarem dentro da empresa. Como acontecera com o pessoal da Comissão

Federal do Comércio uma década antes, a informalidade de Sandberg pegou alguns agentes dos órgãos reguladores de surpresa e foi reveladora de como ela interpretara mal a seriedade das intenções deles. A executiva parecia estar num bate-papo com amigos, recordou alguém. A despeito de toda a conversa sobre seus decantados instintos políticos, em vários momentos ela se mostrou curiosamente despreocupada e confiante em excesso.

Mas o Facebook não queria correr nenhum risco. A empresa contratara ex-funcionários da Comissão Federal do Comércio para fazer seu lobby junto aos órgãos antitruste e escrever relatórios para embasar sua defesa legal. A companhia contava com mais de uma centena de consultores legais internos e externos, incluindo os advogados da Kellogg, Hansen, tradicional escritório encarregado do processo principal, e um antigo diretor jurídico da Comissão Federal do Comércio, agora na Sidley Austin. Os advogados internos do Facebook acreditavam que o caso da Comissão Federal do Comércio e dos procuradores estaduais era frágil, baseando-se numa nova teoria do antitruste — a de que o Facebook queria esmagar um futuro concorrente —, e a empresa estava disposta a empregar todo o peso de seu poder e de seus recursos na batalha judicial. O que a Comissão Federal de Comércio essencialmente pleiteava era um novo julgamento das fusões, às quais não se opusera quando analisara os negócios, anos antes. "Então, basicamente, o que estão dizendo para o tribunal é que estavam errados, e 'agora nos escutem'?", disse um funcionário do Facebook que trabalhou na equipe antitruste.

Zuckerberg tomou o cuidado de não expressar suas opiniões. Em uma carta aos funcionários, alertou que não deveriam discutir publicamente questões judiciais. Mas sinalizou sua disposição para lutar no longo prazo. As ações na justiça eram apenas "um passo num processo que pode levar anos para se resolver". Conforme os processos chegavam, o Facebook recorria a sua habitual tática escorregadia e defensiva, apontando para ameaças maiores em outras empresas. Seus advogados preparavam um possível processo antitruste contra a Apple por suas novas restrições de privacidade em aplicativos como o Facebook. Os executivos continuavam a advertir sobre a ameaça da China e uma possível lei na Austrália que obrigaria o Facebook a pagar os editores das notícias para hospedar artigos na rede social.

Nesse meio-tempo, o escritório de Washington corria para acomodar a troca da guarda na capital do país. A cada novo governo, a economia do lobby no Capitólio passa por uma recalibragem. Todas as empresas reorientam seu pessoal e suas prioridades para atender ao novo partido no poder. No caso do Facebook, o realinhamento foi como a agitação espumosa de um transatlântico em uma guinada de 180 graus. A empresa se empenhara de tal forma em agradar Trump que a efusiva acolhida de Zuckerberg ao governo Biden pareceu incongruente tanto para os funcionários como para as lideranças políticas. E exigiu uma reestruturação significativa de sua colossal operação de lobby.

Mas o escritório do Facebook em Washington já estava muito bem posicionado logo de saída. A empresa excedera os gastos de praticamente qualquer outra para erguer suas defesas. Em 2020, ficou em segundo lugar entre as principais operadoras de lobby do país, independentemente do setor, desembolsando quase 20 milhões de dólares e superando a Amazon, a Alphabet, as grandes petrolíferas e farmacêuticas e o varejo. Todos aqueles anos alimentando relações com ambos os partidos e criando ligações com negócios proeminentes e lideranças políticas renderam dividendos. Um antigo diretor, Jeff Zients, foi indicado para liderar uma força-tarefa da covid no governo Biden. Outro ex-membro da diretoria, Erskine Bowles, participou da equipe de transição de Biden, assim como Jessica Hertz, uma advogada do Facebook que trabalhara na investigação da Cambridge Analytica e que mais tarde foi nomeada secretária de gabinete do presidente.

Os democratas do escritório em Washington disputavam posições de destaque para poder fazer lobby diretamente na Casa Branca e liderar a equipe de lobistas no Congresso. Embora Clegg conhecesse Biden de sua época como vice-primeiro-ministro do Reino Unido, Sandberg mais uma vez era a democrata mais poderosa da empresa. Durante a transição, algumas matérias na imprensa especularam que ela talvez pedisse demissão para participar do governo Biden, possivelmente como membro de seu gabinete. Mas sua reputação e a marca Facebook eram tóxicas demais, segundo alguns lobistas democratas. Ou, nas palavras de um assessor da equipe de transição de Biden: "Nem fodendo".

Para alguns, as decisões tomadas sob Joel Kaplan durante o governo Trump foram a gota d'água. A lobista democrata Catlin O'Neill saiu em janeiro, dizendo a amigos que sua decisão se baseava em um acúmulo de medidas das quais discordava, incluindo a decisão de não remover o vídeo manipulado de sua antiga chefe, Nancy Pelosi. Outros na empresa ficaram mais à vontade para criticar Kaplan e seu desempenho. "Se Joel é tão bom, por que nosso CEO está depondo outra vez?", ironizou um funcionário que trabalhava em questões relacionadas a diretrizes e políticas quando Zuckerberg foi convocado perante a Comissão de Justiça do Senado para uma audiência sobre censura às mídias sociais dias antes da eleição. "Qualquer outra empresa teria demitido o escritório de Washington inteiro."

Mas o emprego de Kaplan continuava a salvo. Mesmo com a Casa Branca nas mãos dos democratas e com uma maioria democrata no Congresso, ele continuou atuando como vice-presidente de políticas públicas globais. Havia garantido seu lugar no círculo íntimo de Zuckerberg. Kaplan atuaria de forma discreta no novo governo, enquanto outros teriam um contato mais direto com a Casa Branca de Biden, mas ele continuou a influenciar Zuckerberg em todas as questões políticas. "Joel vai embora quando estiver disposto a ir. Mark confia em pouquíssimas pessoas para questões de políticas públicas e Joel está no centro desse círculo de confiança", disse um membro da equipe. Cox e Boz também permaneciam firmemente inseridos nesse círculo.

A amizade de Sandberg e Zuckerberg também não corria risco. Ela frustrara as expectativas dele algumas vezes, mas Clegg ajudou a aliviar a pressão quando assumiu o papel de embaixador de uma das empresas mais criticadas do mundo — papel de que Sandberg abria mão de bom grado, segundo confidenciou a amigos. A executiva não estava interessada em entrar para a política, segundo eles; a seu ver, ainda havia muita coisa que podia consertar no Facebook. Além disso, estava contente com sua vida pessoal e não queria nenhum tipo de turbulência para seus filhos em idade escolar; ela e o namorado, Tom Bernthal, haviam juntado suas famílias. Os três filhos de Bernthal tinham se mudado de Los Angeles para Menlo Park e já estavam matriculados em uma escola local. Alguns funcionários afirmaram que não a viam com a mesma frequência nas reuniões de alto escalão, mas os assessores de Sandberg garantiam que isso se devia a uma mudança no cronograma das reuniões motivada pelos vazamentos à imprensa e pelas condições de trabalho remoto devido à covid-19. Intrigas à parte, ninguém duvidava que num aspecto significativo ela continuava a cumprir sua parte na parceria: o fluxo de lucros incessante no negócio de anúncios que idealizara.

Em 27 de janeiro de 2021, Zuckerberg e Sandberg exibiram sua dinâmica singular numa videoconferência sobre o faturamento da empresa com analistas de investimento, na qual passaram duas mensagens bem diferentes. Em mais uma guinada de 180 graus sobre a livre expressão, Zuckerberg anunciou que o Facebook planejava tirar a ênfase do conteúdo político no feed de notícias porque "as pessoas não querem que sua experiência em nosso serviço seja dominada por brigas e política", segundo ele. O CEO continuava com a última palavra nas decisões de diretrizes e políticas mais importantes. O anúncio era também uma admissão tácita do fracasso de longa data do Facebook em controlar a retórica perigosa que rolava solta na rede social, sobretudo durante períodos eleitorais. "Nosso foco estará em ajudar outros milhões a participar de comunidades saudáveis e ser uma força para unir as pessoas", acrescentou.[3]

Então Sandberg desviou a conversa para as boas-novas. "O trimestre foi forte para nosso negócio", disse ela. O faturamento para o quarto trimestre subiu 33%, passando para 28 bilhões de dólares, "a taxa de crescimento mais rápida em mais de dois anos". Durante a pandemia, os usuários permaneceram no site mais do que nunca — 2,6 bilhões de pessoas usaram um dos três aplicativos do Facebook diariamente —, e os anunciantes estavam ansiosos para chegar a eles.

Quando você estiver lendo este livro, o Facebook talvez seja bem diferente. Zuckerberg pode ter deixado a função de CEO para passar mais tempo em seus empreendimentos filantrópicos. Talvez ninguém mais se conecte ao Facebook pelo celular, mas por algum outro dispositivo, como headsets de realidade aumentada. Os serviços mais populares da empresa talvez não sejam mais as atualizações de status e os compartilhamentos, mas algo como uma blockchain de pagamentos para produtos no varejo ou a produção e a distribuição de entretenimento em massa.

Com 55 bilhões de dólares em reservas financeiras, a empresa dispõe de infinitas opções para se inserir em novas linhas de negócios mediante aquisições ou inovações, como fez o Google com os veículos autônomos e a Apple com os dispositivos digitais de saúde. Até mesmo durante o *annus horribilis* de 2020, Zuckerberg mirava o futuro. Buscando penetrar no terreno lucrativo dos softwares de comunicações corporativas, no fim de novembro daquele ano o Facebook comprou a Kustomer por 1 bilhão de dólares. Durante a pandemia, a popularidade do Zoom explodiu, e Zuckerberg desafiou os funcionários a criar um serviço concorrente de videoconferência. Direcionou mais recursos de engenharia para expandir funções em headsets de realidade virtual e de realidade aumentada, que descreveu como a nova fronteira das comunicações no futuro. A empresa também cogitava ferramentas de edição para os usuários, quinze anos após Donald Graham, do *Washington Post*, se oferecer para adquirir uma participação na startup de tecnologia. E, a despeito da pressão dos órgãos reguladores, Zuckerberg se comprometera a desenvolver seu projeto de moeda digital, a Libra, ou Diem, como passou a ser chamada.[4]

Ao longo de todos os dezessete anos de sua história, os lucros monstruosos do Facebook quase sempre vieram em detrimento da privacidade e da segurança do consumidor, bem como da integridade dos sistemas democráticos. Contudo, isso nunca atrapalhou seu sucesso. Zuckerberg e Sandberg construíram um negócio que se tornou uma irresistível máquina de lucro capaz de provar que era poderosa demais para ser desmembrada. Ainda que os órgãos reguladores, ou mesmo o próprio Zuckerberg, decidam um dia encerrar o experimento do Facebook, a tecnologia que eles trouxeram até nós veio para ficar.

Uma coisa é certa. Mesmo que a empresa passe por uma transformação radical nos próximos anos, essa mudança dificilmente partirá de dentro. O algoritmo que funciona como o coração do Facebook é poderoso e lucrativo demais. E a plataforma está construída sobre uma dicotomia fundamental, possivelmente irreconciliável: sua suposta missão de levar progresso à sociedade conectando as pessoas, ao mesmo tempo que lucra com elas. É o dilema do Facebook e sua verdade incômoda.

Agradecimentos

Este livro não seria possível sem as muitas fontes que, confiando em nosso trabalho, relataram suas histórias. Não raro, falaram conosco sob grande risco pessoal e profissional. Somos muito gratas por sua participação, paciência e compromisso com a busca pela verdade. Embora algumas dessas pessoas tenham deixado o Facebook, muitas seguem na empresa e lutam para transformar as coisas a partir de dentro.

Agradecemos a toda a equipe da Harper por acreditar neste livro e por assumir a enorme tarefa de guiar uma narrativa que se desenrolava em tempo real e que foi escrita por autoras que estavam cada uma de um lado do país. Jennifer Barth, nossa editora, comprometeu-se com o tema e angariou o apoio da casa, liderada por Jonathan Burnham, a um projeto que sofreu várias reviravoltas à medida que a história do Facebook evoluía. Agradecemos a dedicação, a curiosidade, as ideias e a tenacidade de Jennifer em um projeto tão difícil.

A equipe de Little Brown, liderada por Tim Whiting, mostrou-se incansável em seu entusiasmo por este livro e por nosso trabalho. Eles acrescentaram uma perspectiva internacional ao projeto e nos estimularam no sentido de considerar as repercussões do alcance global do Facebook.

Também somos gratas ao *New York Times*, onde este livro germinou em uma série de reportagens, com muitos colegas trabalhando ao nosso redor e com o total apoio dos chefes de redação. Em primeiro lugar, agradecemos à nossa obstinada e solidária editora, Pui-Wing Tam, que, em meados de 2017, nos propôs uma pergunta simples: O que está acontecendo no Facebook, que acumula um escândalo atrás do outro? Ela não se deu por satisfeita com um olhar meramente superficial e nos estimulou a investigar mais e a mergulhar mais fundo. Suas perguntas certeiras e seu pensamento incisivo nos tornaram jornalistas melhores.

Nossos agentes, Adam Eaglin e Elyse Cheney, estiveram ao nosso lado a cada passo, acreditando na importância e urgência de um livro sobre o Facebook para que o mundo pudesse compreender essa poderosa empresa e sua força na sociedade. Leram capítulos e esboços e foram muito além de nossas expectativas para fazer deste livro — o primeiro para nós duas — o melhor possível. Também somos gratas a toda a equipe da Cheney Agency por promover nosso trabalho pelo mundo. Obrigada a Isabel Mendia, Claire Gillespie, Alice Whitwham, Allison Devereux e Danny Hertz.

Rebecca Corbett não apenas nos orientou na redação do *New York Times*, como foi uma voz importante em todo o processo do livro, com suas sempre excelentes ideias, seu discernimento em relação às notícias, seu ceticismo e sua mão hábil na elaboração da estrutura, dos temas e dos personagens. Depois de dias inteiros atuando em reportagens de grande alcance, Rebecca lançava-se de novo ao trabalho, à noite e nos fins de semana, conversando conosco sobre capítulos e ideias. Gareth Cook veio em nosso auxílio numa fase ainda anterior, ajudando-nos a avaliar um grande volume de material para definir uma visão geral e traçar nosso itinerário. Sua paixão pelo tema e sua habilidade na estruturação e no desenvolvimento dos argumentos imprimiram uma visão mais nítida aos assuntos que abordamos.

Hilary McClellan e Kitty Bennett, nossas pesquisadoras e checadoras de fatos, foram inestimáveis. Obrigadas a lidar com carradas de informação, atuaram de maneira meticulosa, seguindo sempre os padrões mais elevados.

Beowulf Sheehan fez um pequeno truque de mágica em relação à nossa foto. Como não pudemos nos encontrar pessoalmente, Beowulf fez registros de maneira remota, fundindo-os posteriormente, numa execução perfeita. Agradecemos a Beowulf por sua incrível arte, sua paciência e seu senso de aventura.

Fomos instigadas pelo incrível trabalho de reportagem de nossos colegas do *New York Times*, numerosos demais para serem citados todos aqui. Mas, em resumo, Nicholas Confessore, Matthew Rosenberg e Jack Nicas eram nossa equipe de ouro, trabalhando juntos em uma reportagem de novembro de 2018 que acertou em cheio a consciência dos leitores, de uma forma que raramente costuma acontecer. Mike Isaac, Kevin Roose, Scott Shane e outros compunham uma formidável equipe de reportagem dedicada a compreender o poder do Facebook. Devemos muito ao setor de tecnologia, com sua equipe de repórteres incrivelmente talentosos e trabalhadores dedicados a fazer com que os gigantes do Vale do Silício assumam suas devidas responsabilidades. Apoiamo-nos muito em suas investigações e somos gratas por sua colegialidade. Nossos editores, Joe Plambeck e James Kerstetter, foram grandes apoiadores de nossas reportagens no jornal e neste projeto. O apoio de nossos chefes no *New York Times* — Dean Baquet, Joe Kahn, Matt Purdy, Rebecca Blumenstein e Ellen Pollock — foi de grande importância e tornou este livro possível, permitindo que tirássemos folgas para investigar e escrever. As amáveis notas de A. G. Sulzberger sobre nossa cobertura foram sempre uma surpresa muito bem-vinda em nossa caixa de entrada. Seu entusiasmo por nossa cobertura relacionada à tecnologia nos inspira.

Este livro também se apoia em reportagens de muitos outros jornalistas que trabalharam incansavelmente para lançar luz sobre o Facebook. Para citar alguns: Ryan Mac, Craig Silverman, Sarah Frier, Deepa Seetharaman, Casey Newton, Kara Swisher, David Kirkpatrick, Steven Levy, Jeff Horowitz, Lizza Dwoskin, Julia Carrie Wong, Brandy Zadrozny e Ben Collins.

Nossos primeiros leitores — Kashmir Hill, Jessica Garrison, Kevin Roose, Natasha Singer, Scott Shane e Brian Chen — foram incrivelmente generosos. Eles ofereceram muitas páginas de feedback, abordando desde temas mais abstratos e filosóficos até desafios específicos de nossa investigação e ideias. Todos os seus comentários foram incorporados de uma forma ou de outra na versão final do livro.

De Cecilia: Este livro começa e termina com o apoio de minha amorosa família, que atravessou muitas noites e fins de semana sem mim, enquanto eu me entrincheirava para escrever. Meu querido Oltac é meu grande parceiro. Apoiou minhas ideias e ajudou a moldar minha compreensão dos mercados, da filosofia política e empresarial. Meus queridos filhos, Leyla e Tigin, foram meus editores mais afiados, com seus comentários sem papas na língua sobre narrativa e estilo. Sempre me apoiaram e tiveram muita fé em mim. Meus pais, William e Margaret, são meu norte. Papai tem pastas com todos os artigos que escrevi, desde recortes de textos de Seul, quando eu era uma repórter em início de carreira. Os percursos dos dois me lembram que escrever é um grande privilégio; eles tornaram minha carreira possível. Sabrina, Felicia, Grace e Drew examinaram os capítulos, envolveram-se emocionalmente no assunto e alimentaram minhas ambições. Felicia trouxe vigor intelectual às discussões sobre temas relacionados à história americana e aos clássicos. Eles me lembraram que contar a história do Facebook era importante. Este livro é dedicado à minha família.

De Sheera: Para minha família, que sempre acreditou que eu poderia escrever um livro — conseguimos! Eu não seria jornalista, nem mesmo escritora, se a primeira pessoa a me incentivar, vovô Louis, não tivesse me incutido o amor pelos jornais. Escrevi este livro em sua velha escrivaninha de tampo móvel. Minhas avós, Yona e Malka, que teriam quebrado um ovo na minha cabeça para me trazer sorte. Meus pais, Mike e Irit, me educaram para encarar desafios, fazer perguntas e nunca recuar. Talia, que traz criatividade e paixão a todas as discussões, estava tão empolgada com o livro quanto eu. Elan, que sempre pensa fora da caixa, me incentivou a nunca deixar de considerar diferentes perspectivas.

Tom, meu amor, torna todos os meus sonhos possíveis. Ele me deu o espaço, o tempo e o apoio de que eu precisava para escrever este livro. Comecei a preparar a reportagem do *NYT* que originou este livro quando estava grávida de Ella, em 2017, e trabalhei nos capítulos iniciais quando estava grávida de Eden. Estou feliz que as primeiras palavras das duas não tenham sido "Facebook". Posso ter carregado Ella e Eden nos braços ao longo desse processo, mas foram elas que me sustentaram. Mamãe ama vocês *ad hashamayim*.

Notas

PRÓLOGO: CUSTE O QUE CUSTAR [pp. 15-20]

1. "NY Attorney General Press Conference Transcript: Antitrust Lawsuit against Facebook", 9 dez. 2020.

2. *State of New York et al. v. Facebook, Inc.*, caso anitruste protocolado no Tribunal Distrital dos Estados Unidos do distrito de Columbia, Caso 1:20-cv-03589-JEB, Documento 4, protocolado em 9 dez 2020. Disponível em: <https://ag.ny.gov/sites/default/files/state_of_new_york_et_al._v._facebook_inc._-_filed_public_complaint_12.11.2020.pdf>.

3. John Naughton, "'The Goal is to Automate Us': Welcome to the Age of Surveillance Capitalism", *Observer*, 20 jan. 2019

4. Elise Ackerman, "Facebook Fills No. 2 Post with Former Google Exec", *Mercury News*, 5 mar. 2008.

5. Facebook, "Facebook Reports Fourth Quarter and Full Year 2020 Results", comunicado à imprensa, 27 jan. 2021.

1. NÃO CUTUQUEM A ONÇA COM VARA CURTA [pp. 21-35]

1. Vindu Goel e Sidney Ember, "Instagram to Open Its Photo Feed to Ads", *New York Times*, 2 jun. 2015.

2. Barton Gellman e Ashkan Soltani, "Russian Government Hackers

Penetrated DNC, Stole Opposition Research on Trump", *Washington Post*, 30 out. 2013.

3. Jenna Johnson, "Donald Trump Calls for 'Total and Complete Shutdown of Muslims Entering the United States'", *Washington Post*, 7 dez. 2015.

4. Sheera Frenkel, Nicholas Confessore, Cecilia Kang, Matthew Rosenberg e Jack Nicas, "Delay, Deny and Deflect: How Facebook's Leaders Fought through Crisis", *New York Times*, 14 nov. 2018.

5. Issie Lapowsky, "Here's How Facebook *Actually* Won Trump the Presidency", *Wired*, nov. 2016.

6. Sarah Frier e Bill Allison, "Facebook 'Embeds' Helped Trump Win, Digital Director Says", *Bloomberg*, 6 out. 2017.

7. Andrew Marantz, "The Man Behind Trump's Facebook Juggernaut", *New Yorker*, 9 mar. 2020.

8. Jeffrey Gottfried, Michael Barthel, Elisa Shearer e Amy Mitchell, "The 2016 Presidential Campaign—a News Event That's Hard to Miss", Journalism. org, 4 fev. 2016.

9. Deepa Seetharaman, "Facebook Employees Pushed to Remove Trump's Posts as Hate Speech", *Wall Street Journal*, 21 out. 2016.

10. Renée DiResta, "Free Speech Is Not the Same as Free Reach", *Wired*, 30 ago. 2018.

2. "A PRÓXIMA GRANDE NOVIDADE" [pp. 36-58]

1. Katharine A. Kaplan, "Facemash Creator Survives Ad Board", *Harvard Crimson*, 19 nov. 2003.

2. Laura L. Krug, "Student Site Stirs Controversy", *Harvard Crimson*, 8 mar. 2003.

3. Aaron Greenspan, "The Lost Chapter", AaronGreenspan.com, 19 set. 2012.

4. Claire Hoffman, "The Battle for Facebook", *Rolling Stone*, 15 nov. 2010.

5. Nicholas Carlson, "'Embarrassing and Damaging' Zuckerberg IMS Confirmed by Zuckerberg, The New Yorker", *Business Insider*, 13 set. 2010.

6. Erica Fink, "Inside the 'Social Network' House", site da CNN, 28 ago. 2012.

7. Noam Cohen, "The Libertarian Logic of Peter Thiel", *Wired*, 27 dez. 2017.

8. Disponível em: <https://thielfellowship.org/>.

9. Disponível em: <https://www.pulitzer.org/winners/washington-post>.

10. Seth Fiegerman, "This is What Facebook's First Ads Looked Like", *Mashable*, 15 ago. 2013.

11. Disponível em: <https://accel.com/relationships/Facebook>.

12. Anne Sraders, "History of Facebook: Facts and What's Happening", TheStreet, 11 out. 2018.

13. Allison Fass, "Peter Thiel Talks about the Day Mark Zuckerberg Turned Down Yahoo's $1 Billion", *Inc.*, 12 mar. 2013.

14. Nicholas Carlson, "11 Companies that Tried to Buy Facebook Back When it Was a Startup", *Business Insider*, 13 maio 2010.

15. Fass, "Peter Thiel Talks about the Day Mark Zuckerberg Turned down Yahoo's $1 Billion".

16. "How to Build the Future", a entrevista de 16 ago. 2016 de Mark Zuckerberg a Sam Altman pode ser vista no YouTube.

17. Stephen Levy, "Inside Mark Zuckerberg's Lost Notebook", *Wired*, 12 fev. 2020.

18. Steven Levy, *Facebook: The Inside Story*. Nova York: Blue Rider Press, 2020.

19. Tracy Samantha Schmidt, "Inside the Backlash against Facebook", *Time*, 6 set. 2006.

20. "Mapping the Future of Networks with Facebook's Chris Cox", da UCTV, pode ser visto no YouTube. Disponível em: <https://www.youtube.com/watch?app=desktop&v=SVPran908cY>.

21. Taylor Casti, "Everything You Need to Know about Twitter", *Mashable*, 20 set. 2013.

22. Zuckerberg, citado em *Now Entering: A Millennial Generation*, dirigido por Ray Hafner e Derek Franzese, 2008.

3. QUAL O NOSSO RAMO DE NEGÓCIOS? [pp. 59-92]

1. Certidão de separação averbada entre Sheryl K. Sandberg e Brian D. Kraff, Tribunal Distrital da Flórida, condado de Dade, protocolado em 25 ago. 1995.

2. Sandberg, entrevista com Reid Hoffman, podcast "Masters of Scale", 6 out. 2017.

3. Ibid.

4. Peter Holley, "Dave Goldberg, Husband of Facebook Exec Sheryl Sandberg, Dies Overnight, Family Says", *Washington Post*, 2 maio 2015.

5. Brad Stone de Miguel Helft, "Facebook Hires a Google Executive as No. 2", *New York Times*, 5 mar. 2008.

6. Patricia Sellers, "The New Valley Girls", *Fortune*, 13 out. 2008.

7. Kara Swisher, "(Almost) New Facebook COO Sheryl Sandberg Speaks!", AllThingsD, 10 mar. 2008.

8. Comissão Federal do Comércio, "FTC Staff Proposes Online Behavioral Advertising Principles", comunicado à imprensa, 20 dez. 2007.

9. Henry Blodget, "The Maturation of the Billionaire Boy-Man", *New York*, 4 maio 2012.

10. Vauhini Vara, "Facebook CEO Seeks Help as Site Grows", *Wall Street Journal*, 5 mar. 2008.

11. Andrew Bosworth, post no Facebook, 1 dez. 2007.

12. Katherine Losse, *The Boy Kings*. Nova York: Simon and Schuster, 2012, p. 24.

13. Bianca Bosker, "Mark Zuckerberg Introduced Sheryl Sandberg to Facebook Staff by Saying They Should All 'Have a Crush on' Her", Huffington Post, 26 jun. 2012.

14. David Kirkpatrick, *The Facebook Effect* (Nova York: Simon and Schuster, 2010), p. 257, e entrevistas.

15. Janet Guyon, "The Cookie that Ate the World", Techonomy, 3 dez. 2018.

16. Katharine Q. Seelye, "Microsoft to Provide and Sell Ads on Facebook, the Web Site", *New York Times*, 23 ago. 2006.

17. Francesca Donner, "The World's Most Powerful Women", *Forbes*, 19 ago. 2009.

18. Josh Constine, "How the Cult of Zuck Will Survive Sheryl's IPO", TechCrunch, 1 mar. 2012.

19. Jessica Guynn, "Facebook's Sheryl Sandberg Has a Talent for Making Friends", *Los Angeles Times*, 1 abr. 2012.

20. Ibid.

21. Louise Story e Brad Stone, "Facebook Retreats on Online Tracking", *New York Times*, 30 nov. 2007.

22. Ibid.

23. John Paczkowski, "Epicurious Has Added a Potential Privacy Violation to Your Facebook Profile!", AllThingsD, 3 dez. 2007.

24. Mark Zuckerberg, "Announcement: Facebook Users Can Now Opt-Out of Beacon Feature", postagem do blog do Facebook, 6 dez. 2007.

25. Donner, "The World's Most Powerful Women".

26. Sandberg, mesa "Welcome to the Cloud", conferência Dreamforce 2008, San Francisco, FD (Fair Disclosure) Wire, 3 nov. 2008.

27. Shoshana Zuboff, "You Are Now Remotely Controlled", *New York Times*, 24 jan. 2020.

28. Julie Bort, "Eric Schmidt's Privacy Policy is One Scary Philosophy", Network World, 11 dez. 2009.

29. Leena Rao, "Twitter Added 30 Million Users in the Past Two Months", TechCrunch, 31 out. 2010.

30. Bobbie Johnson, "Facebook Privacy Change Angers Campaigners", *Guardian*, 10 dez. 2009.

31. Jason Kincaid, "The Facebook Privacy Fiasco Begins", TechCrunch, 9 dez. 2009.

32. Cecilia Kang, "Update: Questions about Facebook Default for New Privacy Rules", *Washington Post*, 9 dez. 2009.

33. Ryan Singel, "Facebook Privacy Changes Break the Law, Privacy Groups Tell FTC", *Wired*, 17 dez. 2009.

34. Bobbie Johnson, "Privacy No Longer a Social Norm, Says Facebook Founder", *Guardian*, 11 jan. 2010.

35. *In the Matter of Facebook, Inc.*, queixa protocolada na Comissão Federal do Comércio em 17 dez. 2009. Disponível em: <https://epic.org/privacy/inreFacebook/EPIC-FacebookComplaint.pdf>.

4. "A CAÇADORA DE RATOS" [pp. 93-120]

1. Michael Nuñez, "Mark Zuckerberg Asks Racist Facebook Employees to Stop Crossing out Black Lives Matter Slogans", Gizmodo, 25 fev. 2016.

2. Ibid.

3. Ibid.

4. Michael Nuñez, "Former Facebook Workers: We Routinely Suppressed Conservative News", Gizmodo, 9 maio 2016.

5. John Herrman e Mike Isaac, "Conservatives Accuse Facebook of Political Bias", *New York Times*, 9 maio 2016.

6. Zachary Warmbrodt, Ben White e Tony Romm, "Liberals Wary as Facebook's Sandberg Eyed for Treasury", Politico, 23 out. 2016.

7. Mike Isaac e Nick Corasaniti, "For Facebook and Conservatives, a Collegial Meeting in Silicon Valley", *New York Times*, 18 maio 2016.

8. Brianna Gurciullo, "Glen Beck on Facebook Meeting: 'It Was Like Affirmative Action for Conservatives", Politico, 19 maio 2016.

9. Daniel Arkin, "Boston Marathon Bombing Victim Sues Glenn Beck for Defamation", site da NBC News, 1 abr. 2014.

10. Ryan Mac, Charlie Warzel e Alex Kantrowitz, "Growth at Any Cost: Top Facebook Executive Defended Data Collection in 2016 Memo—and Warned that Facebook Could Get People Killed", Buzzfeed News, 29 mar. 2018.

11. Facebook, "Facebook Names Sheryl Sandberg to Its Board of Directors", comunicado à imprensa, 25 jun. 2012.

12. Miguel Helft, "Sheryl Sandberg: The Real Story", *Fortune*, 10 out. 2013.

13. Keith Collins e Larry Buchanan, "How Facebook Lets Brands and Politicians Target You", *New York Times*, 11 abr. 2018.

14. David Cohen, "Facebook Officially Launches Lookalike Audiences", *Adweek*, 19 mar. 2013.

15. "Facebook Executive Answers Reader Questions", *New York Times*, blog "Bits", 11 maio 2010.

16. Sarah Perez, "More Cyberbullying on Facebook, Social Sites than Rest of the Web", *New York Times*, 10 maio 2010.

17. "CR Survey: 7.5 Million Facebook Users are Under the Age of 13, Violating the Site's Terms", *Consumer Reports*, maio 2011.

18. Lisa Belkin, "Censoring Breastfeeding on Facebook", *New York Times*, blog "Motherlode", 19 dez. 2008.

5. O CANÁRIO DE GARANTIA [pp. 121-37]

1. Editorial Team, "CrowdStrike's Work with the Democratic National Committee: Setting the Record Straight", CrowdStrike, 5 jun. 2020.

2. ThreatConnect Research Team, "Does a BEAR Leak in the Woods?", ThreatConnect, 12 ago. 2016; Secureworks Counter Threat Unit, "Threat Group 4127 Targets Hillary Clinton Presidential Campaign", Secureworks, 16 jun. 2016.

3. Motez Bishara, "Russian Doping: 'An Unprecedented Attack on the Integrity of Sport & the Olympic Games", site da CNN, 18 jul. 2016.

4. Jonathan Martin e Alan Rappeport, "Debbie Wasserman Schultz to Resign D.N.C. Post", *New York Times*, 24 jul. 2016.

5. Scott Detrow, "What's in the Latest WikiLeaks Dump of Clinton Campaign Emails", NPR, 12 out. 2016.

6. Arik Hesseldahl, "Yahoo to Name TrustyCon Founder Alex Stamos as Next Chief Information Security Officer", Vox, 28 fev. 2014.

7. Joseph Menn, "Yahoo Scanned Customer Emails for U.S. Intelligence", Reuters, 4 out. 2016.

8. Michael S. Schmidt, "Trump Invited the Russians to Hack Clinton. Were They Listening?", *New York Times*, 13 jul. 2018.

9. Ian Bogost e Alexis C. Madrigal, "How Facebook Works for Trump", *Atlantic*, 17 abr. 2020.

10. Davey Alba, "How Duterte Used Facebook to Fuel the Philippine Drug War", Buzzfeed News, 4 set. 2018.

11. Ben Chapman, "George Soros Documents Published 'by Russian Hackers' say US Security Services", *Independent*, 15 ago. 2016.

12. Jennifer Ablan, "Russia Bans George Soros Foundation as State Security 'Threat'", Reuters, 30 nov. 2015.

6. UMA IDEIA MUITO BIZARRA [pp. 138-44]

1. Robert Costa, "Former Carson Campaign Manager Barry Bennett is Quietly Advising Trump's Top Aides", *Washington Post*, 22 jan. 2016.

2. Kerry Saunders e Jon Schuppe, "Authorities Drop Battery Charges against Trump Campaign Manager Corey Lewandowski", site da NBC News, 14 abr. 2016.

3. Adrienne Jane Burke, "Facebook Influenced Election? Crazy Idea, Says Zuckerberg", Techonomy, 11 nov. 2016.

7. PRIMEIRO A EMPRESA, DEPOIS O PAÍS [pp. 145-80]

1. Salvador Rizzo, "Did the FBI Warn the Trump Campaign about Russia?", *Washington Post*, 20 set. 2019.

2. Kate Losse, "I Was Zuckerberg's Speechwriter. 'Companies over Countries' Was His Early Motto", Vox, 11 abr. 2018.

3. Kyle Cheney e Elana Schor, "Schiff Seeks to Make Russia-linked Facebook Ads Public", Politico, 2 out. 2017.

8. #DELETEFACEBOOK [pp. 181-202]

1. Matthew Rosenberg, Nicholas Confessore e Carole Cadwalladr, "How Trump Consultants Exploited the Facebook Data of Millions", *New York Times*, 17 mar. 2018.

2. Carole Cadwalladr e Emma Graham-Harrison, "Revealed: 50 Million Facebook Profiles Harvested for Cambridge Analytica in Major Data Breach", *Guardian*, 17 mar. 2018.

3. Rosenberg, Confessore e Cadwalladr, "How Trump Consultants Exploited the Facebook Data of Millions".

4. "Facebook CEO Mark Zuckerberg Testifies on User Data", 10 abr. 2018. O vídeo pode ser visto em C-Span.org.

5. *State of New York et al. v. Facebook.*

6. Paul Lewis, "'Utterly Horrifying': Ex-Facebook Insider Says Covert Data Harvesting Was Routine", *Guardian*, 20 mar. 2018.

7. Redação da CPO, "Inside the Facebook Cambridge Analytica Data Scandal, CPO Magazine, 22 abr. 2018.

8. Cecilia Kang e Sheera Frenkel, "Facebook Says Cambridge Analytica Harvested Data of Up to 87 Million Users", *New York Times*, 4 abr. 2018.

9. Brooke Seipel e Ali Breland, "Senate Judiciary Dem Calls on Zuckerberg to Testify before Committee", The Hill, 17 mar. 2018.

10. Redação da Reuters, "Republican Senator Joins Call for Facebook CEO to Testify about Data Use", Reuters, 19 mar. 2018.

11. Cher, "2day I did something VERY HARD 4me", postagem no Twitter, 20 mar. 2018.

12. Casey Newton, "Facebook Will hold an Emergency Meeting to Let Employees Ask Questions about Cambridge Analytica", The Verge, 20 mar. 2018.

13. Cecilia Kang, "Facebook Faces Growing Pressure over Data and Privacy Inquiries", *New York Times*, 20 mar. 2018.

14. Comissão Federal do Comércio, "Facebook Settles FTC Charges that it Deceived Consumers by Failing to Keep Privacy Promises", comunicado à imprensa, 29 nov. 2011.

15. Mark Scott, "Cambridge Analytica Helped 'Cheat' Brexit Vote and US Election, Claims Whistleblower", Politico, 27 mar. 2018.

16. "Pursuing Forensic Audits to Investigate Cambridge Analytica Claims", postagem no Newsroom do Facebook, 19 mar. 2018.

17. Harry Davies, "Ted Cruz Using Firm that Harvested Data on Millions of Unwitting Facebook Users", *Guardian*, 11 dez. 2015.

18. "Salesforce CEO Marc Benioff: There Will Have to Be More Regulation on Tech from the Government", vídeo postado na CNBC, 23 jan. 2018.

19. "Remarks Delivered at the World Economic Forum", site de George Soros, 25 jan. 2018.

20. "Organizer of 'Revolution 2.0' Wants to Meet Mark Zuckerberg", site da NBC Bay Area, 11 fev. 2011.

21. "Sheryl Sandberg Pushes Women to 'Lean In'", *60 Minutes*, CBS, 10 mar. 2013, pode ser visto no YouTube.

22. Maureen Dowd, "Pompom Girl for Feminism", *New York Times*, 24 fev. 2013.

23. Jack Turman, "Lawmakers Call on Facebook to Testify on Cambridge Analytica Misuse", CBS News online, 21 mar. 2018.

24. Julia Angwin e Terry Parris, Jr., "Facebook Lets Advertisers Exclude Users by Race", ProPublica, 28 out. 2016.

25. Natasha Singer, "What You Don't Know about How Facebook Uses Your Data", *New York Times*, 11 abr. 2018.

26. Sandy Parakilas, "Opinion: I Worked at Facebook. I Know How Cambridge Analytica Could Have Happened", *Washington Post*, 20 mar. 2018.

27. Disponível em: <https://www.opensecrets.org/federal-lobbying/clients/lobbyists?cycle=2018&id=D000033563>.

28. Emily Stewart, "Lawmakers Seem Confused about What Facebook Does—and How to Fix It", Vox, 10 abr. 2018.

29. Laura Bradley, "Was Mark Zuckerberg's Senate Hearing the 'Worst Punishment of All?'", *Vanity Fair*, 11 abr. 2018.

30. Zach Wichter, "2 Days, 10 Hours, 600 Questions: What Happened When Mark Zuckerberg Went to Washington", *New York Times*, 12 abr. 2018.

31. Natasha Bach, "Mark Zuckerberg's Net Worth Skyrocketed $3 Billion during His Senate Testimony and Could Rise Again Today". *Fortune*, 11 abr. 2018.

9. CUIDADO AO COMPARTILHAR [pp. 203-23]

1. Tom Miles, "U.N. Investigators Cite Facebook Role in Myanmar Crisis", Reuters, 12 mar. 2018.

2. *Open Hearing on Foreign Influence Operations' Use of Social Media Platforms (Company Witnesses): Hearing before the U.S. Senate Select Committee on Intelligence*, 5 set. 2018. Vídeo disponível em: <https://www.intelligence.senate.gov/website>.

3. Michael Tan, "Tech Makes Inroads in Myanmar", CNET, 6 jul. 2014.

4. Shashank Bengali, "Monk Dubbed 'Buddhist Bin Laden' Targets Myanmar's Persecuted Muslims", *Los Angeles Times*, 24 maio 2015.

5. No blog, o texto recebeu o título: Mark Zuckerberg, "Is Connectivity a Human Right", blog do Facebook , 21 ago. 2013.

6. Jane Perlez, "A Chat in Chinese with Mark Zuckerberg, as Tech Giants Jostle for Face Time", *New York Times*, 24 set. 2015.

7. Lev Grossman, "Inside Facebook's Plan to Wire the World", *Time*, 15 dez. 2014.

8. Tim Hume, "Curfew Imposed after Deadly Clashes between Buddhists, Muslims in Myanmar", site da CNN, 6 jul. 2014.

9. David Goldman, "Facebook Treats You Like a Lab Rat", site da CNN, 30 jun. 2014.

10. Anisha Yu and Sami Tas, "Taking Into Account Time Spent on Stories", postagem no blog do Facebook, 12 jun. 2015.

11. Paul Mozur, "A Genocide Incited on Facebook, With Posts from Myanmar's Military", *New York Times*, 15 out. 2018.

12. Assembleia Geral das Nações Unidas, "Resolution Adopted by the Human Rights Council on 27 September 2018". Disponível em: <https://undocs.org/en/A/HRC/RES/39/2>.

10. O LÍDER EM TEMPOS DE GUERRA [pp. 224-56]

1. Josh Constine, "Facebook Changes Mission Statement to 'Bring the World Closer Together'", TechCrunch, 22 jun. 2017.

2. Ben Horowitz, "Peacetime CEO/ Wartime CEO", postagem no blog do site a16z, 14 abr. 2011.

3. Ben Horowitz, "Ben Horowitz on the Lessons He Learned from Intel's Andy Grove", 22 mar. 2016. A entrevista à Bloomberg pode ser vista no YouTube.

4. Kurt Wagner, "Facebook Is Making its Biggest Executive Shuffle in Company History", Vox, 8 maio 2018.

5. Elizabeth Dwoskin, "WhatsApp Founder Plans to Leave after Broad Clashes with Parent Facebook", *Washington Post*, 30 abr. 2018.

6. *State of New York et al. v. Facebook.*

7. Sarah Frier, "Instagram Founders Depart Facebook after Clashes with Zuckerberg", *Bloomberg*, 24 set. 2018.

8. *State of New York et al. v. Facebook.*

9. Mike Isaac, "Rifts Break Open at Facebook over Kavanaugh Hearing", *New York Times*, 4 out. 2018.

10. Maxine Williams, "Facebook 2018 Diversity Report: Reflecting on Our Journey", postagem no blog do Facebook, 12 jun. 2018.

11. Dan Nosowitz, "Mark Zuckerberg Gives Awkward, Sweaty Interview at D8: Touches on Privacy and Scandal", *Fast Company*, 3 jun. 2010.

12. Hadley Freeman, "Sandy Hook Father Leonard Pozner on Death Threats: 'I Never Imagined I'd Have to Fight for My Child's Legacy'", *Guardian*, 2 maio 2017.

13. Kara Swisher, "Zuckerberg: The Recode Interview", Vox, 18 jul. 2018.

14. Kara Swisher, "Mark Zuckerberg Clarifies: 'I Personally Find Holocaust Denial Deply Offensive, and I Absolutely Didn't Intend to Defend the Intent of People Who Deny That'", Vox, 18, jul. 2018.

15. Casey Newton, "Facebook Wants a Social Media Supreme Court So It Can Avoid Hard Questions", The Verge, 3 abr. 2018.

16. "Removing Bad Actors on Facebook", postagem do blog do Facebook, 31 jul. 2018.

17. Sheera Frenkel e Nicholas Fandos, "Facebook Identifies New Influence Operations Spanning Globe", New York Times, 21 ago. 2018.

18. Frenkel, Confessore, Kang, Rosenberg e Nicas, "Delay, Deny and Deflect".

11. A COALIZÃO DOS VOLUNTÁRIOS [pp. 257-73]

1. Chris Hughes, "Opinion: It's Time to Break up Facebook", New York Times, 9 maio 2019.

2. A entrevista de 10 maio 2019 de Zuckerberg a Laurent Delahousse, da emissora de televisão France 2, pode ser vista no site francetvinfo.

3. Ibid.

4. Lauren Feiner, "Facebook Says the FTC Privacy Inquiry Could Cost as Much as $5 Billion", site da CNBC, 24 abr. 2019.

5. Mike Isaac, "Zuckerberg Plans to Integrate WhatsApp, Instagram and Facebook Messenger", New York Times, 25 jan. 2019.

6. Mark Zuckerberg, "A Privacy-Focused Vision for Social Networking", postagem no blog do Facebook, 6 mar. 2019.

7. U.S. House Subcommittee on Antitrust, Commercial and Administrative Law of the Committee of the Judiciary, Investigation of Competition in Digital Markets, 6 out. 2020, p. 136.

8. Isaac, "Zuckerberg Plans to Integrate WhatsApp, Instagram and Facebook Messenger".

9. Mike Isaac, "When Zuckerberg Asserted Control, Instagram's Founders Chafed", New York Times, 25 set. 2018.

10. Sarah Frier, No Filter: The Inside Story of Instagram. Nova York: Simon & Schuster, 2020, pp. 226-8.

11. Vindu Goel e Sydney Ember, "Instagram to Open Its Photo Feed to Ads", New York Times, 2 jun. 2015.

12. Emily McCormick, "Instagram Is Estimated to Be Worth More than $100 Billion", Bloomberg, 25 jun. 2018.

13. Sarah Frier, "Zuckerberg's Jealousy Held Back Instagram and Drove off Founders: An Excerpt from No Filter", Bloomberg, 7 abr. 2020.

14. Parmy Olson, "WhatsApp Cofounder Brian Acton Gives the Inside Story on #DeleteFacebook and Why He Left $850 Million Behind", Forbes, 26 set. 2018.

15. Isobel Asher Hamilton, "Emails Show Mark Zuckerberg Personally Approved Facebook's Decision to Cut off Vine's Access to Data", Business Insider, 5 dez. 2018.

12. AMEAÇA EXISTENCIAL [pp. 274-84]

1. Emily Birnbaum, "Facebook COO Sheryl Sandberg Meets with Senators on Privacy", The Hill, 7 maio 2019.

2. Nancy Pelosi, postagem no Facebook, 22 jul. 2015.

3. Drew Harwell, "Faked Peolosi Videos, Slowed to Make Her Appear Drunk, Spread across Social Media, *Washington Post*, 23 maio 2019.

4. Ed Mazza, "Whoops: Giuliani Busted with Doctored Pelosi Video as He Tweets about Integrity", Huffington Post, 23 maio 2019.

5. Sarah Mervosh, "Distorted Videos of Nancy Pelosi Spread on Facebook and Twitter, Helped by Trump", *New York Times*, 24 maio 2019.

6. O vídeo de 22 maio 2019, "Speaker Pelosi at CAP Ideas Conference", pode ser visto no site da C-SPAN.

7. Brian Fung, "Why It Took Facebook So Long to Act against the Doctored Pelosi Video", site da CNN, 25 maio 2019.

8. David Cicilline, "Hey @Facebook, you are screwing up", tuíte postado em 24 maio 2019.

9. Brian Schatz, "Facebook is very responsive to my office when I want to talk about federal legislation", tuíte postado em 24 maio 2019.

10. Ryan Browne, "New Zealand and France Unveil Plans to Tackle Online Extremism without the US on Board", site da CNBC, 15 maio 2019.

11. O vídeo, "Sheryl Sandberg Talks Diversity and Privacy at Cannes Lions", 19 jan. 2019, pode ser visto no Facebook.

12. Nick Clegg, "Breaking up Facebook Is Not the Answer", *New York Times*, 11 maio 2019.

13. Ryan Mac, "Mark Zuckerberg Tried Hard to Get Facebook into China. Now the Company May be Backing Away", Buzzfeed News, 6 mar. 2019.

14. Cecilia Kang, David Streitfeld e Annie Karni, "Antitrust Troubles Snowball for Tech Giants as Lawmakers Join In", *New York Times*, 3 jun. 2019.

15. John D. McKinnon, "States Prepare to Launch Investigations into Tech Giants", *Wall Street Journal*, 7 jun. 2019.

16. Cecilia Kang, "House Opens Tech Antitrust Inquiry with Look at Threat to News Media", *New York Times*, 11 jun. 2019.

17. Casey Newton, "All Hands on Deck", The Verge, 1º out. 2019.

13. A INTERFERÊNCIA DO SALÃO OVAL [pp. 285-307]

1. Chip Somodevilla, "President Donald Trump Welcomes NATO Secretary General Jens Stoltenberg to the White House". Disponível em: <www.getty.images. com, News Collection #1139968795>.

2. Maya Kosoff, "Trump Slams Zuckerberg: 'Facebook Was Always Anti- -Trump'", *Vanity Fair*, 27 set. 2017.

3. Natasha Bertrand e Daniel Lippman, "Inside Mark Zuckerberg's Private Meetings with Conservative Pundits", Politico, 14 out. 2019.

4. Don Alexander Hawkins, "Welcome to Rosslyn, Team Trump. Here's All You Need to Know", Politico, 16 dez. 2018.

5. Grace Manthey, "Presidential Campaigns Set New Records for Social Media Ad Spending", ABC7 News online, 29 out. 2020.

6. Bryan Clark, "Facebook Confirms: Donald Trumped Hillary on the So- cial Network during 2016 Election", TNW, 4 abr. 2018.

7. Jeff Amy, "Advocates Fault Facebook over Misleading Posts by Politicos", Associated Press, 26 set. 2019.

8. "Facebook's Civil Rights Audit Progress Report", 30 jun. 2019. O PDF pode ser acessado no site do Facebook.

9. Nick Clegg, "Facebook, Elections and Political Speech", postagem no blog do Facebook, 24 set. 2019.

10. A. R. Shaw, "Facebook's Sheryl Sandberg Confronts Race, Diversity at 'Civil Rights x Tech'", A. R. Shaw, Rolling Out, 4 out. 2019.

11 Sherrilyn Ifill, "Opinion: Mark Zuckerberg Doesn't Know His Civil Rights History", *Washington Post*, 7 out. 2019.

12. "Read the Letter Facebook Employees Sent to Mark Zuckerberg about Political Ads", *New York Times*, 28 out. 2019.

13. Ben Smith, "What's Facebook's Deal with Donald Trump?", *New York Times*, 21 jun. 2020.

14. Andrea Germanos, "Poll Shows Facebook Popularity Tanking. And People Don't Like Zuckerberg Much Either", Common Dreams, 30 mar. 2018.

15. Mary Meisenzahl e Julie Bort, "From Wearing a Tie Every Day to Kil- ling His Own Meat, Facebook CEO Mark Zuckerberg Has Used New Year's Reso- lution to Improve Himself Each Year", Business Insider, 9 jan. 2020.

16. Mark Zuckerberg, postagem do Facebook, 4 jan. 2018.

14. BOM PARA O MUNDO [pp. 308-38]

1. O vídeo "WHO/Coronavirus International Emergency", de 30 jan. 2020, pode ser visto no site UNifeed.

2. Yael Halon, "Zuckerberg Knocks Twitter for Fact-Checking Trump", site da Fox News, 27 maio 2020.

3. Disponível em: <https://assets.documentcloud.org/documents/6936057/Facebook-Letter.pdf>.

4. Kif Leswing, "Top Facebook Exec Who Left this Year Says Political Ads Should Be Fact-checked", site da CNBC, 8 nov. 2019.

5. "Fireside Chat with Chris Cox, Former CPO of Facebook", 16 jul. 2019. A conversa pode ser vista no YouTube.

6. Kim Lyons, "Coca-Cola, Microsoft, Starbucks, Target, Unilever, Verizon: All the Companies Pulling Ads from Facebook", The Verge, 1 jul. 2020.

7. Ryan Mac e Craig Silverman, "How Facebook Failed Kenosha", Buzzfeed News, 3 set. 2020.

8. Ibid.

9. Kevin Roose, "Trump's Covid-19 Scare Propels Him to Record Facebook Engagement", *New York Times*, 8 out. 2020.

10. Reuters, "An Interview with Facebook's Sheryl Sandberg", 11 jan. 2021. O vídeo pode ser visto no YouTube.

11. Jeff Horwitz, "Facebook Knew Calls for Violence Plagued 'Groups', Now Plans Overhaul", *Wall Street Journal*, 31 jan. 2021.

EPÍLOGO: PENSANDO ADIANTE [pp. 339-47]

1. Elizabeth Warren, "Facebook Is Again Making Performative Changes to Try to Avoid Blame for Misinformation in its platform", postagem no Facebook, 7 out. 2020.

2. Jeff Horwitz, "Facebook Says Government Breakup of Instagram, WhatsApp Would Be 'Complete Nonstarter'", *Wall Street Journal*, 4 out. 2020.

3. "FB Q4 2020 Earnings Call Transcript", 28 jan. 2021, site da Motley Fool.

4. "Announcing the Name Diem", comunicado à imprensa de 1º dez. 2020, que pode ser visto em Diem.com.

Índice remissivo

60 Minutes (programa de TV), 191

Abbott, Tony, 119-20
Accel Partners, 46
Access Hollywood (programa de TV), 126
ações do Facebook, 187, 202, 265
Acton, Brian, 268-9
AdWords e AdSense do Google, 75
Afeganistão, 222
África, 210
Agência de Segurança Nacional (NSA), 24, 123, 135
Agência Mundial Antidoping, 125
Ahuja, Sonya, 94-8
algoritmos, 19, 30, 35, 37, 39, 51, 54, 93, 101, 104, 110, 133, 169, 216, 218-20, 241, 246, 258, 286, 303, 330-1, 347
Allen, Mike, 175
Amazon, 45, 62, 195, 225, 259, 265, 283, 343

América Latina, 9, 62, 73, 210
American Edge, 283
American Enterprise Institute, 105-7
"Amigos de Sheryl Sandberg" (FOSS, "Friends of Sheryl Sandberg"), 77
Andreessen Horowitz (firma de capital de risco), 227
Andreessen, Marc, 43, 79, 112-3, 227
Anistia Internacional, 209
antissemitismo, 61, 243, 255, 290, 304-5, 322
Apple, 69, 195, 287, 343, 346
Ardern, Jacinda, 279
Ásia, 9, 62, 210, 221, 309
Associação Internacional de Profissionais de Privacidade (IAAP), 88
Augusto, imperador romano, 229
Avenue Strategies (empresa de lobby), 139
Axios, 175

Banco Mundial, 61, 211
Bannon, Stephen K., 103, 181, 290
Beacon (programa do Facebook), 80, 82-3, 86
Beatty, Joyce, 301
Beck, Glenn, 103, 106, 108
Bejar, Arturo, 212
Belogolova, Olga, 161, 179
Benesch, Susan, 212
Benioff, Marc, 189-90
Bennett, Barry, 139-40
Bernthal, Tom, 302, 345
Bezos, Jeff, 45, 47
Bickert, Monika, 28, 30, 35, 280
Biden, Hunter, 294
Biden, Joe, 248, 259, 272, 294-5, 303, 329, 332, 335, 340, 343-5; *ver também* eleições de 2020
Bing, 88
Biohub, 308
Black Lives Matter, 93, 96-8, 108, 176, 290, 297, 313, 341
Blitzer, Wolf, 190
blockchain, 284, 300, 346
Blue (aplicativo do Facebook), 206, 229, 267-8
Blumenthal, Richard, 289
Bodnick, Marc, 65
Boehner, John, 106, 139
"bom para o mundo", o Facebook como, 310
Bosworth, Andrew (Boz), 70-1, 77, 85, 93, 110-2, 148-9, 225, 229, 345; "O Inconveniente" (memorando), 110-1
botão "apagar" do Facebook, 117
botão "curtir" do Facebook, 85-6
Bowles, Erskine, 112, 165-6, 343
Brasil, 247

Brexit, 187
Breyer, Jim, 48-9, 112
Brin, Sergey, 63
Brooks, Arthur, 106-7
Buffett, Warren, 44
Bush, George W., 31, 237, 272
BuzzFeed, 316, 328

Caldwell, Thomas, 333, 335
Câmara dos Representantes (EUA), 103, 106, 274, 300
Cambridge Analytica, 18, 181-89, 193-4, 203, 224, 226, 232-3, 241, 264, 310, 344
Cambridge, Universidade de, 185
Cameron, David, 244, 282
Canahuati, Pedro, 25-7, 178
Capitólio, invasão do (janeiro de 2021), 332-3
Carlson, Tucker, 288
Carter, Ash, 178
Casa Branca, 32, 138, 169, 270, 276, 285-9, 297, 300, 310, 313, 344-5
Centro para o Progresso Americano, 275
Centro pela Democracia Digital, 81, 91-2
César Augusto, imperador romano, 229
Chakrabarti, Samidh, 247, 249
Chan Zuckerberg Initiative, 306, 308
Chan, Priscilla, 66, 89, 257, 264, 287, 300, 306, 310
Chen, Adrian, 159-60
Cher, 186
Chester, Jeff, 80-3, 88, 196-8
China, 110, 283, 286, 308-9, 313, 343
Christchurch (Nova Zelândia), vídeos do ataque a tiros em, 278-9

368

CIA (Central Intelligence Agency), 247

cibersegurança, 121, 124-5, 128-9, 131, 164, 177, 250

Cicilline, David, 278

Clegg, Nicholas, 282, 287, 292-4, 304-5, 317, 320, 344-5

Clinton, Bill, 109, 165

Clinton, Hillary, 29, 33, 109, 122, 124, 126, 132, 137, 139, 141-2, 151, 162, 171-2, 286, 323; *ver também* eleições de 2016

CNN (Cable News Network), 15, 44, 110, 143, 163, 172, 187, 190, 194, 219, 247, 328

Coca-Cola, 78, 82, 196

código de consentimento privado (2011), 186

Cohen, Sasha Baron, 305, 320

Cohler, Matt, 73

Colbert, Stephen, 202

Color of Change (grupo de direitos civis), 292, 294, 320

Comissão Federal de Comércio (FTC), 15, 18, 67, 91-2, 186, 235, 264-5, 270, 273, 283, 341-2

Comissão Federal de Comunicações (FCC), 139

Comitê de Assuntos Públicos Americano-Israelense, 327

Comitê Nacional Democrata (DNC), 124-6, 132

Common Sense Media, 115

Computer Associates, 82

Conaway, Mike, 175-6

Congresso dos Estados Unidos, 31, 91, 103, 146-7, 153, 156, 164, 170, 173, 175, 183, 185, 189, 194-5, 198-200, 202, 225, 233-4, 236, 248, 284, 294, 313, 334-6, 344

Conselho do Setor de Tecnologia da Informação, 200

Constituição dos Estados Unidos: Décima Quarta Emenda à, 299; Primeira Emenda à, 34-5, 119, 299

consumidor, direitos do, 9, 227, 259

contágio emocional, pesquisas sobre, 218-9

Convenção Nacional do Partido Democrata, 126

Conway, Kellyanne, 176

cookies (monitoramento on-line), 75

Corte Internacional de Justiça (Haia), 221-3

Cotton, Tom, 235

Couric, Katie, 302-3

covid-19, pandemia da, 308-9, 311, 340, 343, 345

Cox, Chris, 51-2, 54, 77, 110, 141, 148-9, 185, 220, 229, 262-4, 318-21, 345

criptografia, 24, 96, 201, 261-3, 266, 315

CrowdStrike (empresa de cibersegurança), 124-5

Cruz, Ted, 188

Curse of Bigness: Antitrust in the New Gilded Age, The (Wu), 272

Cutler, Molly, 173

Daily Caller (site), 331

Darusman, Marzuki, 204

DCLeaks (página no Facebook), 122, 125, 127, 136

deep fake, 280

Definers Public Affairs, 254

#DeleteFacebook (hashtag), 185-6

democracia, 34, 119, 136, 173, 248, 253, 260, 298, 300, 318, 326 democratas, 29, 31, 98, 104, 122-4, 126-7, 136, 138-9, 151, 171-3, 183, 185-6, 197, 200, 259, 272, 274, 277-8, 280, 282, 288-90, 294, 298, 300-1, 313, 319, 323, 344

DeRisi, Joe, 308

desigualdade econômica, acesso à internet e (para Zuckerberg), 209

desinformação, 18, 35, 138, 146-7, 151-2, 162, 168, 177-8, 180, 190, 203, 205, 213, 217, 222, 224, 233, 241, 247, 250-1, 260, 263, 274-7, 279, 281, 289, 291, 293, 295, 298-9, 309, 311, 318-20, 326-30, 340; *ver também* notícias falsas

desmembramento do Facebook, pressões por, 15, 258-60, 269, 273, 282, 284, 303, 341, 347

Desmond-Hellmann, Susan, 165-6

dicotomia fundamental do Facebook (lucrar e conectar pessoas), 347

Diem (sistema monetário baseado em blockchain), 347; *ver também* Libra

Digital, Culture, Media and Sport Committee (Reino Unido), 271

direitos civis, 115, 272, 290-94, 297-8, 301, 303-4, 317, 320-1

direitos do consumidor, 9, 227, 259

direitos humanos, 111, 204, 221-3, 272, 290-1, 298-9

DiResta, Renée, 35, 168-70, 299

discursos de ódio, 30, 34, 111, 208, 216-8, 222, 232, 241, 245, 257, 264, 304-5, 320-1, 326, 333, 340

Disrupt (conferência do TechCrunch), 114, 209

Dorsey, Jack, 234-5

Dowd, Maureen, 193

Dreyer, David, 187

Durbin, Dick, 183, 195

Duterte, Rodrigo, 111, 134

Echo (aparelho da Amazon), 225

Economic Security Project (think tank progressista), 265

Egito, 190

Eisenstat, Yaël, 247-53

eleições de 2016 (EUA), 123, 154, 156, 232-3, 243, 254, 286, 290

eleições de 2020 (EUA), 274, 277, 298

eleições na França (2017), 146

eleições no Brasil, 247

Elevation Partners (firma de investimentos), 65

Epicurious, 83

Estados Unidos: Agência de Segurança Nacional (NSA), 24, 123, 135; Centro para o Progresso Americano, 275; Comitê de Assuntos Públicos Americano-Israelense, 327; Congresso dos, 31, 91, 103, 146-7, 153, 156, 164, 170, 173, 175, 183, 185, 189, 194-5, 198-200, 202, 225, 233-4, 236, 248, 284, 294, 313, 334-6, 344; eleições de 2016, 123, 154, 156, 232-3, 243, 254, 286, 290; eleições de 2020, 274, 277, 298; Suprema Corte dos, 30-1, 236, 292; Tesouro dos, 62, 77, 187

Estudantes contra o Feed de Notícias (grupo), 54

estudantes de ensino médio e o Facebook, 48, 116, 287

Eubank, April, 161, 179

Europa, 9, 23, 62, 198, 212, 216, 231, 243, 247, 260, 287; União Europeia, 187, 200

Exeter *ver* Phillips Exeter Academy (colégio interno de New Hampshire)

Fabi, Rita, 261-3

Faça acontecer (Sandberg), 104, 156, 191-3, 239

Facebook: acesso dos funcionários à informação privada dos usuários, 22; ações do, 187, 202, 265; Amigos de Sheryl Sandberg (FOSS, "Friends of Sheryl Sandberg") e, 77; análise revisionista de Zuckerberg sobre a gênese do, 296; antissemitismo e, 243, 290, 305; Beacon (programa), 80, 82-3, 86; Blue (aplicativo do Facebook), 206, 229, 267-8; boicote à publicidade no, 320; botão "curtir", 85-6; botão de "apagar" do, 117; campanhas políticas e, 33, 113, 289, 295; código de consentimento privado (2011), 186; coleta de dados no, 117, 182, 187, 197, 288; Comissão Federal do Comércio (FTC) e, 15; como empresa de publicidade, 17, 55, 67, 72-6, 80, 82-3; compartilhamento de dados, 182; configurações de privacidade e, 88, 90-1, 240; conselho administrativo do, 46, 48, 79, 106, 112, 130, 164; cookies (monitoramento on-line), 75; crescimento do, 212; críticas ao, 39, 88, 190-1, 212, 272, 293, 295, 319; cultura corporativa do, 10, 50, 69; DCLeaks (página no Facebook), 122, 125, 127, 136; #DeleteFacebook (hashtag), 185-6; desmembramento, pressões por, 15, 258-60, 269, 273, 282, 284, 303, 341, 347; dicotomia fundamental (pessoas e lucros), 347; e a pandemia de covid-19, 308-9; Estudantes contra o Feed de Notícias (grupo), 54; estudantes de ensino médio e o, 48, 116, 287; executivos do, 25, 31, 65, 85, 130, 164, 174, 249, 251, 259, 286, 315, 320, 335; FaceMash (versão inicial do Facebook), 38; falhas de segurança, 82, 199; feed de notícias, 50-4, 56, 70, 82, 86, 108-10, 137, 141, 169, 219-21, 258, 260, 279, 319, 330-1, 345; funcionários negros no, 239, 290, 315-7; "guinada para a privacidade" de Zuckerberg, 261; história do, 10, 25, 153, 307; IPO ("initial public offering") do, 225; "JJDIDTIEBUCKLE" (princípio de liderança), 288; "Kenosha Guard" (página no Facebook), 324-6; Kustomer comprada pelo, 347; Libra (sistema monetário baseado em blockchain), 284, 300, 347; lobby e, 120, 199, 284, 323, 342-4; lucros do, 77, 79, 84-5, 191, 194, 196, 198, 289, 345, 347; Messenger, 22, 97, 122, 229, 232, 261, 335; moderação de conteúdo e, 35, 119-20, 215, 247; monetização, 56-7, 82; monitoramentos internos, 85; MPK (abreviatura para a sede da empresa em Menlo Park, Califórnia), 18, 28, 31, 95, 104, 107, 217, 233, 246, 248, 253, 267, 284, 288-9, 335; Next One Billion (projeto), 211; novos mercados para o, 212; número de seguidores de Trump no, 29; Oculus (headset de realidade virtual), 105, 107, 225; oferta de compra pelo Yahoo, 49-50, 64-5;

ofertas de investimento e aquisição, 49; Open Graph (componente), 184-5, 199, 235, 271; plano de criptografar e fundir os serviços de mensagem, 263, 266; planos de Zuckerberg para o futuro do, 306, 320, 342, 347; Portal (dispositivo de teleconferência), 225; "Primeiro a empresa, depois o país" (slogan de Zuckerberg), 153; Projeto P, 150-1, 158; publicidade comportamental e monitoramento de dados sob Sandberg, 17, 67, 82, 91, 265; Públicos Personalizados (ferramenta de publicidade), 113; "qualidade do ecossistema de notícias", 330; questões GFW (*good for the world*, "bom para o mundo") e CAU (*care about users*, "cuidado para com os usuários"), 310; reação dos funcionários aos comentários de Trump sobre a morte de Floyd, 312-3; receita e valor de mercado do, 19; "Red-State Secession" (página no Facebook), 334; regulamentações e, 43, 67, 115, 139, 257, 266, 270, 275, 282, 288, 312-3; reservas financeiras, 346; retórica anti-islâmica de Trump, 28-9, 33-4, 111, 292; segurança dos dados e acesso dos funcionários à informação privada dos usuários, 22; segurança eleitoral e, 247; Standard Oil comparada ao, 270; supervisores, 23, 50-1, 93, 109, 134, 143, 249, 252-3; testando suas ferramentas nas eleições no Brasil, 247; "The Facebook" (versão inicial do Facebook), 36-7, 263; *The Photo Address Book* (dire-tório de alunos da Phillips Exeter Academy), 37; "thisisyourdigitallife" (teste de personalidade), 185; tráfego do, 69; Trending Topics, 100-5; Tribo Black@Facebook (grupo), 315, 317; Trump banido do, 30, 337, 340; valor de mercado do, 19; versões iniciais do, 36-7; vídeo adulterado de Nancy Pelosi, 276-7, 279, 281; *ver também* Instagram; WhatsApp

FaceMash (versão inicial do Facebook), 38

Factual Democracy Project, 301

fake news/notícias falsas, 93, 109-11, 137-8, 140-1, 143, 146, 150-1, 242-3, 331; *ver também* desinformação

Fancy Bear (grupo de hackers), 125, 135

Fauci, dr. Anthony, 310

FBI (Federal Bureau of Investigation), 123, 134-5

Fearnow, Ben, 95, 97-8, 101

filantropia, 18, 208-9, 306

Filipinas, 90, 111, 134, 212, 337

Floyd, George, 312

Flynn, Michael, 176

Forbes (revista), 269

Ford (empresa), 78, 320

Ford, Christine Blasey, 155, 236

Fortify Rights (organização de direitos humanos), 221

FOSS ("Friends of Sheryl Sandberg", "Amigos de Sheryl Sandberg"), 77

França, 146, 153, 257, 279, 281, 340

Franzese, Derek, 57

Frieden, Tom, 308

Fwd.us (grupo de lobby), 288

Ganem, Don, 310

Gates, Bill, 47, 89, 165, 208-9, 306-7, 323

Gchat, 95, 97

Ghonim, Wael, 190

Ghosh, Dipayan, 221

Giuliani, Rudy, 276

Gizmodo, 94-5, 97-9

Gleicher, Nathaniel, 250

Gleit, Naomi, 72, 150

Goldberg, Dave, 63-4, 104, 106, 275

Google, 44, 50, 62-9, 72-8, 88, 90, 94-5, 100-1, 113-4, 117, 174-5, 190-1, 195, 197, 200, 210, 225, 227, 232, 234, 244, 259, 265, 270, 283, 346; AdWords e AdSense do, 75; Common Sense Media e, 115; e o testemunho de Sandberg no Congresso, 147; Gchat, 95, 97; Home Hub, 225; multa por violação de dados privados (2012), 265; Sandberg como executiva no, 17, 62-8, 72-8, 90; Women@Google (série de conferências), 72

Grã-Bretanha *ver* Reino Unido

Graham, Donald, 44-7, 57, 67-8, 79, 112, 347

Graham, Katharine, 68

Graham, Lindsey, 288

Greenblatt, Jonathan, 243, 320-1

Greenspan, Aaron, 39-41

Grewal, Paul, 186

Grove, Andy, 227-8

Guardian, The (jornal), 187-8

Guccifer 2.0, 124

"guinada para a privacidade" de Zuckerberg, 261

Gupta, Vanita, 293, 298, 318

hackers e hackeamento, 15, 121-9, 132-3, 135-6, 146, 149, 153-4, 157, 162, 232, 329

Hafner, Ray, 57

Harbath, Katie, 295

Harvard Crimson (jornal), 39, 45

Harvard, Universidade, 16, 30-2, 38, 41-3, 45, 48, 59-60, 66, 70, 73, 85, 90, 114, 191, 212, 229, 258, 286, 296

Harvey, furacão, 183

Hastings, Reed, 112

Hatch, Orrin, 200-1

Hemphill, Scott, 269, 272-3, 305

Hertz, Jessica, 343

Hoeflinger, Mike, 77

Holocausto, 190, 242-4, 320-2, 327

Holt, Lester, 301

Home Hub (aparelho do Google), 225

Horowitz, Ben, 227-8

Hughes, Chris, 258-60, 264-6, 272-4, 282, 296

Human Rights Watch, 209

Ifill, Sherrilyn, 298

imprensa, 68, 82, 88, 94, 96, 105, 112, 125, 132, 142, 154, 163-4, 170, 172, 174, 177, 186-7, 189, 193, 197, 200, 219, 234, 240, 247, 254, 259, 277, 293, 302, 307, 310-1, 316, 321, 336, 344-5

"Inconveniente, O" (memorando de Bosworth), 110-1

Índia, 28, 73, 134, 212, 231, 337

Infowars (site conspiratório), 241

Inglaterra *ver* Reino Unido

Instagram, 16, 24, 33, 92, 163, 201, 228-30, 259, 261, 266-8, 270-1, 297, 303, 305, 310, 334, 336, 338, 341

373

inteligência artificial, 51, 70, 124, 176, 225, 245, 275, 279-80, 306, 320

Internet Association, 283

Internet Research Agency (IRA, grupo russo), 159, 161

Internet.org, 210, 212

IPO ("initial public offering") do Facebook, 225

Iraque, 222, 272, 296

ISEC Partners (empresa de segurança digital), 128

islamofobia, 28, 33-4, 111, 203-7, 213-4, 217, 292, 340

Israel: Comitê de Assuntos Públicos Americano-Israelense, 327; Onavo (startup israelense), 230-2, 305

James, Letitia, 15-6, 18

"JJDIDTIEBUCKLE" (princípio de liderança), 288

Jobs, Steve, 47, 69, 73, 208

Johnson, Lyndon B., 44

Jones, Alex, 108, 241, 244

Kalanick, Travis, 244

Kang-Xing Jin, 72

Kaplan, Joel, 237

Kaplan, Laura Cox, 237

Kavanaugh, Ashley Estes, 236-8, 240

Kavanaugh, Brett, 236

Kaye, David, 209, 210

Kellogg, Hansen (escritório de advocacia), 342

Kendall, Tim, 56, 72

Kennedy, John (senador republicano), 185

Kennedy, John F., 44

"Kenosha Guard" (página do Facebook), 324-5

Kimmel, Jimmy, 202

King Jr., Martin Luther, 297-8

King, Bernice, 298, 303

Kirkpatrick, David, 142

Klobuchar, Amy, 185

Kogan, Aleksandr, 185, 188

Koum, Jan, 229, 268-9

Kraff, Brian, 62

Krêmlin (Rússia), 125

Krieger, Mike, 267-8

Kushner, Jared, 32, 285-6, 300

Kustomer, 347

Launch, 63

Le Pen, Marine, 146

Lei de Privacidade nas Comunicações Eletrônicas, 173

Lei de Proteção à Privacidade Infantil On-line, 81

Leibowitz, Jonathan, 91, 186, 235-6

Leone, Isabella, 161

Lewandowski, Corey, 139-40

liberdade de expressão, 10, 34-5, 56, 99, 119, 191, 209, 238-9, 242-3, 245-6, 279, 281-2, 297-9, 303, 305, 307, 311, 313-8, 327, 339

Libra (sistema monetário baseado em blockchain), 284, 300, 347

Liga Antidifamação, 243, 304, 320

LinkedIn, 210

lobby, Facebook e, 120, 199, 284, 323, 342-4

London, Eric, 187

Losse, Katherine, 70-1, 153

Lynton, Michael, 79

Ma, Olivia, 44

Mac, Ryan, 316

Macron, Emmanuel, 146, 154, 257, 259, 279

March for Our Lives (manifestação), 182-3
Martin, Jenny Beth, 106
Martin, Kevin, 139
Maurer, Greg, 106, 139, 171
Mayer, Marissa, 129
McKinsey & Company, 62
McNamee, Roger, 64, 272

Me Too (movimento), 182, 238-9
Mecanismo Independente para Investigação em Mianmar (Nações Unidas), 223
Menlo Park (Califórnia) *ver* MPK (abreviatura para a sede do Facebook em Menlo Park)
mercados globais, 211
Mercer, Robert, 181
Messenger do Facebook, 22, 97, 122, 229, 232, 261, 335
Mianmar, 111, 203-6, 208, 211-3, 215-8, 221-3, 340
Microsoft, 50, 72, 74, 76, 195, 200, 210, 283
mídias sociais *ver* redes sociais
milícias, 324, 326-7, 333-4
Modi, Narendra, 134
monetização, 56-7, 82
Montgomery, Kathryn, 81, 83
Moran, Ned, 121-5, 127, 132, 158-61, 163, 179
Moskovitz, Dustin, 49
Mossberg, Walt, 64
Mosseri, Adam, 141, 268, 305
Motion Picture Association of America, 91
MoveOn.org, 82
MPK (abreviatura para a sede do Facebook em Menlo Park, Califórnia),

18, 28, 31, 95, 104, 107, 217, 233, 246, 248, 253, 267, 284, 288-9, 335
Mubarak, Hosni, 190
muçulmanos, 28, 33-4, 111, 203-7, 213-4, 217, 340
"Muçulmanos a favor de Clinton" (anúncio forjado), 171
Mueller, Robert, 179
Murphy, Laura, 290-1

Nações Unidas, 209, 223
Napster, 37, 44, 46
Narendra, Divya, 39
NBC News, 301
negros: funcionários negros no Facebook, 239, 290, 315-7; manifestantes, 315; Tribo Black@Facebook (grupo), 315, 317; violência contra, 312, 315
Netscape, 43, 74
neutralidade da rede, 270
New Republic, The (revista), 333
New York Times, The (jornal), 9, 15, 55, 64, 81, 114, 159, 172, 181, 193, 222, 253, 258-9, 282, 316, 328, 331
New Yorker, The (revista), 64, 89
Newsom, Gavin, 310
Newsweek (revista), 64
Next One Billion (projeto do Facebook), 211
Nielsen (agência de medição de audiência midiática), 79
notícias falsas/fake news, 93, 109-11, 137-8, 140-1, 143, 146, 150-1, 242-3, 331
Nova Zelândia: vídeos do ataque a tiros em Christchurch, 278-9
Nuland, William, 179
Nuñez, Michael, 94-104

O'Donnell, Norah, 191-3
O'Neill, Catlin, 171, 277, 344
Oath Keepers (milícia de extrema-direita), 333-4
Obama, Barack, 28, 32, 91, 108, 146, 149, 169, 178, 220, 270, 277, 291, 294, 296, 298
Observer, The (jornal), 181-2
Ocasio-Cortez, Alexandria, 300-1
Oculus (headset de realidade virtual do Facebook), 105, 107, 225
Olivan, Javier, 229-31, 305
Onavo (startup israelense), 230-2, 305
ONU (Organização das Nações Unidas), 209, 223
Open Graph (componente do Facebook), 184-5, 199, 235, 271
Open Society Foundation, 136
opinião pública, 152
Oriente Médio, 9, 56, 247
Overstock, 80, 82

Page, Larry, 63, 89, 227
países em desenvolvimento, 209-11
Palihapitiya, Chamath, 72
Parakilas, Sandy, 185, 199
"Parem o Roubo" (slogan de grupos pró-Trump), 334, 338
Parikh, Jay, 25, 27
Parker, Sean, 44, 65, 259
Parscale, Brad, 32, 289
Partido Democrata ver democratas
Partido Republicano ver republicanos
PayPal, 43
Pearlman, Leah, 85-6
Pelosi, Nancy, 274-81, 344
Pence, Mike, 336
Phillips Exeter Academy (colégio interno de New Hampshire), 36, 73, 90, 229, 272
"Photo Address Book, The" (diretório de alunos da Phillips Exeter Academy), 37
Pichai, Sundar, 234
"Pizzagate" (teoria da conspiração), 323
Plano B (Sandberg), 105, 302
Poderoso chefão, O (filme), 228
Podesta, John, 126
pornografia, 30, 245
Portal (dispositivo de teleconferência do Facebook), 225
Price, Bill, 115
Primavera Árabe (2011), 190
"Primeiro a empresa, depois o país" (slogan de Zuckerberg), 153
Pritchett, Lant, 61
privacidade: Associação Internacional de Profissionais de Privacidade (IAAP), 88; configurações de, 88, 90-1, 240; Google multado por violação de dados privados (2012), 265; "guinada para a privacidade" de Zuckerberg, 261; violações de, 26, 189, 195, 265-6, 271
Proceedings of the National Academy of Sciences (periódico), 218
procuradores-gerais, Zuckerberg descrito em queixa de, 16
Projeto P do Facebook, 150-1, 158
Proud Boys (organização de extrema-direita), 334
publicidade, 81; agências de, 66, 78, 196; anúncios de campanhas políticas, 33, 113, 200, 289, 295; boicote à publicidade no Facebook, 320; coleta de dados no Facebook, 117,

182, 187, 197, 288; comportamental, 17, 67, 82, 91, 265; direcionada, 76, 269; Facebook como empresa de publicidade, 17, 55, 67, 72-6, 80, 82-3

Públicos Personalizados (ferramenta de publicidade do Facebook), 113

Pútin, Vladímir, 149, 152

QAnon (teoria conspiratória de extrema direita), 323-4, 327

"qualidade do ecossistema de notícias", 330

racismo, 93, 162, 222, 304, 316

realidade virtual, 105, 124, 225, 229, 347

receita e valor de mercado do Facebook, 19

redes sociais, 28, 33, 57, 100, 116, 124, 143, 169, 176-7, 201, 227, 233, 241, 251, 258-9, 264, 270-1, 276-7, 282, 285, 289, 299, 305, 319, 329, 332-3, 344

"Red-State Secession" (página do Facebook), 334

Reich, Robert, 265

Reino Unido, 188, 271, 279, 344; Brexit, 187; Digital, Culture, Media and Sport Committee, 271

republicanos, 29, 31-2, 106, 108, 123, 139-40, 171, 175, 185, 195, 197, 200, 235, 254, 274, 279, 288, 301, 313, 323

Reynolds, Tom, 172-3, 177

Rice, Brian, 173

Robinson, Rashad, 291, 320

Rose, Dan, 65-6

Rosen, Guy, 231, 305, 331

Rosensweig, Dan, 64

ruainga (minoria muçulmana de Mianmar), 111, 204-5, 207, 213-4, 222

Rubio, Marco, 195

Rússia: campanha de desinformação russa no Facebook, 18, 122-36, 144-63, 166-78, 232, 253, 281, 290, 328, 330; Internet Research Agency (IRA, grupo russo), 159, 161; Jogos Olímpicos, 125; Krêmlin, 125; São Petersburgo, 159-61

Ryan, Paul, 103

Sai Sitt Thway Aung, 203

Sandberg: Sandberg, 235, 236

Sandberg, Sheryl: Amigos de Sheryl Sandberg (FOSS, "Friends of Sheryl Sandberg"), 77; apoio de Zuckerberg na ocasião da morte de Goldberg, 105; cibersegurança e, 123; como executiva no Google, 17, 62-8, 72-8, 90; conhece Zuckerberg, 19; convocada para depor no Congresso dos Estados Unidos, 147; crescimento responsável e, 112; cuidados com a própria imagem, 18; entrevista ao *60 Minutes* (programa de TV), 191; entrevistada por Couric, 302; *Faça acontecer* (livro), 104, 156, 191, 239; formação, 17; FOSS ("Friends of Sheryl Sandberg", "Amigos de Sheryl Sandberg"), 77; governo Biden e, 344; Hillary Clinton e, 29; igualdade de gênero e, 72; invasão do Capitólio em janeiro de 2021 e, 333; investigação sobre desinformação russa, 149; lucros do Facebook (2021), 345; morte de Goldberg e, 104-5;

mudanças organizacionais em 2018 e, 187; pais e irmãos, 61; Pelosi e, 275; *Plano B* (livro), 105, 302; publicidade comportamental e coleta de dados no Facebook, 17, 67, 82, 91, 265; reação à pesquisa de contágio emocional, 219; reação negativa ao seu livro *Faça acontecer*, 191-3; respostas a críticas ao Facebook, 191; segurança eleitoral e, 247; vida pessoal, 345; vídeo adulterado de Pelosi e, 277; Zuckerberg contrata, 17, 31, 77, 83

Sanders, Bernie, 126, 162, 171, 259, 265, 295

Sandy Hook, escola primária (ataque a tiros em 2012), 108, 191, 241-2

Sanghvi, Ruchi, 51-2, 319

Saverin, Eduardo, 48

Scavino, Dan, 285

Schatz, Brian, 201, 278

Schiff, Adam, 171, 174-6

Schissler, Matt, 205-6, 208, 212-7

Schmidt, Eric, 62-3, 65, 67, 85, 227, 244

Schrage, Elliot, 28-30, 90-1, 113-8, 123, 147-8, 152, 154-5, 164-5, 255, 282, 307

Schroepfer, Mike, 229, 337

Schumer, Chuck, 90-1, 114

Scott, Kim, 68

Secureworks, 124

Segall, Laurie, 194

segurança eleitoral, Facebook e, 247

Senado, 108, 156, 174, 182, 201, 205, 229, 233, 344

Sidley Austin (escritório de advocacia), 342

Smith, Matthew, 221

Snapchat, 282, 297

Snowden, Edward, 24

Só os paranoicos sobrevivem (Grove), 227

Sony, 79

Sorkin, Andrew Ross, 190

Soros, George, 136, 190, 254-5, 265, 323

South Park Commons, 319

Sparapani, Tim, 88, 90

Sperling, Gene, 291

Sri Lanka, 212, 341

Stamos, Alex, 23-7, 123, 127-35, 143-5, 147-52, 154-8, 160, 162, 164-8, 177-80, 230, 328-30

Standard Oil, 270

Starbucks, 78, 320

Steyer, Jim, 115-8, 272, 305, 320

Stop Hate for Profit (iniciativa), 320

Stretch, Colin, 123, 127, 134, 147-8, 154-5, 165, 176, 178-9, 182

Sullivan, Joe, 130-1

Summers, Lawrence, 59-62, 68

Suprema Corte dos Estados Unidos, 30-1, 236, 292

Swisher, Kara, 48, 64, 240-3

Systrom, Kevin, 230, 267-8

Talking Back to Facebook (Steyer), 117

Tea Party Patriots, 106

TechCrunch (site), 88-9, 114, 209

teorias da conspiração, 93, 107, 255, 318, 322-3, 326

terrorismo, 28, 119, 137, 245, 248

Tesouro dos Estados Unidos, 62, 77, 187

Thiel, Peter, 43, 48-9, 106, 112, 239, 244, 286, 300

"thisisyourdigitallife" (teste de personalidade do Facebook), 185

Threat-Connect, 124
Tiger, Roi, 231
TikTok, 282, 287, 297
Tillery, Kristopher, 37-8
Time (revista), 212
TPG Capital, 115
Traynham, Robert, 315
Trending Topics do Facebook, 100-5
Tribo Black@Facebook (grupo), 315, 317
Trump, Donald J., 28-35, 93, 98-100, 103-4, 106, 108-9, 111, 122, 126, 132-4, 137-40, 142-3, 149-50, 162, 170-1, 176, 179, 181-2, 189, 193, 195, 238-9, 251, 259, 272, 276, 285-90, 292, 294-5, 300, 302, 308, 310-4, 316-21, 323, 328-30, 332, 334-8, 340-1, 343-4; acusado de incitação à violência em janeiro de 2021, 332, 334, 336; acusando suposta fraude eleitoral nas eleições (2020), 334, 336, 338; banido do Facebook, 30, 337, 340; comentários depois da morte de George Floyd, 312; discurso de ódio, 30, 34; no Twitter, 29; número de seguidores no Facebook, 29; retórica anti-islâmica, 28-9, 33-4, 111, 292; vídeo do *Access Hollywood* e, 126
Tunísia, 190
Twitter, 29, 33, 57, 78, 87-8, 94, 100, 124, 174-5, 177, 185, 197, 234, 241, 271-2, 282, 286-7, 296, 303, 312-4, 320, 329, 333

Uber, 130, 244
Ucrânia, 294
União Europeia, 187, 200

Vaidhyanathan, Siva, 84
Vale do Silício (Califórnia), 24, 31, 43, 47, 57, 62, 73, 85, 90, 94, 108, 128, 202, 226-7, 240, 244, 264, 286, 309
valor de mercado do Facebook, 19
Vargas, Jose Antonio, 89-90
Verge (revista), 316
Verizon, 78, 320
vídeo adulterado de Nancy Pelosi, 276-7, 279, 281
Villarreal, Ryan, 98, 101
violência, 56, 204-5, 207, 214, 216-7, 219, 245, 257, 279, 292, 312, 315, 320, 322-4, 327, 334-7, 340-1
Vladeck, David, 236
Você é o que você faz (Horowitz), 227
Vox (site), 187, 202

WalkAway (campanha), 338
Wall Street Journal, 15, 64, 68, 114, 331
Walz, Tim, 312
Warner, Mark, 156-8, 162, 289
Warren, Elizabeth, 259, 265, 284, 341
Washington Post (jornal), 42, 44, 49, 68, 110, 172, 275, 277, 328, 347
Wasserman Schultz, Debbie, 126
Waters, Maxine, 300
WeChat, 210, 287
Weedon, Jen, 136, 158, 179
WeiBo, 210
Wexler, Nu, 108
WhatsApp, 16, 201, 228-30, 232, 259, 261, 266, 267-71, 341; aquisição pelo Facebook, 16, 92, 268, 270-1; Comissão Federal de Comércio (FTC), 341; "guinada para a privacidade" e, 261; segurança de dados, 24; segurança de dados e, 96, 201, 232

Whetstone, Rachel, 241, 243-4
Wicker, Roger, 196
Williams, Maxine, 316
Willner, Dave, 119-20
WilmerHale (escritório de advocacia), 194, 233
Winklevoss, Cameron, 39
Winklevoss, Tyler, 39
Wirathu, Ashin, 207
Women@Google (série de conferências), 72
Wu, Tim, 269-73, 305

Xi Jinping, 211

Yahoo, 24, 37, 44, 49-50, 62-5, 75, 127, 129-30, 210, 232, 265; expansão global e, 210; Goldberg e, 63-4; oferta para comprar Facebook recusada por Zuckerman, 49-50, 64-5; Stamos e, 24, 128; Yahoo Finance, 265
Yang, Jerry, 63
YouTube, 33, 100, 241, 277, 329

Zâmbia, 212
Zients, Jeff, 343
Zuboff, Shoshana, 17, 85
Zucked (McNamee), 272
Zuckerberg, Mark: acesso à internet e desigualdade econômica global, 209; afinidade de Zuckerberg com César Augusto (primeiro imperador romano), 229; análise revisionista da gênese do Facebook, 296; audiência sobre a Libra (sistema monetário baseado em blockchain), 284; Beacon (programa do Facebook) e, 80; Black Lives Matter e, 93, 98, 108; conhece Sandberg, 19; contrata Sandberg, 17, 31, 77, 83; conversas internas dos funcionários e, 94; crescimento responsável e, 112; cuidados com a própria imagem, 18; descrito em queixa de procuradores-gerais, 16; e a pandemia da covid-19, 308-9; filantropia de, 18, 209, 306; filosofia de liderança de, 226; formação de, 36-7; Fwd.us (grupo de lobby), 288; "guinada para a privacidade", 261; Internet.org, 210, 212; jantares com políticos organizados por Kaplan, 288-90; lucros do Facebook (2021), 345; morte de Goldberg e apoio a Sandberg, 105; na Phillips Exeter Academy (colégio interno de New Hampshire), 36; não cumprimento de promessas feitas ao comprar Instagram e WhatsApp, 230, 267-8; pedidos de desculpas por, 38, 54-5, 83, 195; planos para o futuro do Facebook, 306, 320, 342, 347; "Primeiro a empresa, depois o país", 153; recusa da oferta de compra do Facebook pelo Yahoo, 49-50, 64-5; reportagens de Nuñez e, 95; resoluções de Ano-Novo (2018) de, 306; segurança eleitoral e, 247; testemunho perante o Congresso, 170; Trump banido por, 30, 337, 340; vida pessoal e imagem protegida por, 18; vídeo adulterado de Pelosi e, 276-7
Zuckerman, Ethan, 198

ESTA OBRA FOI COMPOSTA PELA SPRESS EM MINION E IMPRESSA EM OFSETE
PELA LIS GRÁFICA SOBRE PAPEL PÓLEN SOFT DA SUZANO S.A.
PARA A EDITORA SCHWARCZ EM AGOSTO DE 2021

A marca FSC® é a garantia de que a madeira utilizada na fabricação do papel deste livro provém de florestas que foram gerenciadas de maneira ambientalmente correta, socialmente justa e economicamente viável, além de outras fontes de origem controlada.